参与式语文教师培训资源

丛书主编 ○ 王荣生

"十二五"上海市重点图书

语文教师专业发展十四讲

主编 ◎ 王荣生
执行主编 ◎ 李 重

华东师范大学出版社
·上海·

图书在版编目(CIP)数据

语文教师专业发展十四讲/王荣生主编.—上海:华东师范大学出版社,2014.7
(参与式语文教师培训资源)
ISBN 978-7-5675-2259-6

Ⅰ.①语… Ⅱ.①王… Ⅲ.①语文课-教学研究-中小学-师资培训-教材 Ⅳ.①G633.302

中国版本图书馆CIP数据核字(2014)第149859号

参与式语文教师培训资源

语文教师专业发展十四讲

主　　编	王荣生
执行主编	李　重
责任编辑	吴海红
审读编辑	丁学玲
责任校对	赖芳斌
装帧设计	卢晓红

出版发行	华东师范大学出版社
社　　址	上海市中山北路3663号 邮编 200062
网　　址	www.ecnupress.com.cn
电　　话	021-60821666 行政传真 021-62572105
客服电话	021-62865537 门市(邮购)电话 021-62869887
地　　址	上海市中山北路3663号华东师范大学校内先锋路口
网　　店	http://hdsdcbs.tmall.com

印刷者	常熟高专印刷有限公司
开　　本	787毫米×1092毫米　1/16
印　　张	19
字　　数	326千字
版　　次	2015年3月第1版
印　　次	2025年7月第16次
书　　号	ISBN 978-7-5675-2259-6/G·7468
定　　价	52.00元

出版人　王　焰

(如发现本版图书有印订质量问题,请寄回本社客服中心调换或电话021-62865537联系)

参与式语文教师培训资源编委会

王荣生　徐雄伟　李海林　郑桂华　吴忠豪　高　晶　夏　天
李冲锋　陈隆升　邓　彤　童志斌　步　进　李　重　申宣成

主题学习工作坊授课专家

于　漪　当代语文教育家,曾任上海市教科文卫委员会副主任
张民选　上海师范大学原校长,研究员,博士生导师
钟启泉　华东师范大学终身教授,博士生导师
崔允漷　华东师范大学课程与教学研究所所长,教授,博士生导师
方智范　华东师范大学教授,博士生导师
倪文锦　杭州师范大学教授,博士生导师
黄灵庚　浙江师范大学教授,博士生导师
王栋生　南京师范大学附属中学教师,特级教师,教授级高级教师
程红兵　广东省深圳市明德实验学校校长,特级教师,教育部"国培计划"专家库专家
陈　军　上海市市北中学校长,特级教师,教育部"国培计划"专家库专家
谭轶斌　上海市教委教研室副主任,特级教师,教育部"国培计划"专家库专家
褚树荣　浙江省宁波市教育局教研室教研员,特级教师,教授级高级教师
宋冬生　合肥师范学院副教授,教育部"国培计划"专家库专家
邓　彤　上海市黄浦区教育学院教研员,特级教师,教育部"国培计划"专家库专家
倪文尖　华东师范大学副教授
童志斌　浙江师范大学副教授
叶黎明　杭州师范大学副教授
申宣成　河南省基础教育教学研究室教研员
陈隆升　台州学院副教授
周子房　上海知明教育信息咨询有限公司教学总指导
杨文虎　上海师范大学教授,博士生导师
谢利民　上海师范大学学科教育研究所所长,教授,博士生导师
李海林　上海师范大学教授,教育部"国培计划"专家库专家

郑桂华　上海师范大学教授,教育部"国培计划"专家库专家
吴忠豪　上海师范大学教授,教育部"国培计划"专家库专家
王荣生　上海师范大学教授,博士生导师,教育部"国培计划"专家库专家

课例研究工作坊执教教师和提供案例教师

钱梦龙　著名语文教学专家
郑桂华　上海师范大学教授
李海林　上海师范大学教授
黄厚江　江苏省苏州中学教师,特级教师,教授级高级教师
曹勇军　江苏省南京市第十三中学教师,特级教师,教授级高级教师
马　骉　上海市虹口区教育学院副院长,特级教师
朱震国　上海市杨浦高级中学教师,特级教师
薛法根　江苏省吴江市盛泽实验学校校长,特级教师
王崧舟　浙江省杭州市拱宸桥小学校长,特级教师
岳乃红　江苏省扬州市维扬实验小学副校长,特级教师
蒋军晶　浙江省杭州市天长小学副校长,特级教师
茹茉莉　浙江省嵊州市城南小学校长,特级教师
周益民　江苏省南京市琅琊路小学教师,特级教师
邓　彤　上海市黄浦区教育学院教研员,特级教师
张广录　上海市浦东新区教育发展研究院教研员,高级教师
童志斌　浙江师范大学副教授
季　丰　浙江省富阳中学教师,高级教师
任富强　浙江省慈溪市慈中书院校长,特级教师
周子房　上海知明教育信息咨询有限公司教学总指导
申宣成　河南省基础教育教学研究室教研员
荣维东　西南大学副教授
郭家海　江苏省常州高级中学教师,特级教师
袁湛江　浙江省宁波市万里国际学校校长,特级教师
邓玉琳　广东省深圳市南山实验学校教师,高级教师

李金英　辽宁省鞍山市铁西区共同小学教师,高级教师
范景玲　河南省商丘市民权县程庄镇一中教师,中学一级教师
刘学勤　河南省商丘市民权县实验中学教师,高级教师

共同备课工作坊合作专家

王荣生　博士,上海师范大学教授
高　晶　博士,上海师范大学讲师
李冲锋　博士,中国浦东干部学院副教授,博士后
胡根林　博士,上海市浦东新区教育发展研究院教研员
陈隆升　博士,台州学院副教授
袁　彬　博士,南通大学副教授
于　龙　博士,上海师范大学副教授
李　重　博士,上海师范大学副教授
申宣成　博士,河南省基础教育教学研究室教研员
周子房　博士,上海知明教育信息咨询有限公司教学总指导
陆　平　博士,南通大学副教授
步　进　博士,江苏师范大学副教授
周　周　博士,贵州师范学院讲师
邓　彤　博士,上海市黄埔区教育学院教研员,特级教师
童志斌　博士,浙江师范大学副教授
孙慧玲　博士,上海市闵行区教科所教师,博士后
代顺丽　博士,闽南师范大学副教授,博士后
王从华　博士,赣南师范学院副教授,博士后

前　言

一年多前,"参与式语文教师培训资源"丛书启动,在第一次编务会,我就想好了丛书前言的第一句话:

这是值得你慢慢读的书,这是需要你用笔来读的书。

当我说出这一句话时,编务会的同伴们一致称好,因为这句话贴切地体现出这套"参与式语文教师培训资源"的特色。

这是值得你慢慢读的书

这是一套"语文教师培训资源"系列丛书,是在语文骨干教师培训实践中逐渐积累的优质课程资源。

从2010年起,"上海师范大学语文课程研究基地"承担教育部"国培计划"示范性集中培训项目,凭借强大的专业团队和积极投入的事业心,成为"国培计划"实施中语文学科的引领性标杆。

"上海师范大学语文课程研究基地"有四位教授入选"国培计划"专家库专家,2010—2013年,承担的教育部"国培计划"示范性集中培训项目30个班,涵盖语文学科的所有子项目,培训了来自全国各地师范院校、教师进修学校、教研室和中小学的培训者和骨干教师1500多名。

"国培计划"2010 示范性集中培训项目
　　——中小学骨干教师研修项目（高中语文）50 人
　　——中小学骨干教师研修项目（小学语文）150 人

"国培计划"2011 示范性集中培训项目
　　——中小学骨干教师研修项目（高中语文）100 人
　　——中小学骨干教师研修项目（小学语文）100 人
　　——（云南省）中西部教师培训项目（初中语文）100 人

"国培计划"2012 示范性集中培训项目
　　——培训者团队研修项目（语文）50 人
　　——免费师范毕业生培训项目（语文）150 人
　　——中小学骨干教师研修项目（高中语文教研员）50 人
　　——中小学骨干教师研修项目（高中语文教师）50 人
　　——中小学骨干教师研修项目（初中语文）50 人
　　——中小学骨干教师研修项目（初中语文教研员）50 人
　　——中小学骨干教师研修项目（初中语文教师）50 人
　　——中小学骨干教师研修项目（小学语文教研员）100 人
　　——中小学骨干教师研修项目（小学语文教师）100 人

"国培计划"2013 示范性集中培训项目
　　——培训者团队研修项目（语文）50 人
　　——中小学骨干教师研修项目（高中语文教研员）50 人
　　——中小学骨干教师研修项目（高中语文优秀教师）50 人
　　——中小学骨干教师研修项目（初中语文教研员）50 人
　　——中小学骨干教师研修项目（小学语文教研员）50 人
　　——骨干教师高端研修项目（小学语文）108 人
　　——（重庆市）小学语文骨干教师异地研修培训项目 50 人

这套丛书,立足于"上海师范大学语文课程研究基地"培训专家近年的研究成果,取材于上海师范大学2010—2013年所承担的教育部"国培计划"示范性集中培训项目的系列培训课程。

该系列课程聚焦"新课程实施中语文教学的有效性"这一主题,针对"教学内容的合宜性"和"教学设计的有效性"这两个核心问题。研修课程由三个互补的"工作坊"组成:

主题学习工作坊

共同备课工作坊　　　　　课例研究工作坊

主题学习工作坊:体现专业引领。安排有教育研究者"专家报告",语文教育研究者"专家视角",语文课程与教学的博士和博士研究生"博士论坛",以及课堂的互动交流。

共同备课工作坊:合作专家、参与学校和研修学员共同开展教学研究活动。与一线语文教师共同备课的"沉浸式体验",教研员和优秀教师的"交流与分享",按"散文阅读教学"、"小说阅读教学"、"文言文和古诗文教学"、"写作教学"、"语文综合性学习"和"高中语文选修课教学"等专题展开。

课例研究工作坊:专家教师和实践探索者的"教学示例与研讨"。研究者与一线教师的多重对话:"从教学内容角度观课评教",侧重在教学内容的合宜性;"以学的活动为基点的课堂教学",侧重在教学设计的有效性。

上述三个工作坊,由"主题学习"引领,"共同备课"和"课例研究"为双翼,相辅相成。"课例研究工作坊"与"共同备课工作坊"呼应互补,平行进行(有个别分册因主题的缘故,只包括上述一或两个工作坊)。

2013年,征得授课专家的同意,我们着手编撰这一套"语文教师培训资源",把实施"国培计划"的课程录像、录音,转录成文字,并加以精选、整理,以供广大中小学语文教师共享。

丛书有如下 8 本：

《语文教师专业发展十四讲》　　执行主编　李　重　博士
《阅读教学教什么》　　　　　　执行主编　高　晶　博士
《散文教学教什么》　　　　　　执行主编　步　进　博士
《小说教学教什么》　　　　　　执行主编　李冲锋　博士
《实用文教学教什么》　　　　　执行主编　陈隆升　博士
《文言文教学教什么》　　　　　执行主编　童志斌　博士
《写作教学教什么》　　　　　　执行主编　邓　彤　博士
《语文综合性学习教什么》　　　执行主编　申宣成　博士

这是需要你用笔来读的书

这是一套"参与式语文教师培训资源"，你不仅是读这些文字、知道一些信息，你必须参与其中，就像是培训中的一员。

如何将培训现场的情境性元素，在纸质的书上加以体现？这是我们在编撰丛书时着重要解决的问题，也是这套丛书有别于其他同类书籍的一个亮点。

在这套书中，在不同板块，你会碰到不同的人，他们是不同的角色。

首先是授课专家。在"主题学习工作坊"，你会看到专家的授课实录。其中"专家报告"，编入《语文教师专业发展十四讲》；"专家视角"，就是每一分册的"主题学习工作坊"的学习内容。在"课例研究工作坊"，你会看到授课的专家教师以及他们的研究课实录，还有在教学现场及丛书编撰过程中提供教学案例的老师及他们在实践探索中形成的教学案例。

其次，你会遇到培训现场的老师，你的同行，或许是同事。他们聆听专家的讲座，观摩授课教师的研究课，他们思考着，边听边做笔记，他们发表自己的见解，提出自己的疑问，与专家交流互动。在"共同备课工作坊"，他们与合作专家一起，讨论一篇课文的教学内容，反思自己对语文教学的理解，交流和分享教学经验，也会流露在教学实践中遭遇的困难和疑惑。

在"共同备课工作坊"，你会见到一些备课合作专家，他们是上海师范大学和华东师范大学的博士，有四位还是博士后。在进入备课教室之前，备课专家组已经对课文做了充分的研讨，但他们清楚地知道自己的职责：备课合作专家，并不是比语文教师高明的人,他们只是在与语文教师共同备课时,提供一个可能有别于教师的视角,以启发参与备课的教师以新的眼光来对待备课的课文。备课合作专家所做的工作主要是两项:第一项,问"为什么呢?"通常备课伊始,教师们对一篇课文教什么,会有不同的经验和见解,但这些经验和见解很少经过反思。张老师说,应该教这个;李老师说,应该教那个。这时,备课合作专家就会行使职责,他会问,往往是追问:"为什么呢?"也就是专业的理据,在追问和进一步研讨中,促使教师反思自己的经验和见解。第二项,提议"这么看,行不行呢?"当备课的教师陷入"常规思维"时——往往是被不合适的教学习俗所钳制,或者当备课的教师们争执不下、陷入僵局时,备课合作专家就会基于他们事先对课文的研讨,提出思考和解决问题的思路,引导教师从一个新的方向、换一种新的眼光来看待这篇课文,去选择合宜的教学内容。

是的,你一定意识到了:共同备课,并不是追求一篇课文的"最佳设计"。事实上,在"国培计划"实施中的"共同备课",尤其第一次"共同备课工作坊",往往是一个半天过去,备课小组对这篇课文"教什么"、"怎么教"还没理出头绪来。"共同备课工作坊"的目的,是促使教师反思自己的经验,是希望教师尝试着运用"主题学习工作坊"所学的理论。因此,"共同备课"的成效,主要表现在备课教师经验的获得上:(1)哦,原来我这样做,是不对的!(2)哦,教学内容原来是这么来的!

显然,在"共同备课工作坊",如果你把自己当"旁观者",如果你只是被动地追随书中的文字,如果你读了以后只是知道了张老师说过什么、李老师说过什么,以及备课合作专家说了什么,那么,你将毫无所获,或不得要领,或买椟还珠。

你必须把自己当作备课小组中的一员:你应该事先熟悉课文并进行教学设计的尝试,或在看书时带上你的教案(如果你原来上过这篇课文的话);你要发表自己的见解,对别人的发言你要作出回应;当备课合作专家问"为什么呢?"你要回答问题;当备课合作专家说"这么看,行不行呢?"你要回味你这时的心理反应。

不但是"共同备课工作坊",在"主题学习工作坊",在"课例研究工作坊",如果你只是知道了某位专家说过什么,只是知道了某位授课教师的课是这样的,这就没有把握住要点,因而也不会有什么用。要点在于:专家这么说,对你、对你的教学,意味着什么?要点在于:授课教师这篇课文教这些,为什么呢?道理何在?或没有教那些(如果你过去恰好在教那些),为什么呢?道理何在?

语文教师是专业人员。什么是"专业人员"?专业人员就是依据专业知识行事的人。培训不是听某位专家一个讲座,听另一位专家一个讲座,看一个专家教师的课,看另一个专家教师的课;培训的目的不在这些。培训的目的,是发展自己的专业知识和专业能力。而这,需要参与培训的人去明白道理,去探寻学理,去改善自己的学科教学知识,从而改善教学,惠及学生。

显然,读这套书,你必须始终"在场",就像自己在培训现场。拿起笔,你将经历的,是学术性的阅读。

这对你可能有些难。于是,"参与式语文教师培训资源"最重要的人物出场了。

他就是你读的这本书的"执行主编"。在你拿起笔阅读的时候,他陪伴着你。他会告诉你,在听讲座之前、在观摩授课教师的课之前,在进入共同备课之前,你需要做什么;他会提醒你,在阅读过程中什么地方你应该停下来,想一想;他还会要求你,在听讲座、观摩课、共同备课,以及读完这些文字以后,你还需要做什么。

请你按照"执行主编"的提示,展开这套丛书的阅读。

因此,在展开书阅读之前,你有必要了解书的编排方式:

1. "主题学习工作坊"编排方式

【专家简介】

【热身活动】相当于预习作业。引导读者联系自己的教学实践,进入后续的学习。

【学习目标】指明通过这一主题报告的学习,教师能解决语文教学中的什么问题,谋求语文教学哪些方面的改善。

【讲座正文】用序号和小标题,使讲座正文更具条理。用双色,凸显讲座正文的重点内容,尤其是在讲座正文的学习中需要关注的地方。

【要点提炼】"要点提炼"用方框呈现。"要点提炼"起辅导员的功能:梳理讲座的内容条理,提炼正文中的关键语句。对正文中说得较为复杂的,予以归纳;理解正文需要某些背景的,介绍相应的背景资料;有些内容在正文中可能没有展开,加以解释和延展;有些地方讲座者未必直接点明结论,逻辑地引申出结论。

【反思】聚焦主题讲座的内容对改善语文教学的意义。相应设计反思活动，引导教师在反思的过程中，把讲座的内容与自己的教学实践勾联起来，思考如何改善语文教学。反思活动的设计，有三个要素：(1)明确反思的点；(2)提供反思的支架；(3)对反思的成果形式提出具体要求。

讲座正文　　要点提炼

讲座正文　　要点提炼　　学习笔记（"我"的思考和反思）（提供样例供研修教师参考）

讲座正文　　要点提炼

【要点评议】执行主编对主题报告的评议。执行主编相当于这场主题报告的评论员：指出报告的内容对改善语文教学的意义；必要时，围绕某一要点做较深入的讨论，或做进一步的解释。

【资源链接】提供进一步研究该主题的学习参考书目。

【后续学习活动】结合讲座的内容，联系教学实践，用"任务1—任务2—任务3"的形式，列出需要完成的作业，并提供支架和相关资料。

2. "共同备课工作坊"编排方式

【教学现状描述】(1)课文介绍;(2)评价性地描述这篇课文的教学现状;(3)解释为什么要选这篇文章进行共同备课,并指明通过这次共同备课着重要解决的问题(用正标题呈现出来)。

【热身活动】尽可能让读这本书的教师也能够进入这篇课文的备课状态。

【备课进程】叙述+实录。对共同备课的进程加以切割,使用小标题使其条理化。正文的紧要处,用专色加以突出。执行主编相当于备课过程的讲解员:描述备课的过程,解说现场的实况,用方框和云图帮助理解备课过程中所涉及的问题,以及参与备课教师的实践性知识反思和转变的表现。

【要点评议】执行主编对这次共同备课的评议。围绕共同备课所涉及的问题,凸显备课过程中需要教师明了的"学理":这篇课文的教学目标和教学内容应该是什么?为什么?或不应该是什么?道理何在?要点评议,也包括对共同备课的行为进行评议,分两个方面:(1)对合作专家的行为予以解释;(2)对参与备课教师的行为状态作出判断。

【反思】引导参与式阅读,随着共同备课的进程,指引教师反思自己的学科教学知识(PCK):在日常教学中自己是怎么备课的?这篇课文原来是如何教学的?教学目标和教学内容该如何确定?教学环节的依据什么?等等。

备课进程

要点评议

| 备课进程 | 要点评议 | 参与性意见和评论（「我」的见解及启发）
（提供样例供研修教师参考） |

| 备课进程 | 要点评议 | |

【问题研讨】聚焦在这类教学的道理。重点是教学目标的确定，教学内容的选择和教学环节的组织。

【后续学习活动】用"任务1—任务2—任务3"的形式：(1)提供一篇新的课文及该课文教学现状介绍。(2)建议研修教师（备课组）按共同备课样式备课讨论。(3)形成共同备课成果（教案）。(4)进行试教和研讨。(5)撰写备课反思。

3. "课例研究工作坊"编排方式

执教教师简介

【课例导读】(1)介绍课文，包括版本和年级；(2)介绍这类课文的教学现状，指出这类课文在教学中容易出现的问题；(3)指明通过课例学习，要解决什么问题。

【热身活动】相当于预习作业。引导读者联系自己的教学实践,进入后续的学习。

【教学实录/实施过程】用小标题梳理教学环节。正文中的重要部分,尤其是随后将要讨论的点,用专色凸显出来。执行主编相当于这堂课的观察员:解说这堂课的教学目标和教学内容;解释教学环节的意图和效果;指出教师指导的关键处和学生重要的回答;用方框和云图提示教师看明白这堂课的紧要处。云图,提醒听课教师的注意点。方框,是"要点提炼"。

【反思】反思是自己经验的打开。反思内容包括两部分:对照课例,对如何确定教学目标和教学内容的反思;对应该如何听评课的反思。

教学实录/实施过程	观察者点评	参与性听课("我"的见解及启发)
教学实录/实施过程	观察者点评	(提供样例供研修教师参考)
教学实录/实施过程	观察者点评	

【要点评议】执行主编对这堂课的评议。指明这堂课所阐发的道理，这些道理教师在课例中未必能看出来。

【问题研讨】落到这一类教学上，重点是教学目标的确定，教学内容的选择和教学环节的组织。

【资源链接】按照学习的主题，提供进一步研究的资源目录。
【后续学习活动】结合课例学习，联系教学实践，用"任务1—任务2—任务3"的形式，列出需要完成的作业，并提供支架和相关资料。

"参与式语文教师培训资源"丛书，得到各方面的支持，在此一并表示感谢。

感谢上海师范大学领导和教育学院领导的支持。上海师范大学实施"国培计划"示范性集中培训项目，丛玉豪副校长任项目负责人，部门负责人是教育学院陈永明院长、夏惠贤院长、徐雄伟副院长。因为培训经费全部用于教学，才能使我们的培训保持较高水准。

感谢历年应允承担上海师范大学"国培计划"的授课专家、教学专家，是专家的智慧和才华，创造了这些优质课程资源。

感谢参与上海师范大学"国培计划"培训的1500多名老师。正是你们在培训中取得的成效、你们的肯定和鼓励，使我们看到了自己工作的价值，从而有信心编撰这套语文教师培训资源丛书。

感谢华东师范大学出版社。丛书启动伊始，王焰社长、高教分社翁春敏社长等领导就对这套丛书寄予厚望，积极筹划申报"'十二五'上海市重点图书"。吴海红编辑数次全程参与编委会的编写会议，对丛书的内容和版式提供了很好的建议。

感谢我们的团队。"上海师范大学语文课程研究基地"，不仅是一所学校的一个研究机构，它聚集着一批有追求、有担当的志同道合的校内外同仁，其中有一群视语文课程与教学研究为安身立命的博士们。正是这一股生机勃勃的力量，使我们有资本去成就响当当的事业。

王荣生
2014年8月2日

目　录

卓越教师的培养与成长 / 1

第 1 讲　树立精神风范,引领教育现代化 / 3
第 2 讲　教师的文化自觉 / 21
第 3 讲　卓越教师的培养与成长 / 39
第 4 讲　教师二次成长论 / 60
第 5 讲　语文教师的专业成长之路 / 77

专业知识的学习与发展 / 99

第 6 讲　《教师教育课程标准(试行)》解读 / 101
第 7 讲　从教育问题的解决者到教育知识的发现者 / 124
第 8 讲　语文教师专业知识的构成 / 147
第 9 讲　从课例中获取语文教学知识 /170

教学能力的修炼与提升 / 185

第 10 讲　基于课程标准的教学 / 187
第 11 讲　课堂教学与教师教学能力发展 / 206

第12讲　来自教研员的课堂观察 / 231

第13讲　启思与导疑:发展学生思维的方法 / 252

第14讲　语文教师如何有效反思 /267

卓越教师的培养与成长

第 1 讲　树立精神风范，引领教育现代化

于　漪

专家简介

于漪，当代著名语文教育家。曾任上海市第二师范学校校长，上海市教育科学文化卫生委员会副主任委员。著有《于漪语文教育论集》(人民教育出版社)、《语文教学谈艺录》(上海教育出版社)、《于漪文集》(山东教育出版社)、《教育魅力：青年教师成长钥匙》(华东师范大学出版社)等。

热身活动

阅读本讲座之前，请您先思考下面几个问题：

1. 回顾我国学校教育现代化历程，说一说教育现代化的几个最主要的特征：
(1) _____
(2) _____
(3) _____

2. 想一想我国要实现教育现代化，需要什么样的老师呢？请描述其主要特征：
(1) _____
(2) _____
(3) _____

学习目标

通过本讲座的学习,您应该能够:

教育现代化是我国 20 世纪以来学校教育发展的主流方向,对教育现代化及其连带影响,仁者见仁,智者见智,本讲座提出的观点您是否完全同意?如不完全同意,您有哪些自己的想法?

思考者	什么是教育现代化	现代人有哪些特点	现代教师要具备什么条件
于漪老师的观点			
我的观点			
我的学习体会			

讲座正文

各位老师,今天我有这个机会能够和大家交流一些看法,应该是此生荣幸的。我有一个优势就是年纪大了,83 岁了,一辈子在基础教育第一线,可以说是跌打滚爬,其中艰辛,难以言表,大概用四个字来形容,就是含辛茹苦。

王荣生教授打电话给我,本来是想让我讲一讲语文教学,我想老师们本身就是语文学科的带头人,这方面研究得很深入,我确实没有什么高论。想了想,我们老师恐怕思考问题时,往往就学科谈学科、就课程谈课程的比较多,那么能不能有一点拓宽视野,站在一个制高点上来考虑问题。所以我后来想了一下,就讲《树立精神风范,引领教育现代化》。《国家中长期教育改革和发展规划纲要 2010—2020 年》提出我们全国十年规划下来要基本实现现代化,而《上海中长期教育改革发展规划纲要(2010—2020年)》里面,特别提出"上海要率先实现教育现代化"。

确实是光阴如箭,十年一晃就过去了,现代化究竟是什么?教育现代化究竟是什么?是在什么情况下提出来的?作为老师,我们应该怎么来认识这个问题,而我们作为骨干老师、学科带头人,又该在教育现代化当中起怎样的作用?我想就这些问题谈一点自己非常粗浅的认识,供老师们参考批评,我想谈四个主要问题。

一、教育现代化是历史的必然

(一) 20 世纪,学校教育三次全球性改革给我们的启示

20 世纪,三次全球性的学校教育改革可分成这么几个阶段:

第一个阶段,20 世纪初到三十年代,它的主导倾向是贫民化和公益性。因为学校教育在西方完全是跟着工业革命而发展的,就是用来对付神权,然后有了文艺复兴、科学革命等等。到 20 世纪初,当时不局限在传统教育,是教育贫民化,要讲公益,就是教育要对社会、对经济发挥作用。这样改革促进了传统教育向现代教育的根本转变。因为教育贫民化,受教育的人多了,恩泽普通老百姓的子女,这就从原来传统教育面向贵族、精英的,一下子就转向了现代教育,有了一个根本的转变。而且教育的公益性一定要为社会服务、为经济服务。

第二个阶段,是在 20 世纪五六十年代,这次改革的高潮是强调科学教育,要加大资金投入,也就是说对教育的内容体系、教学的组织形式、教育规模、发展速度都产生了影响。老师们如果去看一看教育上的结构主义,他们就是讲学校教育是落后的,必须跟科学发展同步。可是实践多年以后宣布失败了。因为基础教育怎么可能跟科学发展同步呢?于是出现了学生当中差距拉得非常大、不适应的现象,导致质量下降。但是它对教育内容的体系、教学形式的组织、教学方法等产生了很大影响。结构主义里面有很多合理的内核。

第三个阶段,是 20 世纪 70 年代开始的,至今还在改。这次改革的特点,是把未来的国际竞争和整个的社会发展、社会问题放在思考的高度。大家逐步认识到,教育之争实际上是科技之争、是经济之争,最根本的就是人才之争。社会经济发展了,科技进步了,社会问题多如牛毛,那么要站在社会问题的高度,来思考我们学校教育的改革,来考虑我们的教育现实和发展走向。所以这次改革的重点,它是指向教育制度的改革、教育结构的改革等宏观问题。但是第三次全球性的学校教育改革有个很大的特点,就是把基础教育改革放在特殊地位。

20 世纪三次全球性的教育改革,给我们什么启示呢?就是教育改革都是社会发展的现实需要,不是哪个人拍拍脑袋就可以的。科学技术发展,加速向前,教育必须适

> 【观察者点评】这四个问题我原来想过吗?我的想法是:
> 1. _____
> 2. _____
> 3. _____

应,人类的科学知识更新越来越快,可是我们课堂里面教的知识变化得很慢,大家只有不断地改革才能生存。因此面对这样的形势,教育必须从内容,到组织形式,到教学方法进行一系列改革。因此新中国第八次教育改革,就是新课程,以及上海二期课改,都是社会发展的需要,是历史发展的必然。

> 【反思】
> 　　新课程改革不仅顺应全球性教育改革趋势,也是满足我国社会转型发展的客观需要,还是顺应教育发展规律。新课程改革是我国基础教育领域从基本理念、内容组织、到教学方法一系列、全方位的改革。语文课程也不例外,"改语文教学大纲为语文课程标准,预示着语文课程与教学的时代转型,表现出三大前景:语文课程形态的多元选择将逐渐成为现实,语文教材将可能呈现'多样化'的格局,语文教师的专业化将率先迈步。为尽快接近这样的前景,当前最迫切的工作,应将改革的突破口由对资源材料和教学法的依赖,转到对语文课程内容研制的注重"。

(二) 21世纪面临的挑战与教育改革实践

第一,科技高速发展挑战教育。知识经济社会,是以知识的生产、交换、分配、使用、消费为特征的社会,美国就是这样的。生产知识,我过去学教育学的时候没有学过。大学里面就是产学研一体化,就是适应这样的事实。你知识生产了,马上就可能转化为生产力,这是很清楚的,比尔·盖茨,世界首富,他就靠软件,支撑了美国经济发展多少年! 知识迅速地转化为生产力,走向全世界,知识从哪里来,是知识分子、大学教授、学者生产出来的知识。知识转化为生产力,它是高速运转的。

这对我们基础教育产生深刻的影响,你的知识基础,一定要打得非常的牢,因为我们的基础教育,教的仍然是基础知识,是我们人类积淀下来的科学文化知识,是最不老化的。而现在这个东西,你从这个电视机来看,很快地就老化了,我现在想想,大学学的东西基本上全部老化掉了,就是靠中学的知识在支撑着。所以高校必须要开设跨学科的边缘科学,就是这个道理,既高度分化,又高度综合。因此这就要求孩子的知识基础,一定要达到非常牢靠。

【反思】

  基础教育要为孩子一生成长奠基,为社会发展奠基,所以基础教育的知识教育一定要扎实、灵活。不过,基础教育与高等教育并不是简单的线性关系,正如童年自有童年的意义,并不仅仅是为成人做准备的,基础教育亦有其特殊价值、特殊意义,在教知识的同时还要注重尊重孩子的童真、童趣,培养孩子的兴趣、爱好,这样孩子才具有可持续的发展潜质。

  第二,资源浪费,环境污染求助于教育。从小让孩子要有环保意识,不能浪费资源。它挑战教育,求助于教育,希望教育可以解答。

  第三,享乐主义滋生,道德水准下降求助于教育。原来在西方,有识之士曾经很忧虑,比如说经过两次世界大战,一个非常有名的英国历史学家,他曾经讲过,要改变这样一个道德沦丧的状况,将来希望可能要靠东方文化,特别是中国的文化。其实这个享乐主义的滋生,现在已经不再仅仅属于遥远的别的国家了,我们现实就是这样的。

  有个家长跟我讲,他的小孩小学毕业,同学之间互相送一个本子,给一句话,这本是很正常的,但是这些话让人触目惊心,孩子们写得最多的是,"祝你成为富婆","祝你成为百万富翁","祝你成为总裁",没有祝你成为教师的,只有一个写了,"祝你成为医生"。大概是他的母亲是医生,她是比较敬业的。因此我们过去讲,孩子的脑子是一张白纸,现在是一张白纸吗?五颜六色了。幼儿园的孩子,也不是一张白纸。为什么说现在教育难办,就在这个地方,他不是一张白纸了,社会各种各样的思潮都会侵袭的。

(美)波兹曼.童年的消逝[M].吴燕莛,译,桂林:广西师范大学出版社,2004.

(美)波兹曼.娱乐至死[M].章艳,译,桂林:广西师范大学出版社,2004.

  这样一种享乐主义滋生,道德水准下降,求助于我们的教育,求助于我们教育当中的法制教育、道德教育。道德是要提倡的,道德是正面的。搞一个学校,他应该要依法治校,以德兴校。兴校不是靠法而是要靠德,不断地提高人的道德水平。道德是人的精神追求,是稳定社会、促使社会发展的精神力量,因此它求助于教育。

第四,综合国力的激烈斗争挑战教育。 从20世纪80年代起,世界格局急剧变化,竞争内容就转入经济领域,过去靠武力证明,现在是靠经济实力。美国人是靠金融,美国人的金融危机是全世界的。经济竞争要有一个综合国力作依靠。所以我们讲综合国力的竞争,实际上就是高科技的竞争。高科技从何而来? 教育。教育是基础,教育是奠基。没有良好的教育,哪里来的高科技? 综合国力的竞争,说到底是人才的竞争。因此当前的挑战,就是挑战我们的教育。今日教育就是明天的科技、后天的经济。

而我们在谈教育的时候,这个危机感往往是远不及英美国家的。我记得20世纪英国首相撒切尔夫人,她在讲:我抓英国的教育,要像救火一样的。美国任何一届总统,他对美国基础教育的投资也是很厉害的。

从这里我们就可以看到,面对国际竞争,超级大国尚且如此,我们发展中国家更应该有危机意识和忧患意识。可是,**你有怎么样的积淀,你就有怎么样的最终发展水平。**

总之,所有的竞争都聚焦在人的培养上,全世界的教育(尤其是发达国家的)都在研究培养怎么样的人才。 比如说日本教育,20世纪末,就在研究如何培养21世纪人才。美国也在研究要培养怎么样的人来适应社会发展的需要。

人类社会经历农业社会、工业社会,有些国家是后工业社会,像我们上海基本上是后工业社会,或者叫知识经济社会。在这样一个情况下,教育现代化是历史发展的必然。我们小平同志定的发展战略、三步走。我们已经到了小康水平,跨越就是现代化。那么现代化是什么,我们要不要有一点前瞻性的思考呢?

特别是从事教育的人,一定要有前瞻性的思考,因为你是为未来培养人才的,要教在今天,想到明天,以明日建设者的要求,来指导今日的教学工作。 我们已经是以经济建设为中心,建设和谐社会,要加速进行工业化,所以教育现代化,它是发展的必然。这是我讲的第一个问题。

【反思】
　　教在今天,想到明天,以明日的要求,来指导今日的教育教学。社会已经发展到知识经济时代,综合国力的竞争越来越激烈,环境污染、享乐主义等各种问题都在考验着人们的智慧,都对教育提出了全新的要求。教育作为培养人的事业,顺应历史发展趋势,加速教育现代化,这是社会现实发展的必然逻辑。同时对现代化本身也要反思,避免单一的理性维度,防止人性的异化。

二、教育现代化聚焦现代人的培养

教育现代化聚焦在人的现代化培养上。没有人的现代化,就没有教育的现代化,也就很难有社会的现代化。**什么是教育的现代化呢？我想至少包括以下三个方面：**

> 褚宏启.教育现代化的路径[M].北京:教育科学出版社,2013.

第一是教育数量、规模上的发展。 如果说我们义务教育不能够普及,那谈不上现代化。在有限的时间里面,我们普及了义务教育,高中阶段教育基本上在大城市已经普及了,大学已经从精英教育走向大众教育,我们高校生的毛学率已经接近40%,那么这个数量和规模的发展,为教育现代化奠定了硬件的基础。

第二是办学条件。 比如说在20世纪80年代初,我们上海城镇一些学校,是很不像样的,我去看了好多好多学校,有的村校连一个电话都没有,上课老师就发两支粉笔,那么这个怎么现代化。因此这个硬件的办学条件是很重要的。应该说,我们的硬件建设、刚性指标,从数量、规模,从校舍、设备等等来看,我们是跨越式发展。这在世界上是罕见的跨越式发展。

第三是软件建设。我们最缺的就是软件建设。软件建设的核心是教师队伍建设,这个是真正的教育力量所在、重中之重。 我在学校里面除了总务主任没有做过以外,任课老师、班主任、年级组长、科研组长、校务主任、校长,全部都做过。**我体会最深的是,学校教育的质量说到底就是教师质量。这所学校如果有几个学科有尖端的教师,这个学校就全部都撑起来了。**

学校教育质量说到底就是教师,而教师质量里面有哪些问题呢？一个是教育理念。 我们到底是认"人"还是认"分",你对教育理念、教育思想、教育价值是怎么看的？你的教育模式是什么？教育体制是什么？这些如果不解决的话,我们就很难谈到现代化。我们的硬件可以说现在跟一些发达国家相比,都毫不逊色,但是我们的软件是相对滞后的。

【要点提炼】
　　医院关键要有名医,而学校关键是要有名师。

因此,如何通过教育来实现人的现代化目标,是我们教育面临的严峻问题。其实各个国家都面临这样的问题。英国、美国,关于师资队伍的建设抓得很厉害。英国关于师资队伍素质的标准在十几年以前就已经在搞了,我们还刚刚起步。

所以教育现代化的核心,是教育思想的现代化,是教育队伍建设。教育思想的转变,这是教育现代化的灵魂。绝对不是搞计算机、外语,或者校园校舍这些外在存在。一个人的现代化程度如何,不仅取决于他早年的家庭生活,也取决于他所接受的教育质量。教育对一个人的价值观形成、行为方式的养成,人格健全与否都起十分重要的作用。所以学校教育是构成个人现代化的重要组成部分。

【观察者点评】教育思想的转变,是教育现代化的灵魂。在我们的教学实践中该如何去落实呢?

我刚才讲教育现代化,是聚焦在人的现代化培养,我们这次教育工作会议上提出,要把人口大国转变为人力资源强国。人是不可能自然成长的,都要靠教育,而在儿童青少年时候,最重要的是学校教育。因此,这对学校教育提出了很高的要求,因为人的现代化,是社会现代化要求的反映,也是社会现代化的根本保证。

【要点评议】

改革开放三十余年,我国教育已经从规模发展全面转向内涵建设。我们现在有不少中小学校园建设得非常漂亮,真是比花园还美。可是,学校软件发展严重滞后。重物轻人的观念相当顽固。此外,学校教育还固守着"应试教育的堡垒",走不出应试教育的怪圈。考试是必要的,但是不能搞"考试主义"、"应试至上",学校说到底是培育儿童健康成长、全面发展的专门场所,校园生活应是师生之间智慧的旅程,思想的漫步,美德的彰显。现代学校在物质形态上有了现代面貌,关键还要促进学校的内涵发展,在办学思想、课程教学、教师观念等方面实现现代化,学校办学要聚焦在为培养现代人服务上面。

从人口大国变成人力资源强国,这就赋予学校教育新的时代使命。我国是一个人口大国,而各类人均矿藏资源总体偏低,人口数量优势如果不能有效转化为人才优势,人口素质问题必将长久制约我们国家各项事业的全面发展。为此,20世纪末我国首次提出在全国实施科教兴国的战略,而今,我国已经完成教育大国、人力资源大国的崛起,正从人力资源大国向人力资源强国转变,"从新的历史起点出发继续向前迈进,从根本上来说,还是要优先发展教育,建设人力资源强国"。唯有这样才能适应产业革命升级,信息化、学习化社会的发展要求,才能满足社会变革对各类新型人才的需要。《国家中长期教育改革和发展规划纲要(2010—2020年)》要求,到2020年我国基本实现教育现代化、基本形成学习型社会、进入人力资源强国行列,终身教育体制的建立将会是必由之路。

这对教师教育提出全面的挑战,不仅数量上要满足人民群众对各级各类教育的迅速增长需要(特殊教育、学前教育的师资非常缺乏),而且在质量上要为各地实施优质教育准备好优秀师资(各地优秀的中小学师资非常缺乏),从而解决孩子们"有学上"、"上好学"问题。2010年以来,教育部、财政部全力推进"国培计划",计划用五年时间对全国1000多万名教师进行全员培训,支持100万名骨干教师进行国家级培训,全面提升中小学教师队伍的整体素质和专业化水平。

我记得英格尔斯在《人的现代化》这本书里面有一段精彩的论述。他说"一个国家可以从国外引进作为现代化最显著特征的科学技术"——当然现在美国、欧盟最先进的科学技术,对我们是封锁的,一直是封锁的——"移植先进国家最有效的管理方法、政府形式、教育制度,乃至全部的课程,你都可以引进来"。但是有一

> 英格尔斯.人的现代化[M].殷陆君,译.成都:四川人民出版社,1985.

个问题,因为这些都是一个躯壳,关键要有内容,如果我们的人还是原来的思想观念,仍然是原来那样去思考的话,那么我们很多东西就等于是废铜烂铁。所以我们不管引进什么、借鉴什么,一定要立足于自己国家,立足于自己的教育过程。

现代化的人,他有许多特征,简言之,我想以下几条是必须要有的。

第一,自主性。要有进取心,不能是被动的工具。我们往往是,说的是自主,做的是被动;说的是素质教育,行的是应试教育;说的是创新,搞的是标准化生产;你的考题是标准,什么都是标准。我因为要去当评审,发现有些学校组织学生讨论也用这个电脑来管理。我有时候想不通,用机器来管人,那是最糟糕的。我们是学校,不是工厂,工厂你是流水线生产,人是不能用机器来管的。你管到什么程度,你跟某个同学谈话,因为你在谈话当中没有牵涉到这个练习,没有牵涉到学科,因此谈话无效,没有分数!名为科学,实违科学,这是不行的,用机器来管人,这是违背了学校教育的特点。人是

主动的,孩子必须要有自主性,有进取心,这是很重要的。**让每个生命都受到尊重,生命本来就没有名字。**

【要点评议】

要培养孩子的个性特长,需要还给孩子发展的自主权;要培养孩子的创新精神,需要尊重孩子的自由心灵。没有兴趣就没有学习,没有自由就没有创新。人类科技发明、科学进步,本来就是人类自由创造的结果,本来就是自我解放的历程。有些学校凭借现代科技,推行所谓的标准化管理,老师、学生感觉时时是在被监控状态,导致钳制思想、限制自由,这就是开历史的倒车,是作茧自缚。学校是孩子成长的乐园,是儿童生命自由舒展的地方,是陶冶熏染、培养现代精神的地方,要充分发挥学生的主体能动作用,引导他们自我管理、自己奋发。要老师、家长催着、赶着学习,怎么能够自由、充分地发展自己呢?

第二,开放性。 生在现代社会,你必须乐于接受新鲜事物,不是封闭的,闭目塞听的,固步自封的。你是现代化人,一定要开放所有的感官,眼看、耳听、手摸,乐于接受现实,跟上社会的脚步。

第三,创造性。 我不是要他创造什么东西,但是孩子必须有创造意识,因为一个不会创造的人,永远只会跟着人家后面走,根本不可能超越。

你没有自己独特的个性,没有独特的思维,你根本不可能超越人家。要敢于挑战,敢于创造物质财富和精神财富,体现自身的价值。我在想我们每个老师都是创造者,你同样一篇课文,不同的老师教出来,都可以精彩纷呈。我说用参考书是不得已而为之,只是为了保证我们教育质量的底线,但是对我们优秀教师、骨干教师来讲,你是不能把它作为宝贝的。它一定是对你有局限的,教课应该是一个人一个样的,你每堂课实际上就是你的即兴创造,你的思想、你的文化积淀、你的智谋,就是你的即兴创造。

于漪.语文教师必须有教学自信力[J].语文学习,2010(1).

我记得那个时候老师在教我们的时候,真的一个人一个样。教我的语文老师,是江苏省名师赵老师,上课就两支粉笔,书都不带的,一肚子的学问,他教完了,我就背出来了。教诗词一定要背出来,他教辛弃疾的词,那真是慷慨悲歌,他一直教得我终身难忘。

我们现在老师太没有自信力了,每个老师你必然有你的长处。陈寅恪上课,他是怎么讲的,他说是过去人讲过的、古人讲过的,我都不讲;外国人讲过的,我不讲;今天人讲过的我不讲,我自己讲过的我不讲;我每次讲的都是我新的体会,这是何等的学问! 所以一定要培养我们孩子的自信,原来一切都是自己的好,现在我们一切都是外国的好,脊梁骨好像有点软了,那是不行的。

【反思】
　　教师缺乏自信心的现象的确比较常见,很多老师都不情愿上公开课,不敢亮出自己。缺乏自信心的老师,难以凝练自己的个性、发展自身特长。造成教师缺乏自信心的原因很复杂,其中就与教师群体文化有关系,缺乏团队精神,没有团队意识,"单兵作战",相互排挤;这也与学校的听评课文化有关系,评课不是要评出上课老师的一二三,而是要帮助老师研究学情,研讨教学内容、方法,帮助老师发现自己的优点、长处。学校管理要宽容、大气,要相信教师,要创造条件让教师来展示自己,创造机会让教师更好地来发展自己、发挥特长。

第四,责任感。对社会有信任感、责任感,能够正确对待自己,对待别人。我们的孩子现在都是独生子女,自我中心很厉害,每一个人,他都是社会的一分子,因此我们要教育他成为现代人的话,你必须要有社会责任感,必须对社会有信任感。社会并不是一团漆黑,任何一个时代,任何一个社会,都有这个可恶的东西。我们社会是真善美和假恶丑并存,但人心是善良的。

我想人的现代化有许多方面,上面提到的这些只是最基本的方面。未来社会是越来越开放,更加国际化。很多事情必须开放,必须全面提高素质才能适应,才能立于不败之地。

说得具体一点,就是要有高尚的人格和道德观念,要有宽厚的自然科学和人文科学基础,要自主求学,发展创新。我想用 20 个字来概括,"基础宽厚,勇于发展,敢于创新,人格完善,造福社会",也就是全面提高孩子的素质。

在美国,20 世纪教育部门搞了十年的调研,21 世纪社会从业人员应该具备什么素质? 最后得出结论,21 世纪的美国人要有"三大基础"、"五大能力"。"五大能力",我觉得跟高校教育很有关系,而"三大基础"跟我们基础教育真的是密切相关。第一是能力基础,就是五个字"读写算听述"。第二是思维基础,这是我们教学当中的短板。第三是素质基础,第一条就是责任感,还有就是诚实、自律,因此他的基础教育有很多是普世价值的东西。所以培养现代化的人,它是世界各国、特别是发达国家聚焦研究的问题。

【要点评议】
　　人的现代化,是社会现代化的根本。教育现代化,根本上就是要培养现代化的人。基础教育阶段,要注意全面提高孩子的素质,培养他们"基础宽厚,勇于发展,敢于创新,人格完善,造福社会"。

三、教师要引领现代化教育的诸多追求

我们老师确实要走在队伍的最前面,要引领现代化教育的诸多追求,这里我想讲三点:

(一) 树立精神风范,发挥人格力量

因为教育事业是具有理想性的事业,没有理想的教育是不存在的。比如说我们的教育方针,是要"把学生培养成为德智体全面发展的建设者和接班人",每个孩子都是这样的,这个当然是理想的目标。理想是一种追求,是一个不断变化发展的过程。

我们的教育专业化跟科学是有区别的。科学解决"是和非",要做多少次实验。教育专业不是的,教育专业是一种追求,是一种目标,科学是对物、对自然,而教育专业是对人的。人是一个什么呢,是不断发展变化的过程,不是"是和非"。凡是和人结合的都可纳入专业,比如说医生,医生给人治病,他给人治好病是目标,他不断提升是一个追求,是一个变化的过程。我们医生,博士论文可以写得很好,开刀不行,那就不行,因此上海是这样,从本科到博士研究生全部都要做助手,就是临床实践。那么对教师来讲,最重要的是什么,就是他的这个"临床实践",因为教育实验就是"实践"的实验,他是一堂课、一堂课做出来的。教师需要不断地"充电",不断提升教育实践能力,他"前三角"、"后三角"都非常重要。"前三角",是我们的课程、教材、教法;"后三角",是关于学生研究、情境、环境。研究"前三角"、"后三角"最重要的一个地带,就是你要结合你的"教育实践"来不断地提升。

【反思】

　　这里提到"前三角"、"后三角",非常新颖,给我们诸多启发。过去我们注重研究课程、教材、教法,尤为注重研究教材、教法,这显然是重视发挥"教"的积极作用,比较而言,我们对学情的研究,对学习情境,以及学习环境的研究非常忽视,教师教什么,学生学什么;教师怎么教,学生怎么学;"学"往"教"一边倒,学生往往被老师牵着鼻子走,学得非常被动,自己的兴趣、个性特长、探究愿望缺少发展的机会与舞台,久而久之,每个学生的独特性被忽视了,学生的好奇心被消磨了……重视"后三角"研究,带来的是新的教学观,如"以学定教",学情是教学起点,学生的收获、成长是教学的终点,教学要围绕学生的学习活动来展开,当然学习不再局限于书本知识,更重要的是要将间接经验与直接经验对接起来,让学生在情境中学习看得见、摸得着的知识,促进学习内容与学生生活体验的整合。总之,"前三角"、"后三角"都非常重要,真正好的教学应该是二者的有机结合。

所以专业是不断的变化、不断的发展、不断的提升,不是"是和非"。我们教育现代化也是这样,教育现代化是一个目标,是一种方向,是一种使命,那么现代化教育,他应该体现当代文明社会的价值和品质。我想老师们确实在语文教学当中应该有一种气象、一种境界,知识分子是时代的良知,是智慧的火把,是教育精神的典型代表。特别是教语文的,你传承中国优秀文化,你应该是教育精神的代表,所以在多元经济并存、多样文化碰撞这种十分复杂的情况下,教育要坚持育人的正确方向、维护社会公正。要做到这些,远离陈腐文化是很重要的,我觉得有两个方面需要注意:

1. **要坚定不移地弘扬科学精神**。求真是科学精神的本质,不要被假象所迷惑,不要带主观偏见,不把偶然性当做必然性。我一直在讲,教改要在常态下面进行,它才有说服力。你具备了许许多多的优越条件,人家都没有的,你有什么价值呢?陶行知先生讲,千教万教,教人求真,千学万学,学做真人。你离开那个"真",你还讲什么科学。

2. **坚定不移地弘扬人文精神**。人是要有精神支柱的,没有精神支柱,他就很难脱离那样一个卑琐的动物状态。精神支柱实际上就是在人生基本问题的思考当中,要有清醒的认识;对一些人生问题的基本思考,要有清晰的认识,要有实质的行动。一个人没有人文精神，就是一个残缺的人，因为丧失了理想，丧失了信念，丧失了奋斗目标，他只能在个人的荣辱得失当中浮沉，为金钱所左右、迷失方向。我觉得作为一个教师，他要守护社会的正义，要守护良心，守护道德，实际上就是守护一个教育者的尊严。我们教育是以客观规律来教育，更重要的是，以人格培养人格，以自己比较完善的人格，来培养孩子完善的人格，以自己的高尚情操，来熏陶感染学生的情操，让他有高尚的审美情趣。

> 【要点评议】
> 　　教育是人培养人的真实过程，不可能完全依靠信息技术、远程技术来培养完整的人，其中一个非常关键的因素就是，人格需要人格来培养，学生的人文精神、科学精神，依赖于教师的熏陶、培养。机器、技术只能解决技术层面的问题，不能培养出孩子的人文情怀、科学精神。从这个意义上说，教师的作用不可以被机器、技术替代。"坚定不移地弘扬科学精神""坚定不移地弘扬人文精神"，这两个"坚定不移"正是教师育人价值的坚守，是现代教育精神的坚守。

所以我想这个"树立精神风范，发挥人格力量"，这两个坚定不移是非常重要的。弘扬科学的求真精神，弘扬我们中华民族脊梁的精神，这是非常重要的。

（二）树立先进的教育理念

教育思想、教育理念，在教育工作当中是起灵魂作用的，影响教育的全局、影响教育的质量。教育思想、理念是非常丰富的，对我们办学的人来说，对我们教师来说，最重要的就是"以学生发展为本"。

我是一直参加教育部语文教育大纲的审查的，在这次课改以前，我们在讨论大纲知识点、能力点的时候都是考虑知识体系，而现在第八次课改有一个极大的转变，就是以知识为本转化到以人为本，回归到教育本质。

21世纪的教育价值观，就是教育应该为社会发展和学生的终身发展服务，我们上海教育规划纲要的中心是"为了每一个学生的终身发展"。这个要求是很高的，那么学校应该开发每个学生的潜力，促进他们个性的健康发展，确立为祖国、为人民奉献、创造的志向。

确立了以学生发展为本的教育思想，你的人才观、质量观、学生观、评价观都会有新的认识、新的内容。牢固树立了"以学生为本"，你的培养目标、课程设置、教育过程、教育配制、教育体制都会有新的内容。"以学生为本",是我们教育改革最重要的核心观念,但是我们现在所作所为离学生为本还差得很远。我说以学生发展为本,绝对不是一个口号。"以学生发展为本",起码有五点必须考虑。

1. 以学生发展为本,定位在教育本质。教育本质是什么,就是培养人。教育学生有很多名词术语,我讲教育就是"培养人"三个字。什么是中国的教育?中国教育要培养有中国心的文明人。培养一颗中国心,如果中国心都没有的话,我们这些辛苦全部付之东流了。而且还一定要有现代文明素养,这就是教育的本质。西方哲人柏拉图,打了一个比喻,什么叫教育,教育就好像是把一个洞穴里面的囚徒,把他从洞穴里面引导出来。关在洞穴里是黑暗的,人没有接受教育的时候是无知的,是愚昧的,就好像洞穴里的囚徒。教育,使他的灵魂往上升,达到真实世界。教育就是提升人的精神力量,是对学生精神力量的培养。而知识能力是攀登精神力量的阶梯,我当然要传授科学文化知识,我还要培养他的深层能力,引导他达到求真的境界。我们中国人对教育的认识,"大学之道,在明明德,在新民,在止于至善",也就是教育要彰显人内心的美德,要不断地自我修炼,以至于达到至善的境界。因此,我们以学生发展为本,塑造学生的精神世界,是回归到教育的本质,本质是"育人",而不能"育分"。

2. 以学生发展为本,是全面质量观落实的呼唤。社会文明程度越高,越需要全面发展的人。我们不能够在学生成长的过程当中就让他残缺。我们现在这个"教育全面质量观"是很成问题的,为了应试,孩子的体质很差。现在吃的比过去不知道好多了,但是不活动,他做学生,好像只好跟练习来面对面,其他的很多都没有。我带过很多"乱班",77届高考的"乱年级",我担任过这个年级组长,我把两个"乱班",带到百分之一百考上大学,一个班后来几乎全是研究生。同时,积极开展体育活动,课余操场上全是打球的。所以落实全面质量观,从小就以孩子的发展为本,没有什么不行的。

我记得意大利诗人但丁讲过,一个知识不全的人,他可以用道德来弥补,一个道德不全的人,难以用知识来弥补。我们现在讲的,三个维度的落实,"知识和能力、过程与方法、情感态度价值观",就是落实这个以人为本。我们上课的时候,包括20世纪80年代,可以把学生上得很感动。60年代更不要说了,高中生,十七八岁,教《文天祥传》,可以把这种情感都给调动起来。现在上课,要上到学生感动,很难了,高中更难了。

对孩子的教育,不能随便地去说教,要了解他的审美情趣,还一定要不断地提升,所以我们真的要把孩子情感世界中的那种"盐碱"全部冲掉,就是要靠我们一节一节课的情感、态度、价值观教育。对社会、对家庭、对老师、对学校,没有热情的人,他将来怎么会对社会有奉献，怎么会满腔热情，所以我说，我们真的还任重而道远。

3. 培育每个学生的审美价值。我们进行的是大众教育，不排斥英才教育，但是绝对不能让我们许许多多孩子做英才教育的配角，因为基础教育，今日的教育质量，就是明天的民族素质。基础教育关系到全民族的素质，因为所有的人都要接受小学、中学的教育。其实我们的学生并非都是英才，急功近利，不过是拔苗助长而已。尊重学生是21世纪教改新的起点。

> 【观察者点评】以应试教育为中心，唯"清华"、"北大"为马首是瞻，对于学业成绩不良的孩子实施劝退，或干脆淘汰，这违背教育的根本宗旨。人是有差异的，实施差异性教学，才能更好地促进每个孩子的良性发展。

上海现在音乐学院的副院长，原来就是一个农村的孩子，碰到了周小燕这么一个好教授，把他培养成了国际上那么有影响的男中音。他的音乐才能是谁发现的，不是教他的音乐老师，是教他的中学政治老师发现的。但当时在四川并没有得到充分的认可，只好跑到上海，周小燕是非常擅长教男中音、男高音的，于是他一下就出来了，所以他的潜能开发变成为现实。每个孩子都是国家的宝贝，都是家庭宝贝，每个生命都值得尊重，所以应该面向全体学生，倾听每个生命的呼唤。

4. 要让孩子具备可持续发展的素质。学校教育不仅要培养学生今天健康成长，而且要有明日的长期发展，一个不会发展的人，他的生存空间就会越来越小。我觉得这里十分重要的一条，就是让孩子"学会问"。学问、学问，这个"学会问"是他求知的一把"钥匙"。我们今天再高明的教师，也不可能在课堂上把他今后所有要学的东西全部教会。知识容易老化，他一定要学会学习，问"问题"非常重要。他问"问题"，就等于是一把解剖刀，可以解剖文本。他将来不仅能够发现问题，而且能够不断地求索，最后解决问题，所以要让学生拥有可持续发展的素质。

5. 确立服务祖国、服务人民的伟大志向。这一点是很难的，也要靠我们教师一节一节课把爱国情感撒播到学生的心中。我总觉得课对每个老师都是非常公平的，40分钟一节课，或者是45分钟，但是教育效果却可以大相径庭。我觉得这个课，它三维目标的落实，是以你这个学科为核心，融合了德育和美育，因为所有的语言文字是民族文化的"根"。坚持母语的阵地，就不仅是一个学科的成绩，而是在中国一代一代的学生身上，撒播民族文化的"根"。汉语言文字是中华民族的精神，民族的睿智，乃至民族思维方式都在里面。

我们对教育、对孩子这样一个国家意识、文化认同、公民人格的培养,其实就是一场无硝烟的战争。我们不能够完全让孩子进入到西方文化的娱乐史、金钱文化。我们从事的是基础教育,本固才能枝繁叶茂,所以学校应该是学生的精神家园,我们老师应该是精神家园的守护神。所以我想"以学生发展为本",是我们全国教育改革的核心理念。这个理念有非常丰富的内容,影响到我们日常生活的每一个教学行为、教学环节。

(三) 树立"自强不息,办好有中国特色基础教育的信心和勇气"。《易经》里面讲得很好,"天行健,君子以自强不息","地势坤,君子以厚德载物",中华民族是最能包容的,毛主席早就讲过,中国要向外国人学习,老老实实学习。但是我们学习必须有一个中国文化的"主心骨"。我经常讲,我们喝牛奶是为了强健身体,喝牛奶绝对不是要变成牛,而是要消化吸收,变成你自己的养料。教育事业从来都是民族的事业、国家的事业,任何国家的教育,特别是基础教育,都是在传播本民族的优秀文化传统。

既要眼睛朝外,更要眼睛朝内。当然要眼睛朝外,我要广泛学习,只要好的,我都要接受,拿来为我所用。这个鲁迅的"拿来主义",是不朽的经典之作。过去了那么多年,还是这样的鲜活,一定要以我为主,不能妄自菲薄。

几年前,我有一次看到一个报道,真是非常气愤。我们有一个学校教语文,小学一年级语文要双语教学,用英语来教语文。我看了气极了,他是创造?这叫见鬼!世界上没有任何一个国家,母语教育特别是对这样一个低年级的儿童,母语教育是用外语来教的。

所以必须有清醒的头脑,课改的很多理念,应该说是不错的,但是把它曲解了、误解了,实践又有一点偏离。我们现在这个课改当中,花花草草太多了,剪切的东西太多了,少一点形式主义,多一点本色的东西,教育就是老老实实的学问,实实在在的学问。

因此我就觉得,作为一个老师,要有清醒的头脑,要坚守我们的母语阵地。既要仰望星空唱神曲,像李白一样的,又要像杜甫一样,站在地上唱人歌,我们教育就是一节一节课上出来的。其中的艰苦,其中的这种曲折真的只有自己知道。

我想我们把当前的学生教好,一节一节课上好,我想我们为学生实现教育现代化,就能够做成扎扎实实的贡献,就能够在人的心中撒播良知,这是世界上最神圣的事业,也就是教育的价值所在,没有哪个行业,能够像教师这样,十年二十年,三十年四十年在那么多学生身上起作用。因此我说选择教师,就选择了高尚,这是生命价值的所在,我一辈子做教师,下辈子,如果真有下辈子的话,我仍然做基础教育的教师。

在可爱的学生身上,在同行身上,是每天都可以接收到新鲜的事物,使得我永远不断地跟着时代前进。讲得不对的,请批评指正。

> 【要点评议】
> 　　中国的基础教育、中国的母语教育,我们不可能指望其他国家来帮我们研究清楚,再来推动发展,关键要靠我们自己的努力和智慧。以全球的视野,批判的眼光,汲取各种有益的养分,坚定不移地走自己的路,研究各种前进中的问题,谋求创造性地解决问题,逐渐就会形成中国特色的基础教育。任何事情都是做出来的,只要从大局出发,发扬团队精神,教育事业就会越做越顺利。

资源链接

1. 于漪. 培养有中国心的现代文明人[J]. 今日教育,2010(9).
2. 于漪. 追求高尚的教育境界[J]. 新课程(综合),2010(12).
3. 于漪. 价值取向与社会进步[J]. 上海教育,2012(1).
4. 于漪. 要建立自己的教育话语权[J]. 上海教育,2012(27).
5. 于漪. 坚持走有中国特色的教育发展道路[J]. 上海教育,2012(34).

后续学习活动

　　现代教育以育人为本,为培育具有现代素质的人才,给教师提出了哪些客观要求,这对您的教育生涯有哪些影响,围绕这些方面完成下面的表格。

现代教育的特征	现代人的素质分析	对教师的共性要求	对你的影响
育人为本			

第 2 讲 教师的文化自觉

程红兵

专家简介

程红兵,博士,特级教师。教育部"国培计划"专家库专家。著有《程红兵与语文人格教育》(北京师范大学出版社)、《程红兵讲语文》(语文出版社)、《做一个自由的教师》(华东师范大学出版社)、《学校文化建设的路径》(华东师范大学出版社)等。

热身活动

阅读本讲座之前,请您先思考下面几个问题:

1. 据您观察,新课程改革以来出现了哪些有趣的课堂文化现象?请试着列举两例。

现象(1):_____

现象(2):_____

2. 关于教师的隐喻有很多种说法,每种说法都有寓意,请仿照第一栏完成下面的表格。

序号	关于教师的隐喻	寓意
1	教师是蜡烛	燃烧自己,照亮他人,强调教师工作的奉献与给与
2		
3		
4		

学习目标

通过本讲座的学习,您应该能够:

每位名师都有自己的教育教学主张,其中浓缩了他的教育心得、信仰,请基于自己的教育经验,提炼自己的教育教学主张。

教师	教育教学主张	教育寓意
名师1		
名师2		
名师3		
自己		
备注		

讲座正文

我今天聊的话题是教师的文化自觉,实际上是谈学校生活当中具体的教育细节。我想从我们现实当中的一些生活实例来看,不仅是谈语文的问题,教育的问题都在里头。我们今天进行了很多的课程改革,上海市二期课改,我们也做了大量的工作。这些课改到底哪些值得肯定,哪些需要反思,可能梳理得也不太够。我们课程改革做的那些东西,到底什么对我们教学是最重要的,是不可或缺的?我们最需要的是什么?我们当下最需要弥补的是什么?最重要的核心要素是什么?

【观察者点评】对这些问题,我想到了什么?
1. _____
2. _____
3. _____

一、课程改革呼唤教师的文化自觉

先看几个例子再来谈吧。这是一个五年级学生的发言稿:"各位领导,我们的学校以德育为灵魂,以教育为中心,全面贯彻党的教育方针,实施新课程改革,培育21世纪中国特色的社会主义现代化人才,全力打造上海市窗口性、示范性学校……"

刚才我们有老师笑了。这一段你看看是教育的成功还是教育的失败?在校长的心目当中,这是全校的优秀学生代表。换句话说,这是学校教育成功的一个典型。但是他说的话有没有孩子的话语呢?有没有孩子的思维方式,有没有孩子的味道呢?一点都没有。我们一点都感受不到。换句话说,这句话哪是一个五年级孩子说的,这纯属校长说的官话、废话。原因何在呢?

再看看我们的课堂。前天我到学校听了一堂课,是一位副校长上的课,应该说该老师教学还是"有两下子"的,非常老练。上课之前,他们学校有一个很好的习惯,让孩子们背古代诗歌。孩子们背得非常熟悉,非常流畅,我们这位副校长老师要表扬这些孩子,怎么表扬呢?他说,你们背得很好,你们比农民工子女的班级好得一百倍、一千倍。我当时说你的用语太成问题了,你这句话给孩子什么样的导向呢?如果这个班里面恰好有一两个孩子是农民工子女的话,他们内心深处会受到什么样的伤害;如果这个班上没有农民工子女,但是学校里面有农民工子女,这些孩子在你这个副校长老师引导之下,今后会怎么面对农民工子女?他们是不是就怀着莫名其妙地优越感呢?换个角度说,这句话是一个没有文化的体现。

【观察者点评】这里的"文化"是什么意义?我的理解是:_____

我们再来看看考试题。我把具体的名字列出来了,天津市河西区教育局副局长孙惠玲给政协委员们出了一套北京市2010年幼儿园升小学的测试题。1到9九个数,按照要求给它们分类,比如1、3、5、7、9,2、4、6、8是按照奇数和偶数来分的。那么1、3、7、8、5、9,2、4、6是按照什么来分的呢?一个委员就说了,这是一个心理学的实验嘛,1、3、7、8是奇偶混搭,5、9纯奇数,2、4、6纯偶数。这个答案还是费尽心思的,但不对。其他的委员也给出了诸多的答案,全部被否定掉了。最后的答案是什么呢?是谁也没有想到的答案,答案是按照拼音来分的。1、3、7、8第一声,5、9是第三声,2、4、6是第四声。我举的这个例子是很极端的,极端的事例可以引起我们的思考,引发我们很多的联想。但是实话实说,类似于这样,虽然程度不至于这么荒诞,在我们高考题、中考题当中,如果你仔细研究一下,还是会发现很多莫名其妙的地方。再进而延伸,我们老师费尽心思出的这些模拟题,有多少是有问题的,多少是莫名其妙的?

我们再看看老师发给家长的一条短信。这条短信是这样说的:

尊敬的家长:您好!最近天气比较冷,感冒的流行性疾病很容易传染,希望能注意孩子的营养,也可以给孩子买一些板蓝根作为预防。

这位家长通过各种关系,好不容易把自己的孩子弄到一个所谓的好学校,看到老师这个短信,心里非常地温暖。他心想:我花了这个代价,值!我选来选去选到了一个好学校。我们班主任、我们老师能够发这个短消息,这么关心孩子的身体健康,所以他心里是暖洋洋的。但是我们知道,有时候短信比较长,上一页没有完就转到下一页。我们看下一页怎么说:

不要让孩子在期中考试时,因为身体不适而影响成绩,谢谢配合!

我们各位老师看看,当家长看到下一页的时候,心里怎么样呢?一下就凉了!**换句话说,老师不是真正地关心孩子的身体,而是对成绩的关注。**甚至是考虑这个班上的成绩,考虑他的教学情况在校长心目当中的位置,认可度怎么样?所以家长的心一下子就凉了!

我在一线呆了很长的时间,说白了,这样的老师在学校里面还是一个负责任的老师,还想到给家长发短消息。但是这样的一个短消息,我们要评价它的话,也是:没有文化!

叶文梓. 觉者为师——教师专业化的超越与回归[J]. 教育研究,2013(12).

所以我个人觉得,有一个经常被很多人提到的话语,叫做回归原点。一位诗人曾经说过,"因为走得太远,忘记了为什么出发"。我们当了很长时间的老师了,我们当了10年老师,20年老师,30年老师,我们忘了我们为什么当老师,老师是干嘛的,老师最重要的职责是什么。如果我们把这些东西都丢掉了,我们还能走得远

吗？在所谓课程改革的大潮中，我们还能做多少有意义的事情呢？

类似于前面的例子，其实生活当中比比皆是，我讲的是很极端的例子，但是你仔细看，在我们身边这种例子会少吗？所以我的观点是，教师的文化自觉决定课改的成功与否。

>【观察者点评】对这些问题我内心该如何回答？
>_____
>_____

【反思】

教师的文化自觉决定课改的成功与否，将教师的文化自觉提到如此高度，如何理解？其理据是什么？"文化"、"文化自觉"的内涵是什么？继续往下读……

你是否有文化自觉，决定你的课改成功与否。因为文化说到底赋予一切活动和生命意义。我们刚才讲的短消息，因为没有文化，所以它的短消息没有意义，或者是负面的意义。刚才那堂课也是这个问题。上课不仅仅是技巧问题，不仅仅是经验问题，不仅仅是工具问题，上课重要的一点还有文化在里头。如果当这一切都没有，文化的意义都没有的话，这个世界还有价值吗？我们说白了，你还有价值吗？没有价值了！从这个意义上来讲，要提醒我们注意，教育是干什么的？教育说到底就是文化的传承，我们一代一代的人通过教育的传承而成人。我们课程改革干嘛呢？说到底就是要更好地传承文化。如果文化的意义都没有了，你还要教什么？

>【观察者点评】教育说到底就是文化的传承。我的理解是：
>_____
>_____

我们实话实说，不少老师在课堂教学当中几乎没有文化，或者是淡忘了这样一个意识。所以我们讲真正意义上的教育，实际上是一个文化的过程。因此如果教育一旦失去了文化，所剩下的只是知识的背影。我在课堂上教给孩子们知识，但我啥都不问；我在课堂上教给孩子技能，但我啥都不管；我在课堂上只给孩子们考虑如何升学，如何应试，如何得高分，但是我们忽略了孩子的人格成长，在这个意义上我们老师还有价值吗？所以从这个意义上来讲，我们教师的文化自觉，决定了课改的成功。

卓越教师的培养与成长

【要点评议】

"课程与文化有着天然的血肉联系,离开文化,课程就成了无源之水、无本之木",从这角度就能比较好地理解"真正意义上的教育,实际上是一个文化过程",好的教育可使人成为完善的人,而绝不是对人性的异化。由此推断,好的教师必然是拥有文化自觉的教师,是有益于学生不断走向解放、走向自由的他者。不过,我认为:课程实施过程中"没有文化"、教师没有文化自觉,其实其本身也是一种文化现象。这里面有官本位文化,突出的是强权、霸权、特权;这里面有应试文化、状元文化,暴露出的是"人上人"的教育,是奴性人格教育。这些陈腐、僵化、落后的文化,蜷伏、蛰居在新课程改革的机体里面,蒙蔽了教师的双眼。一种真正意义的课程改革,必然要给教师"解蔽",以先进的课程文化唤醒沉睡的人们,让教师们发现光明、看到人性的光芒。

课程不仅仅是文化传承工具,课程本身就是文化,就是活的文化、创生的文化;教师即课程,教师的阅历、眼光,教师的知识积累、人生智慧就是影响学生内在生命成长最有力的课程资源,学生的人格修为也需要教师的陶冶、熏染。真正的教育恰恰就是人影响人的过程,我们不仅仅需要依靠外在于我们生命的知识体系来培养人格,我们更需要凭借教师主体的生命境界来教书育人。

课程改革做了很多的事情,很多的事情是很有价值的,但是我们把最重要的事情可能丢掉了,我们停留在技术层面、方法层面。(1)技术层面的改进,比如说现代教学的技术和学科教学的整合,这个该做吗?当然该做的。但是这个是最重要的吗?不是最重要的。我们说白了,今天不用这个电脑,不用投影仪,我们在黑板上写几个字也能达到效果,只是快慢而已。写也有写的好处,写的速度是慢了一点,但孩子们的思维能和老师的教学更好地跟进。(2)方法层面的改进。我们上海开始做起"同课异构",哪一种方法好,其实各有千秋,方法层面上的问题对不对?对的。要不要做?要做的,但这不是最重要的。(3)在方式层面上,我们做了很多的更新。我们特别流行很多的教学模式,这些教学模式管用吗?管用的。这些教学模式其实也有它的负面效应。我的观点是教学模式是一柄双刃剑。对刚刚踏进学校当老师,我们

程红兵.价值思想引领:校长课程领导的首要任务[J].教育发展研究,2009(4).

建立教学模式，来形成一种规范化的教学，这当然是好的。但是这个学校的老师都已经形成了规范化的教学模式，还在搞所谓教学模式的话，我可能说句不恰当的话，那就是压抑老师和学生的创造性，束缚老师了。

> 【反思】
> 课程改革如果仅仅停留在技术层面，停留在方式、方法层面，显现的是工具技术化趋势。作为以育人为旨归的课程与教学，如果仅仅落实在工具技术层面，那这个教育境界也就太低了。教育要促进儿童的身心发展，更高位的是培育、提升儿童的心灵世界。这个目标的达成，那是改进技术、方式、方法所难以承受的。心灵的培育，必然需要文化的底蕴，需要创造性的教育教学活动，需要教师用"心"来做教育，而不局限于技术、手法。

有人就问于漪老师，张三有教学模式，李四也有教学模式，于老师您的教学模式是什么呢？于老师说："我没有教学模式。"从另外一个角度来讲，恰恰说出了教学艺术性的真谛所在。语文教学如果用一种模式、一种框框来束缚，你虽然说不出问题出在哪里，但肯定是出问题了。

我们在技术层面上、工具层面上、模式层面上不断地徘徊，各种模式铺天盖地，有用吗？可能有用。有问题吗？绝对有问题。我们遵循的是技术的逻辑，是工具的逻辑，是形式的逻辑。我们把文化的意味丢掉了！所以课程改革浅表化、简单化、形式化、口号化。很多都是把复杂的问题简单化了，我们现在习惯性地把它抽象成一个口号、一句话给拎出来，比如说"把课堂还给学生"，这就是一个非常典型的复杂问题简单化。"把课堂还给学生"，什么时候该还，什么时候不该还，什么时候用什么形式都是有讲究的，不是说一句简单的口号就可以解决的。

【观察者点评】复杂问题简单化，方法论错误！

> 【要点评议】
> 教育现实中充斥着技术的逻辑、工具的逻辑，还有形式的逻辑，"我们把

> 文化的意味给丢了",这犹如"失去灵魂的卓越"。教育不是几句口号就能够解决问题的,教育更需要在实践过程中平衡价值理性与工具理性的关系。工具理性更多的是要为实现价值理性提供支撑。如果二者失衡,就容易带来教育的异化。

我们现在流行很多口号,今天老师、校长们几乎都会喊口号。上海有一位教育界的老人,吕型伟先生,曾经做了一个尝试,他把发表在报刊媒体上的,或者是所听到的教育口号,罗列出来,如成功教育、快乐教育、愉快教育、责任教育、挫折教育、理解教育等等教育多达658种。

我们各位想想看,今天几乎所有的老师都会说一句话,"一切以学生的发展为本"。换句话说,我们老师的言语、行动、细节都不能体现教育内涵的话,你说喊几句口号有多大价值？口号只有包含思想、内涵,教育的行为、细节才有价值。所以文化性的缺少导致教育的异化,课改的困境导致我们教育改革的障碍、瓶颈,发展深入不下去。这是我们当下非常烦恼的事情。所以我觉得口号只有转化为教育工作者的言行细节,才能成为一种文化行为,才有教育意义。

二、教师如何实现文化自觉

文化的核心是什么呢？文化的核心就是价值思想。你以什么为重,以什么为轻,你以什么为主,以什么为次？要把这些东西搞清楚了。这些东西又是什么呢？附着在具体的言语当中,附着在具体的行为当中,但是它一直是关乎价值的。

人为什么存在呢？我们教师为什么存在呢？我们把课堂还给学生,教师为什么存在呢？我们的依据是什么呢？为什么教师要存在呢？我们学校教育要生活化,这句话说得很好听。说实话我在建平中学举办了多少次的活动,都不敢说生活化活动。我们把这些问题想想清楚,我们都为什么做呢？我们的语言为谁而发,我们为谁而做,我们都要想想清楚。换句话说,我们老师习惯于向学生发问,但不习惯于向自己发问。如果我们老师习惯于向自己发问,那我们成长的空间大了,我们就提升自己了。

我个人认为,价值思想的学习是最可怕的学习。我要不断地给大家提一点问题,我们到底是为谁教？是为老师自己教,还是为学校教,还是为政府教？我们的课堂改革为什么要改,

【观察者点评】这些问题我该怎么回答呢？

改了又怎么样？不改又怎么样？改的意义在哪里？诸如此类的问题我们要思考一下。

【要点评议】

上面提出的很多问题，其实都要教师作出深度反思。三百六十行当中，教师其实也是一门普通的职业。职业就需要解决谋生问题。可是，作为人民教师又怎么能止于谋生呢？教师还是一项久远又年轻的专业，作为传播现代文明、培养现代人的教师专业，必然需要不断发展、终身学习。教师不仅需要积累知识，提升道德，更重要的是要有思想、有头脑；教师要解蔽、要启蒙，首先是要自我启蒙，自求智慧。这就必然需要教师反思自我的存在，在广袤的世界图景之下，找到自我的存在价值，发现自我与世界、与学生的本质关联。教师是实践者，实践不断更新、运动，教师也就需要不断反思、提升自觉水平。

所以我们学校的文化建设必须深入到价值层面，深入到思想层面，深入到精神层面。什么叫做深入价值层面、思想层面和精神层面？我的理解如下：

1. **正确的科学价值判断。**你对教育，对学校教学，对语文教学有自己的判断吗？我们充斥着各种各样的学说、各种各样的理论，我们充斥着各种各样的经验、充斥着各种各样的所谓教育市场，但是最需要的是什么？最需要的是我们做校长的、当老师的，我们对教育的基本判断，联系我们班上的学生的基本情况，我们自己的判断是什么？这个是最重要的。

【反思】

作出科学的价值判断，前提就需要基于事实，独立思考、独立判断，要坚守公平正义，自己对判断负责，从实际出发，为实践服务。面对上述问题，我该如何做出自己的价值判断呢？

_____

_____

比如说有一段时间，流行多元智能理论，铺天盖地都是多元智能理论。看到这样的一种状态,我感到很奇怪,很不理解。到北京参加了所谓的多元智能国际研讨会,就说了一个概念,千万不要把多元智能本身当作教育的一个目标。还比如,你看看《中国教育报》《中国教师报》《人民教育》等介绍那么多的改革经验,没有一项改革是有缺点的。这正常吗?我的观点是所有的改革都是有缺点的、有问题的。问题的关键是根据我们学校的情况、根据我们班级的情况,我们来衡量一下它的弊大还是利大。如果弊大,我们不做;如果利大,我们就做,仅此而已。

2. 持之以恒的教育信仰。我们不断地追求新的教育思潮,我们不断地追求新的教育理念,但是我们没有教育信仰。教育是非常朴素的。你到海尔路上看,小姑娘一天一个样,三天大变样。换句话说,教育如果是这样一个状态的话,是教育的成功还是堕落?我的观点是教育的堕落。教育是非常朴素的,不是小姑娘的着装打扮,不应该不断地去追求时尚。我的观点是凡时尚的都是速成的,凡速成的一定是速朽的。

3. 坚定不移的文化追求。我这里举海伦·凯勒写的那本书《假如给我三天光明》。假如给我三天光明,我要端详我的老师沙利文,沙利文是全世界教的学生数最少的,就一个孩子,教了学生最少的老师,也是教了学生最少的校长,就是一个孩子。但是她脑海当中有信仰,信仰就是把海伦·凯勒天资如此之差的孩子,教成对社会有用的孩子,教成一个好人。所以她不断地去追求,持之以恒、坚定不移地去追求那种庄严神圣的教育承诺。我们今天看到很多的民办学校,"你给我一个孩子,我还你一个栋梁",这是广告,不是真正意义上的承诺。我觉得最庄严、最神圣的教育承诺是对自己的承诺,对自己内心的一种承诺。如果你连对自己的承诺都没有一点诚信的话,我想你做人也有问题了。所以最宝贵的是对你自己内心世界的承诺。

4. 始终如一的实践探索。今天学校里面的很多老师,就缺乏这个"始终如一"。他像翻烧饼,今天是这样,明天是那样,后天是这样。我们都在搞学校的特色办学。什么叫特色?没有10年、20年的沉淀,哪来的特色。坚持才是特色,始终如一的东西才有特色,才能形成特色。我们生活当中恰恰是相反的。

5. 习惯如常的教学行为。所有这些都是要表现在常态的教学行为当中。我理解,所谓文化、教师的文化自觉,这几个方面都是不可以少的,最终体现在课程之中,体现在教育行为当中,体现在教育细节当中,成为这所学校课程的文化传统。推荐一本书,雅斯贝尔斯的一本小册子,叫做《什么是教育》。它讲了教育是有

(法)雅斯贝尔斯.
什么是教育[M].邹进,译.北京:生活·读书·新知三联书店,1991.

信仰,没有信仰就不成其为教育,而只是教学的技术而已。我不记得是哪一个人说的,老师是什么?老师是教师,但不是教学技师。从这个意义上来讲,可能对我们理解教育会有比较大的帮助。

【反思】
　　学校如何推进文化建设,程红兵先生上述几个观点,我理解了吗?我是否同意他的观点?联系自己的教育教学实践,我还有哪些想法?
_____
_____

三、教师如何体现文化自觉

我觉得第一位的是体现在课堂上。今天很多学校热衷于课程改革,应该吗?是应该的。但是我发现很多学校连课都没有上好,站都站不住,走都走不稳,就想飞了。第一步是站得住,第二步是走得稳,第三步是跑得快,第四步是跳得起,第五步是飞得高。要有一个顺序。现在不少学校的状态是连课都上不好。

那么要怎样上好课呢?要有"五个实"。

第一个是扎实的课。什么叫做扎实?要有意义的,我们有一些课是没有意义的,起码有一些环节是没有意义的。我听一堂课是郭沫若的《天上的街市》。老师一上来通过电脑投影仪,给我们呈现了一个非常漂亮的画面,问了一个问题:"同学们这个是哪一个街市啊?"同学们异口同声地说:这个是"天上的街市"。这就是废话,毫无价值。

第二个是充实的课,有效率的课。我们发现今天很多学校,教学基本要求都没有达到,效率不高。有一些老师的课,就是脚踩西瓜皮,滑到哪里算哪里,根本搞不清楚上这堂课他要干什么,教学目标模糊,所以没有效率。

第三个是丰实的课。本质特点是老师和学生当下及时性的对话交流,有生成性的课,可以产生很多的东西。我们老师在课堂上预设了一些问题,然后老师和同学,学生和学生之间展开对话,生成了很多新的东西。有些老师的课,包括一些名家的课,非要强调他答案是唯一正确的,一下子就把孩子压下去了。其实如果学生的答案在某种程度上有一些合理的因素,你就应该给一个初步的肯定。

第四个叫做平实的课,常态下的课。我们的表演课、公开课、示范课,有时候有它独特的作用,但是更重要的是什么呢? 是常态课,常态的课才有价值。常态的课可以给我们很多启发。

第五个叫做真实的课,有待提升的课。所有真实的课都是有遗憾的,都是有缺点的,所有真实课都是值得我们去反思、去不断总结教训。于漪老师她已经是80多岁高龄的老同志了,她说:"我当了一辈子的教师,我一辈子学做教师。""我上了一辈子的课,我上了一辈子令人遗憾的课。"有道理的,真实的课总是有遗憾的。十全十美的公开课多半是假课,有问题的,如果学生回答的问题都预先设定好了,还有价值吗?

【反思】
　　文化看似虚无缥缈,可是文化的根的确需要"实"。没有实打实的东西,如何承载、积淀文化呢? 所以上面提到上好课,提出"五个实",即"扎实、充实、丰实、平实、真实"。有了这"五个实",灵动的教学思想、教学创意就会生根、落地,于是课堂渐渐地变得具有文化的气息。在这些方面,我做得怎么样呢? 还有哪些方面需要改进、提升? 又该如何改进、提升?

_____

_____

课要有文化。什么叫做有文化? 目中要有人,要有学生。我们讲教学是为学生服务的,是为了学生学习的。但是实话实说,**这两句话容易空头表达**,在实际当中怎么去体现,**我们常常会忽略掉**。上一次我在一个重点中学听课,连续三堂课听了下来,我不客气说了。三堂课三位老师在课堂上提出了诸多问题,但是没有一位老师在课堂上给学生提出一个问题的机会。我说你不让孩子提问题,你怎么知道孩子的问题在哪里,你怎么能基于孩子的问题教学呢? 现在老师给我反馈来最多的一句话是什么? 我真的没想到孩子是这么想的。**我们老师在课堂上预设的东西,有一些和孩子是一致的,有一些是不一致的**,是相悖的,换句话说,这不一致的东西恰恰是我们需要调整的东西,但是很多老师不知道。换句话说,**你都不了解孩子怎么想的,你怎么样改变自己,你怎样让你的课适应学生,那就没有学生了。**

孩子和孩子是不一样的。我们建平中学,是学生素质非常好的学校。实话实说,走进建平中学,你还是可以看到学生的差异非常大,如有一些在学科上,差异非常大,比如说数学、英语。怎么办呢？我们根据这种情况采取分层次教学。根据学生的差异，应该采取有效的方法来应对，这个是关键。

有一次我到农村初中去听课，上课的是一位四十来岁的中年女教师，非常朴素，不是特级教师、不是学科带头人。她喜欢让学生上台表演，让成绩差的孩子上台表演，让成绩最好的孩子上台解说原因，解说更加简便、更加有效的解题思路和方法。这个老师的举措几乎覆盖了所有类型的学生。让每一个学生都得到发展，在她的身上、在她这个班里没有一句空话，这就是目中有人的课、是心中有数的课、是手中有法的课。

要理解学生的需求。在校长会上，我就讲了一个概念，我说：当校长的，你一个学期至少开一次学生座谈会吧？现在我们校长连一次学生座谈会都不开，不了解学生的需求，不了解学生的建议意见。校长一个学期开一次座谈会，分管教学的副校长就开三次，教务主任就开五次，这样整个学校就养成一个习惯，就形成一种氛围了，非常重视孩子的意见。一个老师，你真正想把课上好，我觉得开学生座谈会是最佳的方式，因为你的课是上给孩子的。我这里只举一个例子。一个孩子说，他希望在课堂上听到三种声音，第一种声音是掌声，他希望听到来自老师或同学深刻精辟的见解。第二种声音，笑声。孩子希望我们课堂生动而精彩，让我们课堂对孩子来讲有吸引力、有魅力，让他产生兴趣。第三种声音，辩论的声音。让孩子有探究的欲望，让孩子能参与，让孩子表达自己的观点。这是孩子主体意识觉醒的标志。在辩论的时候，尤其是学生和老师在辩论的时候，孩子思维最活跃，教学效率最高。

课堂是什么？课堂是一个场，是要老师和学生一起来营造的场。如果老师眼睛始终是呆滞无神的，面部表情是非常严肃、冷漠的，这个课是不可能上得好的。当你走进课堂，孩子希望你神采飞扬，希望看到一个光鲜的、一个思维非常活跃、精力非常饱满的老师。这个要求不过分的。我们十年教书、二十年教书教下来，养成一种职业习惯，脸拉的始终很长，把自己打扮得跟教科书一样，跟教参一样，教参多无聊，孩子说老师微笑最美。我们老师教了很多知识、很多能力，不到两年孩子忘光了，但是课堂当中的一个细节、一个话语、一个动作可能让孩子终身难忘。西方说，教师是面带微笑的知识。什么叫有文化？有文化的评价就是促进学生发展的评价。现在很多老师的评语，德智体美劳、优点缺点希望，没有个性，公文化语气，很冷漠，应该写进孩子的内心，应该有感染力。有文化的课堂，我觉得最起码课堂是非常和谐的。刚才讲学生的心理状态，就是希望老师能营造一个良好的和谐环境，和谐的师生关系。

基于学生的教学。不是说教材有啥就教啥，而是看学生需要什么才教什么。所以我刚才反复强调这个观点,你得了解学生。你真想当好老师,就得不断地跟孩子聊天,看看孩子对课堂有什么想法。让孩子们提出问题来,让他们来告诉你,孩子们最需要什么?不是根据教材的组织来学习教学的结构,而是要根据学生的学习心理机构和学习的行为规则来规定教学结构。教材不是《圣经》,我们要有所调整,适合孩子的心理结构来进行教学。我们有一些老师喜欢照本宣科,教材怎么说就怎么教,这是不对的。

什么叫做基于学生的需求?学生已经懂了,我们只要帮他检查一下就可以了。学生已经知道了,老师还喋喋不休,孩子们最烦。你得让孩子自己去看看书,能搞懂一些内容的,你得让他们概括,提炼不到位你帮他,如此而已。什么是学生不懂的?就是看了教材也不懂,通过讨论出来才可以搞懂的,你就组织他们讨论就可以了。什么是必须老师讲的?学生看了教材也不懂,通过讨论还不懂,这个时候老师该讲了。老师讲了还不懂的时候,我们该干嘛,要实践了,我们要进行活动设计和示范了。

老师讲课其实有三层境界,第一个境界,想得清楚,说得明白,让学生听得懂,说得出。第二境界,声情并茂,传神动听,使学生身临其境,如闻其声。第三境界,话语有限,其意无穷,使学生充分想象,思也无涯。这个是最高境界。

为了学生成长的教学,让学生学习增值。这个是最后的观点。增值讲了有四种值,一个是动力值,一个是方法值,一个是数量值,一个是意义值。换句话说,后面三种"值",我们老师都会理解。我特别信奉第一个值,就是动力值,非常重要!就是说你教了高中语文,孩子走进了我们的课堂,是不是因此就喜欢上了语文?喜欢上了语文,就是我们老师莫大的功劳。如果你的课,让孩子们走进你的课就烦恼语文,就厌恶语文,那就是最大的失败。

到底怎么教?上海师范大学有位过世了的商友敬教授曾说过:"学生不会读书,我教你读,你不会写文章,我教你写,你不知道这本书好,我讲给你听,你不知道这篇文章的缺点,我指点给你看。"语文老师就是干这些事情,多么简单的道理。我们就喜欢听听这些大白话,能够讲得出大道理来的。重心在哪里?重心就是教学生如何去学习,这个是教的内容。教与学的关系,就是教要依据学。教的目的,就是教是为了学,即为了学生更想学,更会学以及学得更好。我们教了半天就是让孩子们自己会学了,这个就是关键所在。

我们以钱理群先生的话来印证一下。他说牵着中、小学生的手,把他们引导到那些大师、巨人的身边,互作介绍以后,自己就悄悄地离开了。让他们那些代表着辉煌过去的老人和将创造未来的孩子一起心贴心地谈话。我只躲在一旁,静静地欣赏,时时发出会心的微笑……就为这个瞬间,无论付出什么代价,都是无怨无悔的啊!

【要点提炼】
　　重心就是教学生如何去学习。

　　以我的教学为例,第一节课按我的要求,第二节课就进入了我要求的状态了。我就干两件事情,每课一诗。每堂课按照学号轮流,由一个学生介绍一首诗歌,全班同学把它背下来,从高一的第二节课开始,到高三的最后一节复习课为止,一节课不落,我们老师想想,学生会积淀多少东西。今天的孩子跟我们成人一样,就是空空如也,匆匆来,匆匆去,一天到晚在忙碌,而书却不去读。第二件事情是每月一书。每个月读一本文化名著雷打不动。从高一第二个月开始,到高三的最后一个月,一本都不落。这样的话孩子们就懂了什么叫做大师,什么叫做巨人,什么叫做无聊的东西,他们清楚了,而且终身会养成这样的习惯。

　　我们所谓一些重点中学,包括现在北京、上海也是一样的,有一些重点中学的人文教育是过于缺乏的。有一些学校高一不开历史课,高二文理分科,文科的开历史,理科的不开。换句话说,这样的学校,理科学生可能在高中三年阶段就和历史无缘,这是很糟糕的。今年暑假,我到了美国,看了美国最好的高中之一托马斯·杰弗逊高中,他们高中是 4 年,从高一到高四有两门功课始终都要开的,一门就是我们今天讲的语文,一门就是历史,这两门课一直从高一开到高四。

　　从这个意义上来讲,对孩子的教育我们关键应该做什么呢? 我想我们应该知道了,为了学生成长的教学,我们应该关注学生的行为目标和情感目标。这个行为目标的表述,我这里特别强调,其中有一个要求是水平要求,这个水平要求是检验课堂教学有没有效果,或者是效率低下,或者是效率很高一个重要的标识。什么叫做水平要求? 就是花多少时间,完成多少事情。时间概念、质量概念、数量概念,这个是非常关键的。可以用速度,可以用精确度、质量来表示。但是我们老师很多都没有这个概念。

　　我觉得把内在和外在的结合起来,这是心理学告诉我们的目标方式。心理学家认为,学习实质上是内在的心理变化。因此,教育的真正目标不是具体的行为变化,而是内在的能力或情感的变化。我对这句话也有保留,让我表达的话,我会说教育目标既是行为的变化,更是内在能力和情感的变化,我绝对不会把行为目标排除在外。

　　我们在确定目标的时候,是不是考虑这些词语? 比如说这堂课除了要考虑这些外显的行为动作之外,还要考虑让孩子们尊重什么,让孩子们喜欢什么,欣赏什么,让孩子们创造什么？把这些词语加入到我们的教学目标当中。当然，我不认为这就一定是最好的教学方法。我们老师在课堂上面，还可以创造更多的符合学生实际、更加有效的方式。

为了学生成长的教学，是关注思维方式的教学。 现在很多课的老师不太关注思维方式。我先讲物理课，先讲定义、定理、公式。然后老师带学生共同解一道题或者是两道题，然后再布置作业。这个所谓的定义就是一般，由一般到个别，我称之为演绎法。但是都这样的话，学生就会形成一个高分低能了。就是非要掌握一个公式才能进行，面对一个具体的问题，没有办法解决，这个就是我们的教学毛病。

关注旁例或者是反例。 老师上课常常是这样的，我给你一个例题，这个例题讲清楚了，然后给一个完全相似的例题，让孩子们去做，如果会做了，这是真正的掌握了吗？不一定的。通过这个题目，稍微变一变，孩子们就不知道方向了，这不是孩子们的问题，而是你教学过程的问题。所以你不但要给他正面相关的例子，还要给他们旁例，或者是反例，这样的话孩子们会真正地理解。也就是变异理论，要正确认识事物的关键属性，就要通过对包含该关键属性的变异形式（旁例或反例）的对比，达到对关键属性的辨析。变异理论是对传统迁移观的突破和发展，传统迁移观只强调共同性，而变异理论发现并证明学习迁移的必要条件是同时具备共同性和差异性。

关注课的文化含量。 我们举一个英语课的例子。一次上课，孩子们正热烈讨论当时流行的"蓝色妖姬"。有的老师如果遇到这种情况，可能会说不要跟我讲"蓝色妖姬"，但是这个老师不是这样的。他在黑板上写 blue，孩子说"这是蓝色的意思"，老师问"还有什么意思"，只有少数人回答"忧郁"，老师说 blue 在英语当中还有"高贵"的意思，我们往往说高贵的人总是忧郁的，要开心就要做穷人，所以叫穷开心。孩子哗然。之后老师又告诉孩子们，blue 还有影射低俗刊物的意思，就如我们中文里用黄色来影射这类刊物。我不敢说这个班级的孩子都会产生思考，但总有孩子会思考：代表东方语言的中文和代表西方语言的英文都是这样的。**所谓好课就是促进学生进行有价值的思考。** 如果这个老师一直这样教下去，久而久之，孩子就会养成一种思维的习惯：**面对具体现象不会就事论事地分析，会用比较的眼光来看，用一种文化比较的视野来看待事物。** 可是今天，许多老师只喜欢在教学模式、教学方法、教学技术手段上做大量的文章。实话实说，课堂的根本在我们老师身上，而老师的根本在自己缺乏文化底蕴上。我们老师脑海当中到底有多少东西，这是关键。

所以从即时短效来讲,这堂课的目标达成程度怎么样?学生的情绪状态怎么样?学生的参与度、学习幸福度怎么样?有一条标准是离不掉的,就是学习愉悦、快乐健康。从长时间的效果来讲,课程标准的知识与技能、过程与方法、情感态度价值观,我们应该系统地关照,应该总体地关注,三年的高中生活,我们到底给孩子什么?但是不妨碍,可以就一堂课反过来看整个的教学过程,比如我们培养孩子的科学态度。什么叫做科学,科学有两大态度,科学可证实。所谓的科学,第一实事求是,第二批判精神。如果我们老师在课堂上,让学生质疑的机会一次都不给,你说孩子的科学态度怎么能够形成呢?就像我刚才说的,学问学问,学会提问,你在课堂上连孩子们一个提问的机会都不给,孩子们怎么能学会?

促进学生们发展的评价。 我们常常把自己的出发点给忘了,我们为什么评价学生?因为走得太远了,我们忘记了最初的目的。我们老师的评语,优点、缺点、希望,公式化,千人一面,没有个性,脸谱化。我们的语言是非常冷漠的,"该生如何",公文化。这个评价最主要的读者是谁,是学生本人,你用"该生如何"一下子就把你和学生的距离拉开了。应该是促膝谈心,面对学生。应该针对孩子的个性,把孩子的内心世界显示出来。应该是语言非常活泼,具有激励和感染作用的。就说到这里,谢谢大家!

【要点评议】

新课程改革最大的理念革新就是以人为本,实质就是以学生发展为本。这就回到学校教育的原点。学校是为学生而存在的专门机构,教师是为学生成长服务的专业人员。这反映出历史发展的大趋势,也体现了现代教育的进步意义。我国教育发展的总趋势可以用从"学在官府"转向"学在民间"来概括。西周衰败,学术打破垄断,向民间扩散,造就了春秋战国百家争鸣的辉煌,那时候孔子创办私学,实施有教无类,墨家也面向中下层百姓传播文化知识。东汉末年,佛教传入,这不仅具有思想史的意义,而且也是文化向民间扩散的一股重要力量。清末西学东渐,教育渐渐普及,开启了现代教育之旅。又过了一百年,提出教育要以人为本,促进每个孩子的发展,这也是乘势而

> 为,为所当为。所以以每个孩子的发展为本,作为根本的理念,每位老师要有透彻理解,全面渗透到每一天的教学活动当中去。真正理解了这点,再来看基于学生需求的教学、差异教学、为学生成长的教学、以学定教,就一下子贯通了。"观念出方法",在实践过程中,教师也一定会发现更多新的教学方法。

资源链接

1. 程红兵.学校发展与学校文化建设[J].全球教育展望,2004(3).
2. 程红兵.学校文化是学校的核心竞争力[J].辅导员(教学版),2011(2).
3. 程红兵.课程领导要关注课程的文化性内涵[J].现代教学,2011(7).
4. 程红兵."建平人"与建平课程——自觉的课程改革与自觉的课程文化[J].上海教育,2009(18).
5. 程红兵.以教师的文化自觉成就"有文化"的课堂[J].中小学管理,2012(9).

后续学习活动

有文化自觉的老师,总会在他的经典课例中体现其文化追求,名师、经典课例、文化追求具有内在的一致性,围绕这个特点,搜集相关典型资料,请完成下面表格:

序号	名师	经典课例	承载的文化价值
1			
2			
3			

第 3 讲　卓越教师的培养与成长

谢利民

专家简介

谢利民，教授，博士生导师。上海师范大学学科教育研究所所长。全国教学论专业委员会常务理事。主编有《现代教学基础理论》(上海教育出版社)、《中小学教材比较研究》(中国人民大学出版社)、《教学设计应用指导》(华东师范大学出版社)等。

热身活动

阅读本专题之前，请您先思考下面几个问题：

名师成长有多种路径，各有特色，殊途同归，请以自己学科的名师为主题，广泛搜集资料，完成下面的表格：

序号	优秀教师姓名	教学特色	成长路径分析	相似之处	启示
1					
2					
3					

学习目标

通过本专题的学习,您应该能够:

根据本讲座内容,请提炼成就卓越教师所需要的关键条件以及特征,然后分析一位您熟悉的名师并给他打分,最后为自己的专业提升做点设计,并完成下面表格:

卓越教师成长要件		选择一位名师(姓名)		我的成长	
类型	特点	给他打分	你的理由	我的特点	改进措施
专业知识					
专业技能					
专业潜力					
专业情操					

讲座正文

一、教育从规模发展到内涵发展

如果放眼去看中国社会,我们从 20 世纪 70 年代、80 年代,一直到 90 年代为止,大家仔细回顾一下中国的政府官员,他们最关注教育的什么事情?我觉得那个时候中国的政府官员,他们关注教育跟我们一线老师关注的东西不一样,他们最关注的一件事,就是学校办学条件。

那个时候中国教育有一个挥之不去的危房问题,如站在政府的角度去思考教育,我觉得中国政府也挺难,因为中国政府用的是世界上最少的钱,办了一个世界上最大的教育。那个时候中国教育非常脆弱,政府去抓教育,首先要考虑有没有教学楼、教师、桌

【要点提炼】

办教育必然需要具备一定的物质基础,必须保障合理教育经费投入,这成为政府首先需要考虑、妥善解决的事情。当然,有了物质基础并不等于能办好教育,办好教育还要遵循教育规律。

椅板凳、实验室。那时候国家穷,不能给我们国家两三亿青少年学生去创造一个非常良好的学习环境,所以政府抓教育就需要用到钱。我觉得中国基础教育,特别中小学这一块,没有钱根本就办不了,当然等以后有钱了,能不能把教育办好,这是另外一件事情。

所以说,政府的想法和我们老师的想法,并不是完全相同,而那时候中国老百姓,他们却越来越关注教育,他们关注的是什么教育?一定意义上说,那时老百姓关注的不是教育质量问题,他们关注的是分数和升学率。

【反思】

为什么老百姓首先关注的是分数和升学率呢?政府与老百姓对学校教育关注点的错位现象说明什么?在这种情况下,老师该如何看待教育发展与社会发展、儿童发展的辩证关系?该如何处理教育主体的价值追求、价值理性与政府、百姓的利益诉求?这考验着教师的教育智慧。带着问题,继续往下读……

我觉得分数、升学率对一个学校是非常重要的东西,它是质量的一个标志,但它决不是教育质量的全部。领导们去关注办学条件,老百姓要抓分数、升学率,那么学校老师们到底做什么?我们有的时候真的说不清楚,有许多事情是不是该由学校老师去做,这点我们也说不清楚,但却要求着老师们去做。比如说安全教育的问题,本来应该是社会问题,但却要求学校和老师去做。

【要点评议】

在政府力量与老百姓诉求的裹挟之下,老师有时候真的挺无奈……面对这种情况,要实现自己的教育梦想,做理想的教育,还真不容易……卓越教师总是能够坚守教育理性,创造性地开展教育实践,在克服困难的过程中曲折前行,卓越教师总是可以在理想与现实之间不断实现自我超越,凭借韧性、弹性、创造性地不断开创教育教学新局面。

随着改革开放三十年,中国的情况比过去好很多,前两年中国GDP一不小心超过了日本,变成了世界第二名。我在五月份的时候,在上师大和一位美国教授聊天。当时那位美国教授说,现在美国的经济学家,他们在研究一个非常重要的问题,研究中国的GDP什么时候可以超过美国。我想中国的GDP超过美国，也不会用很长的时间，因为中国人口要比美国多。如果每个中国人，一年都多创造1元钱，那么整个中国一年就可以多创造14亿元，但中国即使GDP真的超过了美国，中国也未必会是一个真正的强国。我们看一个国家经济发展水平，有一个非常重要的指标，就是人均GDP。我看过一个资料，中国的人均GDP目前在世界排到了大概第98名，所以中国现在还真的是一个发展中国家。

【要点提炼】

我们还处在发展中国家，这是我国的基本国情，也是我们思考、谋划教育发展的立足点。

但不论怎么样，从东南西北，从大学到中小学，我们都会有一个感觉，中国比过去好，真的也比过去有钱，我们的办学条件比过去好了。前几年中央政府，做了一个很重要的决定，拿出4万亿元去拉动内需，这几年一直在探讨一件事：4万亿人民币到底能解决中国什么问题？这个社会一旦穷的时候，事就比较多，需要解决的问题也会很多。所以经济学家给中国政府提建议，说中国政府拿出4万亿元人民币，是解决中国三个难题最好的时候，中国社会现代化有三个非常重要的难题，也有人说是中国走向现代化的三座大山，其中之一就是教育问题。

今天中国的教育问题，不是就学机会的公平问题，因为这个事我们基本解决了。我们国家现在可以保证，让每个孩子可以有书读。

【要点提炼】

我们基本上解决了孩子"有学上"的问题，教育发展的主要矛盾是人民群众对教育质量不断提高的要求与现有教育发展水平跟不上的矛盾，现在关键是要从"有学上"过渡到"上好学"，成全、成就每个孩子，办人民满意的教育。

今天中国的教育有一个非常突出的问题，越大的城市这个现象越突出，就是择校问题。为什么要择校？因为学校不一样，**我们的学校整体发展不均衡**。我在上海看了一下，如果我们初中生有本事考到上海中学，这意味着什么呢？意味着他一只脚跨进了清华、北大、复旦等大学，对他来说已经不是上不上大学的问题。但如果一个乡村孩子，他在乡村中学读书，你说他有多少机会去读大学？就更不必说清华、北大，像乡村孩子，他有多少机会到一本、二本大学去读书？这就是资源不均衡。上海这样一个国际大都市，现在是这个样子，由此你就可以知道中国整个教育的质量均衡程度。所以这次《国家中长期教育改革和发展规划纲要（2010—2020年）》里面说，中国未来十年的教育发展，非常重要的一个指向就是教育公平问题。

这个"公平"以我的理解来说，就是对一个学生的学习环境、条件的公平，因此中国政府现在有钱，政府要怎么把我们学校都办好？这是摆在中国整个社会发展过程当中非常重要的一件事。

教育质量的均衡最难的地方在哪？我觉得如果学校没有楼，中国政府有决心一年之内给学校造好楼，这绝对不成问题。我们政府可以用一年时间，把学校的设备都配置好，但有的时候，领导来视察学校，他们都会感到非常不开心。说校长你要的东西，我都给配备好了，为什么你们学校教育质量、分数还上不去？

我发现中国今天要搞好教育质量均衡，最难的一件事就是我们的教师。当我们今天抓质量问题，把质量摆在最重要的地方，可是政府出不了教育质量。教育质量一定会出在学校里面，所以我们有第二句话，叫做教育的内涵发展。

【要点提炼】

要让孩子"上好学"，就要解决好教育资源分配问题，如果优质资源严重失衡，必然导致很多区域教育质量不高，教育发展不平衡，而教育资源分配，必然牵涉到教育公平问题。教育公平是社会主义国家办教育的价值底线。

我们去关注一下，我们领导在谈教育改革的时候，我发现从小学到大学，甚至包括我们的学前教育，没有一个官员不谈内涵改革问题，关于教育的第一件难事。第二件难事，中国社会的医疗保障问题。第三件难题是中国的社会保障体系。这三件难题涉及中国社会的每一个人，其中最难的就是教育问题，因此今天谈教育跟过去不一样。中国除了西藏没去过，其他地方我都去过了。我就发现今天我们中国的教育，从学校环境条件来说，真的比我们十年、二十年、三十年前相比，可以说是天翻地覆。

【要点提炼】

要办好学，关键还要靠教师，"教师是立教之本。有高水平的教师，才能有高水平的教育"。培训教师，提升教育质量，坚定不移地走学校内涵发展之路。

从这个角度来说，今天去谈质量问题，光靠政府官员不成，内涵发展要发展什么东西？我认为内涵发展，今天至少应该关注三件事。

第一，学校的校长，还有领导班子的整体管理水平。我做老师时间比较长，因为能力水平不行，所以一直没做过校长。从小学的老师到大学的老师，我一直都在被校长所领导，我作为老师，我就企望可以有一个好的校长。如果一个校长真的有水平，可以把学校管得井然有序，把学校打造得和家一样，每个老师在学校都觉得有出息、有奔头，大家可以想一下，这种学校里的老师上一节课会是什么质量？如果管得不好，学校死气沉沉、冷冷清清，谁都不愿意来，如果在这样学校里的老师上一日课又会是什么质量？所以说管理出质量，这是一个必须的条件。

第二，学校教师队伍的整体素质。今天看一所学校，最值得欣赏、最值钱的不是教学楼、实验室、计算机，最值钱的就是这所学校里面的教师。我毕业于东北师大，我当初留在东北师大做老师，1996 年我来到上海师大。20 世纪 80 年代，我曾经到中国最好的一所高中——东北师大附中去教高中物理课。当时东北师大附中一位女校长，单独和我说了一句话，她说："谢老师，我就欣赏东北师大附中，其他的学校我都看不上眼。"她说我领导东北师大附中，最值钱的部分，就是我手下的这 100 位教师。她说，我可以告诉你，带着这 100 位老师，我可以打遍天下无敌手。所以今天我们看一所学校，最重要的是看学校里的这批老师，到底是一个什么水平。

【要点提炼】
　　管理出质量，校长要为学校发展负责，要为教师开展教育教学创造有效的支持环境，而教学质量主要是由每位教师来负责。

【反思】
　　"强将手下无弱兵"，校长要学会包容教师的个性，欣赏教师的优点、长处，用人唯贤，要鼓励教师一批批地冒出来。没有教师的发奋，没有教师的成功，学校发展的动力何在？可是，教师成功了，成名了，有些校长又怕学校的庙太小，人才流失，所以在促进教师成长方面有所保留。这个矛盾关系该如何处理？这考验着校长的胸怀和智慧。

大家会发现从中央到地方，这几年来关注教育改革，非常重要的就是抓教师队伍建设。国家大概从 2006 年开始，拿出了 6 亿元人民币，来做我们今天这个"国培计划",我们各个地方都有自己的教师培训。上海最顶端的培训,我们把它叫做"双名工程",是名教师培养工程、名校长培养工程,接下来是我们上海市骨干教师培训,然后是我们上海市各个区县骨干教师培训,再到我们的校本培训。这么多的教师培训,为的就是一件事,就是去提升教师的能力,把队伍建设起来。而这件事我发现比我们造教学楼,去建设一个实验室要难一百倍。大家都知道优秀教师不可以速成,优秀教师一定成长于课堂上,不好好上十年的课,就根本成不了名师。

【反思】
优秀教师一定是成长于课堂教学的,没有千锤百炼,是难以成功的。可问题是有许多老师上了十年、二十年乃至一辈子的课,也根本成不了名师?有时甚至还跟不上教育形势的发展?为什么呢?带着问题,继续往下读……

中国现在有1300万教师,这是一个什么概念?我们说得笼统一些,中国现在基本上不缺少教师,从人事的角度来说,我们现在教师的编制已经足够了。所以我们都会发现,从各地师大走出去的学生,就业显得非常困难,因为我们学校现在没有编制了。

但是这1300万教师当中,最难遇见的是我们学生满意的老师,家长满意的老师,社会满意的老师,这类教师的数量显然不足。所以我们今天教师队伍建设非常重要的一个指向,就是在职教师的培训与提高,包括今天在座的许多年轻教师。

第三,课程教学改革。去抓教师队伍建设的时候,学校里面主要抓什么事?我觉得就是课程改革问题。课程改革能解决什么问题?教师要用什么东西去培养学生?我们要培养德、智、体、美、劳全面发展的人,我们教师要拿什么东西去培养学生的德、智、体、美、劳?这就是我们说的课程设计。打个比方来说,我们的培养目标就是造楼,那么我们就先画一张图纸,这张图纸叫蓝图。大家就会发现,我们不同的蓝图,所用到这所房子的材

【要点提炼】
教师总量不缺,非常优秀的教师却一直稀缺,如何将在职教师培训为优秀教师,这是教师队伍建设的核心目标。

料,绝对也会不一样。教学改革解决什么问题?教学改革就是要结果,教师应该怎么去培养学生的问题,有了图纸、目标、材料,但施工队的质量不行,这样造出的房子是不是豆腐渣工程?这就是教学改革的问题。

因此我觉得在未来十年里,中国的中小学改革,还有内涵发展的重心,分别会是校长班子、教师队伍、课程教学这三件事。

【观察者点评】学校内涵发展要做哪三件事呢?
1. _____
2. _____
3. _____

【要点评议】
　　学校从规模发展向内涵发展迈进,这是我国教育发展的历史转折点、里程碑。其实,如果就具体学校、每位教师来说,学校教育从来都是要追求内涵发展的,没有内涵,我们拿什么来育人?学校内涵发展的具体内容非常丰富,这里提到的要点有三:校长班子、教师队伍、课程教学。这三个方面不在一个层次、不是平行关系,校长班子要为整个学校的发展负责,要出思想,有自己的办学主张,还要善于将思想、主张融入学校管理过程中去,赢得师生的认同。有先进育人思想的学校管理才可能有教育境界。教师的首要任务是上好课,要有课程意识,为提高教学质量全面负责。课程教学,则是学校管理及教师教学的交汇处,学校育人力量强弱,首先会反映到课程体系及教学实施过程中来,课程教学需要与时俱进,促进学生差异发展、多样发展。总之,课程教学质量好,教师队伍实力强,校长管理水平高,这是学校内涵发展的必然追求。

二、课堂教学与优秀教师成长

上海在校长班子、教师队伍、课程教学等三个要素当中,最关注的一句话是"教师是关键"。课程改革当中,我们发现一件事,设计一个好的课程标准,编写一本好的教科书真的很困难,我们会动员许多专家去完成这件事。当把编好的课程教材送到老师手里,让老师去教的时候,我们发现最重要的,不是教师教的那本书,最重要的是教那本教材的人。

我们真的观察到,有的时候教材编写得挺好,但上课的"谢老师"不行,不论是什么样的教科书,到"谢老师"这里实现不了我们所谓的"三维教学目标"。我们也真的证明了一件事,有时候我们的课程教材也会不理想、有缺陷,但教这本书的这位老师,他可以凭借着自己的本事和才华,去弥补教材上的缺陷,一样可以把学生教好,所以说教师才是最重要的。我们中国过去的课程教学改革当中,往往比较关注教材建设,它虽然非常重要,但它却不是最重要的部分,今天我们发现教师才是最重要的部分。

【观察者点评】比较而言,最重要的不是教的那本教科书,而是教教科书的那位老师。有时候即使教材编得不好,好老师也可以把学生教育好。想想我是这类好老师吗?

教师是干什么的人?老百姓说得非常简单,老师就是给学生上课的人。咱们大学老师都在帮助中小学评价教师,我们这些年轻的教师将来都想去做一位好教师,我想问问各位,大家认为什么样的老师才算是好教师?这个事如果让我来说,也非常简单,上课好的老师,他就是好教师。

什么叫上课好的老师?就是学生喜欢上某个老师的课,那么这个老师就是好教师,专家说某个老师好,但学生说这个老师不好,这就是一个没有用的老师。

我觉得现在中国教育改革存在最多、最普遍的问题,恰恰就是课堂教学。这样说有什么根据呢?因为这个东西不能胡说,我这两年当中听中小学教师上的课,不少于三百节。中小学我每个月平均都要去一次,这么多课我听下来,真正非常好的课不是很多。

我看许多老师上的课就像白开水一样平平淡淡,没有任何的味道。咱们做老师的人都有一个非常美好的愿望,希望学生愿意进入到我们的课堂,希望学生在我们的课堂上可以有一个浓厚的学习兴趣。我和很多老师都讨论过一件事,我说你有没有想过,你的课上到现在这种水平,你怎么让学生可以对你的课有兴趣?有的时候我坐在教室后面听课,我看到在上课的那些小孩子,真的是由衷地敬佩,因为小孩子的革命意志真的很坚强。我想各位今天在这里听我讲课,大家也来体验一下咱们学校里那些学生上课时的心情,大

【要点提炼】

简单地说,"上课好"、"学生喜欢"的老师就是好老师。实际上,好老师的内涵非常丰富,"综合国内外的研究情况看,一个受学生欢迎的教师,不仅要有精湛的专业知识、高超的教育艺术,而且要有高尚的情操、健全和有魅力的人格"。

家听半天课都觉得累,咱们学校里的那些学生可是天天如此。

今天中国教育有一个难题,是学生负担过重问题。我当年也研究过学生负担过重的问题,研究到最后我真的没办法了。我觉得现在中国如果要解决学生学习负担过重的问题,从严格意义上来说,没有什么好的办法,所谓的方法只有一个,就是每一位老师都要上好自己的每一堂课。

这个事说起来很简单,但实际当中我们去观察一下,一个老师上一堂好课不难,但要达到堂堂课都精彩,这绝对是本事,这样的教师才叫做好教师。今天我们去谈卓越教师培养的时候,去谈教师教学能力发展的时候,最后的落点在什么地方?就是课堂教学。我是上海高级教师、特级教师的评委,如果想在上海申报高级教师、特级教师,我们怎么去看教学质量?过去是教研员给教师写鉴定,而现在上海改革了一个办法,这个办法叫做跟堂听课。我们每年大概在10月份、11月份做这件事,就比如说有一位教师,他要申报特级教师,这样就会有七位评委来到学校听课,这样一位老师是什么水平,马上就会清清楚楚。

所以从这个角度来说,不论是我们的课程改革,还是我们的素质机遇也好,最后决定学生的地方在哪里?我认为就在课堂教学上。所以上海评选实验型示范学校(高中、初中、小学)的时候,我们专家进到学校的第一件事,就是请校长把全校的课程表拿来,每个专家会随机抽五堂课,十三位专家,每人五堂大课,两天的时间六十多堂课,这个学校教学质量就可以被专家了解得清清楚楚。所以我说要聚焦到课堂教育这块,因此今天在谈卓越教师的时候,特别是我们一线的中小学老师,你主要卓越在什么地方?就卓越在你的课堂里。我觉得一个教师,你所有的本事、才华,甚至你人生的价值,都会体现在你的一堂课里面。

【要点评议】

教师是给学生上课的人,把课上好,学生喜欢,就是好老师,如果能达到堂堂课都精彩,那绝对是卓越教师。教师教学能力发展的最终落点就是课堂教学。一位老师所有的本事、才华,甚至你的人生价值,都体现在你平常的课堂里面。所以课堂不仅是学生成长的世界,也是教师走向成功的平台。如何凭借教师日常的课堂教学实践,引进"课例研究",努力发掘本校、本土的有益经验,以"课例"作为研究载体、研修内容或研修方式,教研结合、知行并进,在教育行动中不断成长,这是值得每一位教师反思的问题。

三、卓越教师的专业发展

在这个过程当中去做一个卓越的教师,做一个好教师,需要具备什么东西?也就是说因为老师他要把课上好,他就要具备一个基本的素质。教师是一个专业,一个优秀教师的专业素养应该聚焦在哪些地方?有许多专家做了很好的研究,我觉得今天作为一线的中小学老师,他的专业素养是不是应该至少包含这样的三个东西?

(一) 教师的专业知识

这个我不说大家都很清楚,这是教师专业素养里面一个最核心的问题。因为老师要教别人学知识,所以老师就必须要有足够的知识,关键是今天的老师应该具备什么知识?过去说你有文化,你识字你就可以当老师,今天当教师这个职业走向专业化的时候,他的专业知识要求就变得和过去不一样了。

我觉得今天对老师来说,他的专业知识应该包括这样三个部分:

第一,你教的那个学科的本体知识。本体知识就是你任教学科里的知识。今天各位都是语文老师,语言学的知识就是大家的本体知识。今天中国的老师基本上都具备一些本体知识,因为我们每一位老师都会有自己的专业,而且我们希望老师可以和过去学的专业对口。

现在这个本体知识的要求到了什么水平?为什么今天我们有些语文老师讲的课,学生都不太喜欢?物理老师上的课,学生觉得没意思?我觉得是因为教师的本体知识水平还不够。今天这些大学毕业生,他们去做语文老师,我实话实说,他们在大学里学的语言学知识,只不过是学会了、学懂了,能正确地把知识再现出来。换句话说你学会、学懂了,就可以保证不讲错知识,但懂不一定叫"通"。我觉得一个真正的好教师,在懂的基础上必须要做到"通"。

什么叫"通"?就是说教师不仅要知道知识是什么,而且必须清楚知识的来龙去脉,知识建立的基本过程和方法,教师清楚知识之间相互联系。教师要清楚语言学本身之间的

【观察者点评】对专业本体性知识,除了要懂,还必须做到"通"。那么怎么做到"通"呢?

联系,还有清楚语言学跟其他学科之间的联系。这个世界上没有孤立的知识,所有知识都有一定的关联,我们为什么听到一堂好课会开悟?因为讲课的老师说得头头是道,他正是把所有的知识都弄通了,所以他怎么说都会有道理。我们的新老师为什么不敢说?就是怕说错了。怕说错的原因,就是因为新老师懂而未通,所以新老师在上课的时候最保险的上课方式就是讲书。

我毕业于物理系,后来去做了物理老师。当时在学物理的时候,我只记住了物理学公式,没有真正明白什么叫物理学。当我做了很多年老师以后,我逐渐地明白了什么叫物理学。所以从这个角度来说,本体知识对一个老师来说没有边际,做一辈子教师就得按自己的领域琢磨一辈子。从这个来说,大家做老师都非常辛苦。

【要点提炼】

所谓"通",意味着不仅要知道知识是什么,还必须明白知识的来龙去脉,任何知识都是相互联系的,只有贯通、博通,才可能把知识教活。

第二,教师类职业必备的条件性知识。在座的各位,不论是高级教师,还是中小学教师,我们都会有一个教师资格证书。要拿到这个资格证书,必须具备的知识至少有两个,除个人专业知识以外,就是教育学和心理学的知识。

为什么要学教育学?因为教育学告诉我们教育的基本规律、教育目标的问题,教育过程、教育原则的问题,教育方法、教育评价的问题。为什么我们有些老师,做了很多年老师,却成长得不快?就是因为他天天摸着石头过河。

【要点评议】

仅仅凭借个人经验摸索,容易延误自己的职业发展,"摸着石头过河"那是先驱、前辈们干的事,那叫开拓。语文学科发展逾百年,已经积累了无数经验及教训,这些极其宝贵的历史财富,如何转化为我们今天教师专业发展的基础平台,确实是一个有待解决的大问题。

我今天给我们年轻的老师一个建议,大家可以试试看,大家每年抽出1—2天的时间去看看当年学过的教育学、心理学,大家今天再去看,跟大家在大学时为考试背教育学的感受完全不一样。我现在还有一个习惯,我每年一定要去看看教育学、心理学,随便去找一本这两个学科的书都可以。我就发现每年看一次,再结合这一年当中关注的现象、关注的教育问题,如果这样做的话,大家对教育学的理解会真不一样。

为什么要去看心理学?因为心理学可以告诉我们人身心发展的基本规律。我们今天不把老师叫做教书先生。因为今天老师主要的责任是育人,这样老师就要清楚学生的心理。但今天教育当中反映了一个真实的问题,我们教师对学生的关注不够,对学生的了解不够。在上海有一所很好的高中,前年连续有两个高二的孩子跳楼。我在和老师们聊天的时候,我就问了他们一件事,一个孩子在决定跳楼之前,我们老师谁看出过这个孩子脑子里想的是什么?谁关注过这个孩子的心里在想什么?好像我们有很多老师都没有关注到这些。

【要点评议】
　　教育学、心理学作为理论总结,高度概括,其间有不少空白点,需要我们自己去理解、补充。我们的教育观察、教育积累不一样,理解起来自然有差别。对教育学、心理学理解得越深刻,我们在教育实践过程中就会越自觉。

一个老师如果真的可以教人、育人,那么老师必须要学会入心,你可以进入到学生的心里面。一个老师上课最重要的本事,不仅去叫学生们动脑,还应该让学生们动心,这叫做入耳、入脑、入心,这种教师的人格魅力最好。

我们还要求老师去研究学科教材、教法。比如作为语文老师要研究语文教学论、语文教学教法。学科教学教法告诉我们的是学科教学的基本规律。教师还得去研究一下,教育研究的方法论,因为今天的老师不是在用本子上课,而在用脑子教书。作为教师就要去做研究,就要懂得研究的规矩。那些科研方法论,告诉教师的就是研究的基本规矩。我觉得这些东西应该是今天作为教师要具备的条件性知识。

【观察者点评】我是这样的老师吗?如何做得更好?

【要点评议】
　　学科教学教法里面有一些教学基本规律,作为学科教师如果根本不去了

卓越教师的培养与成长

解,就容易陷入盲目实践的境况。基于教育教学规律,是有效教学的前提。教育科研方法也很重要,老师虽然不是专业研究人员,却完全可以成为行动研究者。英国教育家贝克汉姆说,教师拥有研究机会,如果他们能够抓住这个机会,不仅能有力地和迅速地推进教学的技术,而且将使教师工作获得生命力与尊严。斯腾豪斯提出"教师即研究者",认为如果没有教师主动地探究、反省,没有他们根据实际情况把"官方课程"转变成操作课程,任何教育改革最终都难有成效。教师懂一点科研方法,至少可以提炼自己的教学经验,有效提升教学实践能力。

姜美玲.教师实践性知识研究[M].上海:华东师范大学出版社,2008.

第三,实践性知识。这方面我们新老师一般了解得比较少,在我的理解当中,实践性知识,就是教师在教学实践过程当中把自己积累的实践经验,经过提炼、加工形成具有教师个性化特色的知识,我们把它叫做教师的实践性知识。比如说知识的处理,教学过程当中各种现象的处理,作为一个教师自己的独家工夫、看家本领是什么?实践性知识一定是个性化的知识,而且这种实践性知识,它一定体现的是教师的实践智慧,所以也有人把这种知识叫做智慧型的知识。

【要点评议】
    教学智慧型知识属于教师个人的宝贵财富,是教师长期经验和悟性的结晶,是灵活应对、有效解决教学问题的法宝。这一部分知识具有鲜明的个性色彩,难以简单模仿、移植,需要实践反思,需要自我领悟、提炼。

我觉得今天作为一个老师是难做的,因为从知识的角度来说,我们的要求和过去不一样,所以从这个角度把这三类综合在一起,教师知识具有如下特点:

首先,一定要有广博性。这里不展开。

第二,教师知识的深刻性。今天我们教育的学生,尤其是城市里的学生,真的非常难教。教这些小孩难在什么地方呢?就是因为这些孩子见多识广,他们什么都懂。我记得我小的时候淘气,大人就会说你懂什么。但现在大家说小孩,就是你有什么不懂。从这点上看,大家就可以理解什么叫天翻地覆。今天的教师怎样让学生佩服?作为教师就必须要比学生早走一步,学生想到的教师要想到,学生想不到的教师也要想到,教师厉害在什么地方呢?就是因为教师的眼睛可以做到入木三分。这点和教师知识的精通有关系,为什么有些老师的课学生不喜欢?因为没意思、太浅薄、内在的东西不清楚。

【观察者点评】教师的知识要做到广博,如果勤奋点,或许不难,但是要做到"入木三分",要有洞察力,有穿透力,那就非常难了。这样的老师,学生怎么会不佩服呢?

第三,教师知识的系统性。我们多数的老师平时都在看书,也会去看许多的东西。但装到脑袋里的东西,有好多都用不上,用不上的东西请大家记住,过了1—2年这些东西也就没了。因为你不用这些东西,这些东西也就基本上报废了。因为知识不同,这些知识就不会被用上,所以大家必须找到装在脑袋里那些知识之间的联系。

我从开始学物理、教物理到研究物理,然后走到教育里面去研究教育教学的过程当中,我真的发现好多的东西都是可以互通的。所以过去语文当中,"井底之蛙"这句话非常有道理,作为一个学科的老师,一定要记住,千万不要仅仅只守着你自己的一个学科,因为这个地方太小了。

【要点评议】

知识的生命力在于不断使用它,如果长期不用,就"基本上报废了"。知识要容易激活、提取,就需要管理好个人知识,要"找到装到脑袋里那些知识之间的联系"。另外一个方面,如果知识储备极其有限,仅仅守住自己的学科,奉行"学科中心主义",就容易滑落"井底之蛙"的陷阱,难以自拔。知识面太狭窄,即使善于提取、激活知识,其功效也极其有限。每一位老师面对那么多孩子,一批批的孩子,他们求知欲非常旺盛,他们每个生命都是一个整体,都是一个独特的世界,如果老师的知识面太窄,又不善于及时更新,怎么可能做好育人工作呢?怎么能够培养出思维敏锐、思想深刻的学生呢?新课程改革已经明确提出,学校教育要走出学科中心主义,以儿童为本,为儿童个性的全面发展服务,这对老师提出了更新、更高的要求,这也必将推动教师的专业发展水平。

第四,教师知识的个性化。我上面已经说到过这个问题。

(二) 专业技能

今天要去做一名优秀的教师,底子、基础要厚实,首先最重要的就是教师的专业知识,还有一个教师的专业技能。有知识的人未必能做一名好教师,有许多人可以做专家,我甚至觉得一名优秀的院士,他未必可以成为一名优秀的教师。因此作为中小学老师,教师的基本功一定要过硬,就是我们所说的教师教学的基本技能。就比如听、说、读、写、字、词、句、章,实践操作、语言表达、教材处理这些都叫做基本功,甚至老师报告、说话的能力,还有写字的能力。

我发现我们现在的一些年轻老师,他们不会写字,上课都习惯于去用PPT,请年轻老师一定要记住一件事,我们现在的中小学学生,看的PPT太多,所以他们都已经产生了视觉疲劳。我觉得有的时候老师如果可以写一手很漂亮的字,下面的小孩子都会感觉非常激动。

【反思】

不知道从何时开始,板书逐渐被"PPT"取代了,一方面板书遭遇冷落,另一方面学生的书写技能日渐退步……现代信息技术与学科教学的有效整合是一个时代命题,有待每位老师做出自己的回答。

在基本功的基础上,要谈教师的教学艺术,我专门有一个讲座,就是在谈教师的教学艺术。这里有语言的艺术、启发的艺术、课堂控制的艺术、评价的艺术。优秀教师的课,一定会体现出他是一名艺术家。我觉得教学名师,如果从教学艺术的角度出发,一定会是教学的艺术家。

还有一个要求就是教师驾驭现代信息技术,这个我不用说,这是教师必备的能力。在上海从申报中级教师职称开始,教师有三张证书必须过关,这三张证书过关了,教师才有机会向上申报。这三张证书分别是普通话证书、计算机等级证书、外语等级合格证书,在这点上我们的中学老师跟大学老师要求基本一样。一个教师申报高级教师的外语考试也跟大学副教授外语考试是同一个等级。

信息技术对教学的重要性,这点我不谈大家也都会很清楚。教师收集信息、处理信息、应用信息本身就不一样。按我的理解就是,我们过去看《西游记》的时候,大家都会觉得孙悟空这个人真厉害,一个跟头就可以翻十万八千里,耳朵可以听三千里。但大家有没有发现,今天所有教师在接受信息技术方面,要比孙悟空厉害一百倍。因为在当今的世界上,只要把网络打开,就可以知道自己想了解的任何事情。

还有一个就是教师的人际关系、沟通表达能力,这个事对今天学校老师来说,变得越来越重要,不论是大学老师,还是中小学老师,特别是我们这些年轻独生子女教师,在人际关系处理能力方面,是摆在年轻教师面前的一个重大关口。

我接触过一些年轻的教师,他们的工作责任心挺好,真是一片良苦用心,但家长却非常不满意。我发现这些老师他们的沟通和表达能力不过关,因为我们今天的许多年轻老师,他们本身就是独生子女,不论大家是否承认,现在的这些年轻教师他们都习惯于自我中心。

【观察者点评】反观自己有没有这个特点,如果没有最好,有的话还需要及时调整……教师的发展,需要有主体意识,但要力戒自我中心,否则不可能有大的格局,不可能出教育境界。

但今天这些年轻的独生子女教师,作为一名合格的教师,要怎么和学生进行有效地沟通?怎么能够和学生的家长进行和谐地沟通?怎样可以达到大家互相理解、互相接受的程度?怎么和周围的同事、领导去沟通?所以从这个角度来说,这个能力是现代人所必备的一个东西。但这种能力,我们年轻的老师还比较欠缺一些。

问题解决、行动研究的能力。今天说到教师是一个研究者,这是必然的事,因为教师要在研究当中去实践,在实践当中去研究,叫做自己知道应该怎么做。

还有一个能力,就是批判反思、自我发展的能力。我观察了当今学校老师的发展,在以前的时候,我们外部的要求会比较多一些,就比如说上海过去规定了,教师的"240 计划"、"540 计划"。就是中级以下的教师,每五年要进修 540 学时,我们把这个叫做"540 计划",高级教师每五年要进修 240 学时,我们把这个叫做"240 计划",现在我们把这些统称为"360 计划"。这些东西是外部要求一个教师必须去完成的事情。从前几年开始,上海教师的发展有一个基本趋向,就是未来的发展会使你自己成为主体,我们不再强制你。因此在座的各位,自我发展能力最重要,所以年轻的老师记住一件事,路要靠自己去走。

【观察者点评】路要靠自己去走,没有人可以复制,含义深远,需要细细体会……

(三)专业潜力

专业知识、专业技能,可以对教师进行考核,我们可以看出来，但还有一个东西必须要有，就是专业潜力。有很多的东西不能直接观察，但它对前面两个东西的作用很关键。

这里面一个就是教师的专业理想追求。我这些年去观察教师的专业成长，就发现我们每年开学都会进来十位新老师，这十位新老师他们都在同一个起跑线上往前走，但到了三五年之后，就会发现这十位当年进来的新老师，他们发展的水平绝对不一样。

我们有的年轻老师过了大概五年以后，他就可以成为学校的学科骨干教师，甚至不到十年的时候，就可以成为高级教师。我们上海最年轻的特级教师现在只有三十多岁，但也发现有的老师教了十年，也不过是平平常常的教书先生。我觉得这里面除各种客观原因以外，其中也有最重要的一点，就是教师的自我追求，或者叫做教师的职业理想。

【要点评议】

"思多久，方为远见；行多远，方为执著"，有没有职业理想，人生精神状态完全两样。"路要靠自己去走"，人生职业生涯如果离开了职业理想，又能走多远呢？平平淡淡乃是真，放弃追求，放弃理想，如果只是少数人这样，那很正常，不碍大事，可是如果是集团性、普遍性现象，那必然导致事业的滑坡乃至倒退。

我就问大家一件事，大家是否清楚自己要做一个什么样的教师？大家作为教师一定要清楚这件事，大家一定要有追求、有目标。我回想我自己的教师职业生涯，我真的非常有感觉，有的时候目标很清楚，就比如说别人都提到了副教授，我也要达到副教授，这个时候我就清楚了自己的目标，所以我就要去写文章、做研究，路好像走得挺好，我也评上副教授。如果我想评上副教授也就算了，就这样过去2—3年的时间以后，再回头去想一下，这2—3年的时间，我可能就要走下坡路。

我就体验到一件事，人这一辈子别人不能帮你，只有自己可以帮到自己，我们把这个叫做内驱力。教师的专业职业理想，是教师职业发展的一种内在驱动力，所以人一辈子要去追求，不论你做什么职业都一样。

(四) 专业情操

教师的专业情操说的是教师的道德修养。做老师这份职业，如果说它和社会上其他的职业相同，它也只不过是非常平常的、社会当中的一种职业。但教师这份职业因难的地方在哪？因为教师这份职业的工作对象是人，我们给老师最重要的一个责任，就叫做育人、培养人。我刚才也说过，我们今天之所以关注教师，就是因为我们今天的这些老师，在一定意义上来说决定了中华民族的素质。这是很简单的一件事，咱们今天 1300 万名教师，把课堂里学生教成什么样子，如果大家可以想到，今天所教的这个孩子，在十年、二十年以后是什么样子，这就是中国人十年、二十年以后的素质。

从这个角度来说，教师承担着历史责任，作为老师就要一生检点，因为书上说过教师要为人师表。我的学生毕业以后去做老师，我都会给他们一个建议，我说你既然选择了去做老师，你就得一生检点。这是什么意思？就是说不论到什么地方，你永远都是一位教师，特别是要注意那些小细节。今天我们许多人之所以会输，其实都输在很多小事情上，咱们中国的这个社会，现在真的是一个比较和平、和谐、昌盛的社会，在今天社会当中，没有那么多惊天动地的事情。可是，我们往往都会输在那些大家都不会太注意的小事情上，所以大家一定要一生检点，因为大家是教师。

还有一个就是专业性要强，就是教师个性化的人格魅力。我觉得一个好的教师，他会影响学生的地方，真的不是教师所讲的知识。真正的教学名师影响到学生最深刻的地方，是教师在讲知识过程当中渗透、体现出来的人格力量和人格魅力。我们去观察今天社会上的这些好教师，我真的很敬佩那些优秀教师，他们的课可以让孩子记住一辈子。

【要点评议】
　　教师的人格魅力——要以真实的人格来影响学生，要教书，教师做不了假，学生的眼睛非常尖。教师即课程，教师"做假"，贻害无穷。

如果真的到了二十年以后，也去问那些学生，当时你记住了什么东西？我想很少有学生会说，老师当年给我讲过的什么知识，但他们在形容老师的时候，就只会说一个"好"字。一个"好"字代表着什么东西？代表着教师的人格魅力。真的让一个孩子"记住老师二十年"，这是什么意思？就是你可以影响这个孩子二十年。

所以从这个角度看，做老师的人，咱们去读书能遇到一个好学校，能遇到一位好的教师，这是人一生的福分。从这个角度来说，大家今天要成为一名卓越教师，不可以速成，要有一个扎实的根基。好像语文当中有一个词，叫做厚积薄发，就是说作为一名老师要有一个非常深厚的功底。

但我今天发现,我们的教师在成长过程当中,有时会急于速成,语文里有一个词叫"欲速则不达",急于求成就容易不成。所以我在这里非常希望我们年轻的老师,可以稳住神。我开玩笑地说一下,如果谁能稳住三年,就会做出成绩。我们总会遇到很多抗不住的诱惑,因为这个诱惑太精彩了,但作为老师,一定要有抵抗住诱惑的功底。谢谢大家!

【要点评议】

　　按照钟启泉先生的看法,卓越不是谁的专利,"使得每一个学生,哪怕是很困难的学生,也能够达到他能够达到的高度,尽最大的努力,达到他所能达到的高度,这个就是卓越"。我觉得学生如此,教师亦然。不同层级的老师,只要他能够尽最大的努力,达到他最高的专业水准,就是卓越教师。

　　卓越教师是有教育理想的教师,随大流、混生活,肯定不可能成为卓越教师。一个人只有拥有教育理想,建立教育信仰,他才可能顽强地去应对各种挑战,克服常人难以想象的困难。严格意义上说,一个人的成就总是与他所克服的困难成正比的。

　　我们国家现在正处于从教育规模发展全面转向教育质量提升,正处于以育人为本,全力培养各类优秀人才、实现赶超的关键时期。这正是教育大发展的黄金时期,也是呼唤、造就一批批卓越教师,成就教育家型教师的时期。教师是给学生上好课的人,课堂是教师成长的舞台,如何借助课堂实践不断提升自己,这是卓越教师必然要考虑的问题。

　　1. 卓越教师需要热爱真理,热爱孩子,热爱生活。一个老师只有热爱真理,他才可能成为拥有真理的人,他才能够培养热爱真理的人。一个老师只有热爱孩子,他才会想方设法去教好他们,想方设法鼓励、推动他们。一个老师只有热爱生活,他才能真正做好教学工作,才能够让教育世界充满生命气息。

　　2. 卓越教师的成长、提升,必然要以专业知识、专业技能为基石。他需要有广博的视野,通达的知识结构,需要懂得教育学、心理学知识,更需要懂学科课程知识。教师的个人知识一部分是通过读书、听课从人类知识宝库中提取获得,还有一部分需要从自身的教学经验中加工、提炼。教师学习需要学以致用,为提升教学质量服务;教师学习更需要实践反思,为个性发展服务。

3. 卓越教师不仅要学会教书,还需要育人。教书可以凭借课本,育人最根本的是要有人格魅力。人格魅力,正如佛像有光,可以照亮人性的深处,可以温暖孩子柔弱的心灵,常常让孩子记忆一辈子,回味一辈子。人格魅力的养成,不可能速成,需要守住寂寞,力戒浮躁,需要长期修养,顺其自然。

资源链接

1. 谢利民. 论有效课堂教学的教师素质[J]. 课程. 教材. 教法,2009(5).
2. 谢利民. 课堂教学生命活力的焕发[J]. 课程. 教材. 教法,2001(7).
3. 谢利民. 现代课堂教学理念的探索[J]. 上海师范大学学报(哲学社会科学. 教育版),2001(3).
4. 王荣生,高晶. 课例研究——本土经验及多种形态(上下)[J]. 教育发展研究,2012(8).
5. 顾泠沅、王洁. 教师在教育行动中成长——以课例为载体的教师教育模式研究(上下)[J]. 教育发展研究,2003(1).

后续学习活动

根据本讲座内容,请回忆卓越教师所需要的关键条件以及特征,然后就每一方面推荐一个典型的名师,最后做自我分析,并完成下面表格:

卓越教师成长要件		推荐分类典型名师		自我分析		
类型	特点	推荐名师	你的理由	我的优势	我的不足	提升措施
专业知识						
专业技能						
专业潜力						
专业情操						

第4讲　教师二次成长论

李海林

> **专家简介**

李海林，上海师范大学教育学院教授，教育部"国培计划"专家库专家。著有《言语教学论》（上海教育出版社）、《语文教学科研十讲》（浙江教育出版社）、《李海林讲语文》（语文出版社），主编《语文教育研究大系（1978—2005）·理论卷》（上海教育出版社）等。

> **热身活动**

阅读本讲座之前，请您先回答下面几个问题：

1. 请举例说明，教师成长具有哪些特点？

   (1) _____

   (2) _____

   (3) _____

2. 教师成长的主要途径是什么？

   (1) _____

   (2) _____

   (3) _____

学习目标

通过本讲座的学习,您应该能够:

一、请判断自己是否正处在专业发展的高原区?并说明理由。

1. A. 处在高原期　B. 不处在高原期
2. 您的判断依据:
   (1) _____
   (2) _____
   (3) _____

二、请判断自己是否进入了专业二次成长期?并说明理由。

1. A. 进入二次成长期　B. 没有进入二次成长期
2. 您的判断依据:
   (1) _____
   (2) _____
   (3) _____

讲座正文

在座各位,你们都是骨干教师,但是你们明白吗,现在中国基础教育缺的不是骨干教师,缺的是卓越型教师。参加工作十几年,成为一名骨干教师并不难,难的是你这一辈子最终能不能够成为这个行当里面前10%—15%的卓越分子,这个是关键。

一、教师二次成长论的提出背景

什么是卓越教师?就是能够在你们学校替校长在那几个重要岗位上把好关,并带领学校老师在这几个工作岗位取得突破性进展的老师。你们现在能够吗?

2000年以前,中国教师培训的主题是培养合格教师,2000年到现在,培训主题是培养骨干教师,我预测从现在开始到未来相当一段时间,培训主题是卓越型教师。

你们要探寻一条突破自己固有的藩篱,启动迈向卓越型

【观察者点评】如现在还不能做到,主要缺什么?

教师步伐的机会。根据国际上通用的良好组织结构图，一个学校有一部分职初教师，中间大量是骨干教师，一定要有一些卓越教师，没有的话，这个组织结构就没有活力。

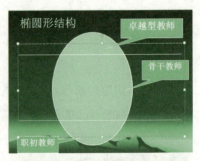

现在中国教师队伍结构是怎么样的？我称之为"碗式结构"。这个"碗式结构"里面，职初教师有的，骨干教师也有的，就是缺那一点一点卓越教师，这带来的麻烦是什么？一句话可以概括，大量的骨干教师扎堆在这个学校的碗边上，谁也不比谁好多少，谁也不比谁差多少，这是最没有活力的一种学校教师结构。所以卓越型教师，同志们，这就是你们的职业理想。

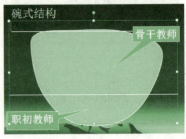

"碗式结构"的教师队伍会带来诸多弊端，如较多的骨干教师扎堆在学校的"碗口边"，这导致很难有人可以脱颖而出，这个组织结构也缺乏脱颖而出的强大动力。这容易导致学校教师队伍缺少领军人物，随之而来的则是专业榜样的缺失，这也会造成缺少专业培训师的引领。在听评课等校本教研过程中，很容易出现"萝卜炒萝卜"的现象，或相似性评价，或低水平评价。

【要点提炼】

　　现在中国教师队伍结构呈"碗式结构"，有一部分职初教师，其余大量的是骨干教师，缺少卓越教师、领军教师。"这是最没有活力的一种学校教师结构"，缺乏教师成长的强大内推力，缺乏专业榜样的带领，不利于提升校本教研的层次、水准，从而制约学校发展。

下面我用这么四句话来概括关于卓越型教师的成长轨迹。第一句：一个优秀教师成长至少需要两次成长构成。第二句：一个教师要走向成功，仅有第一次成长是不够的，起决定性作用的是第二次成长。第三句：我们当前教师成长遇到的"瓶颈"，不是第一次专业成长，而是第二次专业成长。第四句：某一些方式和途径对教师第一次专业成长有效，但对第二次专业成长几乎无效。

我下面用这样一个曲线来标志这四句话。这就是你参加工作15年左右，聪明一点是10年,笨一点是十七八年,大部分老师都完成了自己的第一次成长,98%的老师几乎都能自动完成自己的第一次发展。

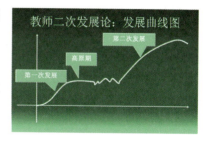

参加工作十五六年以后,几乎无例外,所有教师都进入了高原期。同志们,所有专业人员都有发展的高原区期,老师如此,医生、律师、会计师、工程师、设计师、行政长官、企业高管等等都要进入高原区的。但所有其他专业人员进入高原区以后,他自己会知道,只有教师进入高原区以后,他自己不知道。这就是一个麻烦的事情。这也就是我为什么要讲这堂课的原因。

根据我的调查,只有不到10%的老师,最后终于能够跨越自己人生事业的低谷,进入第二次发展期。这个比例太少了,这对于我国基础教育师资队伍造成的伤害太大。其他所有专业人员都不会有这么低的比例,医生、工程师、会计师、设计师、企业高管、行政长官等,他们大部分最终都可以进入卓越队伍。

二、教师的第一次成长期

先讲一下,教师进入第一次成长期的主要标志。第一,熟悉教材。这是教师第一次专业成长最基础的内容。第二,对教学基本步骤与方法的掌握。这是教师第一次专业成长最重要的内容。第三,对学生的关注。这个阶段的老师开始形成所谓学生观。第四,有与同伴合作的强烈愿望。其标志是校长和同伴的认可。第五,开始追求学生的考试成绩。有的甚至把学生的考试成绩当作最大的成功指标。

【要点提炼】

一个优秀教师至少需要有两次专业成长,起决定作用的是第二次成长,而第二次成长往往是教师专业成长的"瓶颈"所在。对教师专业第一次成长有效的一些方式、途径,对第二次专业成长几乎无效。所有专业人员都有自己发展的高原区。第一次成长之后,所有教师都进入高原期,可是教师进入高原期以后往往自己不知道。

【要点评议】

教师进入第一次成长期的主要标志,包括:熟悉教材,对教学基本步骤与

> 方法的掌握,对学生的关注,有与同伴合作的强烈愿望,追求学生的考试成绩。这些方面主要涉及教材、教法、学生、教师及考试成绩等直接功利层面的内容,直接关系到教师的现实利益问题。这些方面具体可感,教师比较好把握。

教了十五六年以后,绝大多数教师成长陷入停滞,进入高原期。下面我们来看进入高原区的标志,一共有 6 个标志,如果有 3—5 条你觉得表现比较充分,那么恭喜你进入高原区了。

第一,很难感觉到自己像前一个时期那样快速成长。相反发现自己很多事情都是在重复。老师们,你们培训完以后回到学校,你们要做什么?无非就是做五件事情:备课、上课、作业布置与批阅、辅导学生和考学生。你们谁能告诉我还要做什么事情吗?如果你们不能告诉我,这就是说你们到高原区了。因为还有好多事情等着你去做,但是你不知道。根本不是你愿意不愿意去做,你的觉悟高不高,工作激情大不大,不是的,你根本没有这个意识,你根本不知道你不要做什么。

第二,能够保持中等状态的教学效果,但再怎么努力也没有明显的提高。当然了,一般也坏不到哪里去。既然努了力,又没有提高,那几乎是出于人的本能反应,那就不努力了呗,不努力了什么概念?完了呗,你这一辈子就这样了。

第三,工作内容和范围长期没有变化,自己也不知道还有什么事情可以做。偶尔有一些新的尝试,也看不出什么效果。有这个感觉吗?你们尝试过吗?周边也没有人表扬我,校长也没有觉得你很特别,学生成绩也没有什么特别提高,自己感觉也不是特别好,那怎么办?不做了呗,回来呗,一回来完了呗。高原区就是这样一种感觉。左边也不能去,后边也不能去,前面也不能去,都不能去,也不知道往哪里去。

第四,发现自己从同伴那里再也不能学到更多的东西,觉得同伴懂的,自己基本上也懂了。你们有这种感觉吗?有的,但是你不敢说,因为你们怕别人说你不谦虚。其实这个跟谦虚不谦虚什么关系也没有。这是一个教师专业成长到了一定阶段以后,必然出现的一个反应。事实上也是对的,是这么回事。因为你们的成长方式都一样的,所以你们怎么还能从别的老师那里学到更多的东西呢?这也是目前我国基础教师队伍很大的一个困境,我们成长需要有人来教我们。什么人教我们最好,就是我们本校的最棒的教师教我们最好,但是你们学校里面的老师谁也不会比你好到哪里去,都是萝卜，萝卜煮萝卜，最后是一锅萝卜汤，一定要放一块骨头去，你放骨头进去，这个萝卜汤就变了，就变成肉汤，但是那个骨头在哪里？没有。有一些国家采用的办法，就是有一批"飞行教授"，这个教授放在你们学校里面跟你做一样的事情，跟你们承担一样的责任，教一样的课，在你们这个学校待上三五年再走，中国没有这个机制。

第五，工作热情明显下降，但也能够维持基本的工作状态。有一批老师感觉到工作很疲惫，开始的时候，我觉得这是我们老师工作量大，后来我发现不对，我访谈了108个人，最后有十来个人，我最后确认他们是卓越型老师。这些人在学校里面都是重要的骨干，同时都承担了一定的社会事务，不是人大代表，就是政协委员，要么就是兼职教授。但是他们一个个红光满面，显然不是工作量的问题，是什么？不知道。如果你工作量又不是特别惊人，但总是感到特别疲惫，那恐怕是进入高原区了，没有激情。有激情的人，能量有巨大的发挥。

第六，开始关心教学理论，但没有哪一种理论完全说服自己，觉得这些理论都与自己切身的感受不一致。骨干教师有一个特点，都开始或多或少接触一些理论。但是他们都得出一个结论，这个理论不管用。我告诉你们，科学理论是管用的，科学理论出来，都是经过千锤百炼的。问题不在理论，在你这儿，在高原区。

六个方面，我做个总结。高原区对教师具有自蔽性，身处高原区的老师不能觉知到自己的处境。这个是最麻烦的事情。据观察，大约有三分之二甚至更多的教师，终身没有走出这个高原区。这个麻烦了，或早或迟你最后都要成为卓越型人才，可是如果有一个职业，最后超过三分之二接近五分之四的人还处在高原区，这个职业怎么可能成为令人羡慕的职业？怎么能够让其他

【要点提炼】
　　进入高原期以后，教师很难获得成长的感觉，觉得每天的工作都是在重复，缺乏工作热情，缺乏职业理想；教学效果再怎么努力也难以提高；自己从同伴那里也不能学到更多的东西，感觉都彼此彼此；开始关心教学理论，可是觉得这些理论都不怎么有用。这个时候往往意味着教师进入了高原期，表现出职业倦怠，职业发展乏力。有些老师甚至缺乏发展的意识，对发展机会熟视无睹，"平平淡淡总是真"，自动进入发展的盲区，职业生涯长久停滞不前。处在这种高原期状况，教师往往还不能觉知，"拔剑四顾心茫然"，久而久之，就开始"混职业"。

社会成员尊重这个职业,这个不可能。还有伴随着教师专业成长的高原区,往往还有教师人生的一些际遇,很奇怪,这是我访谈的过程中发现的。

三、教师的第二次成长期

下面我们看看进入二次成长期的一些标志,大概有 8 条。如果在座的各位老师发现有 3—5 条在自己身上充分表现出来了,那恭喜你进入了二次成长期。

第一,原先不太关注,或者不感兴趣的事物开始成为你重要的生活内容和工作内容。原来你只做上面所说的五件事情,现在你会发现除了那五件事情以外,其实还有更加重要的事情。你会突然发现,那些东西好像一个盖子,笼罩着你那五件事情,这个盖子不捅破,那你五件事情没有办法得到发展。你有这个感觉吗?比方说教材。教材的调整、优化、改造、补充,成为你进一步提高教学质量不可回避的环节,但是你不知道。还以为教材跟我有什么关系,这都是专家的事情。不对,你如果是骨干教师,跟你是没有关系,但是你要成为卓越型教师,在你现有教学质量条件下,想进一步提高,有一个东西盖住了你?什么东西?教材。你想成为卓越教师,教材的问题必须进入你的研究视野。这只是举一个例,总之你过去不感兴趣的事物可能这个时候不关注不行了。

第二,你的生活圈和工作圈开始突破原来的格局,向外扩展。如果你十几年来,二十几年来,还是那一帮人,还是那一个工作圈或生活圈,其实也就意味着你整个生活,不仅仅是你的专业生活,在原地踏步。那是可悲的事情,是一个悲剧。一点也不是值得夸耀的事情。

你们跨出自己那个熟悉的圈子以后,立刻觉得不舒服,所以那个圈子是舒适圈。一旦不舒服你的反应是什么?退回来。一回来就完了。你跨出这个舒适圈以后,你要把那个不熟悉的圈子变成你的舒适圈,这个太难了。这跟人性是相悖的,正常的人性都想往舒适的地方去。你第一次发展越来越舒服,第二次发展的标志,是你首先让自己不舒服,我说难,难就难在这个地方。

第三,开始把你的一些东西与同伴区别开来。我这一条主要讲给校长们听。校长们你们发现有一个人跟别人不一样,过去是一样的,现在不一样了。这有两种可能,一是变坏了,一是变好了。总之,是特别值得你关注的人。一个人前十年是这个样子,后十年还是这个样子,再过十年也没有什么变化,再十年变化也不大,这样的人不值得特别关注。他就这样子了。

第四,开始对某一种理论有热情,甚至成为某种理论的追随者。这里有两个关键词,第一就是"一种理论",不是很多很多种理论,第二个不是关心,不是关注,而是有热情,甚至是"追随"。同志们,这一条很重要。如果你左一套理论也想学学,右一套理论也想学,这个并不是可喜的,这个可能不是好现象。我们是用理论的人,不是研究理论的人,所以找到一种理论就"OK"。什么理论呢？很多老师问我要找一种什么理论,我告诉你什么理论都可以,关键是对那套理论有深度的了解,有热情,追随它,从而也就学会了像专家那样看问题的方法。重要的不是那些理论的结论,是看问题的方法,所以要有热情。这一条说起来容易,做起来难。

第五,非常注意对自己教育教学资料的搜集。这是我没有预设的,是我在研究过程中发现的。为什么？因为我在调查中发现但凡是卓越型教师,对自己在教学中间产生的一些资料,如数家珍,倒背如流,我根据这个判断这恐怕是一个标志。

第六,对一些固定的东西可能有一些不满意了。在过去一些你从来没有发现问题的地方,你发现问题了,并不意味着你比过去更差了,而意味着你看问题的方式发生了变化。所以进入卓越期的老师有一个特点,他对自己不满意了。进入骨干教师有一个特点,对自己满意。高原期的老师有一个特点是很张狂,但是进入卓越期老师你会发现,他对自己不满意,很鲜明的对照。这是一个重要的标志,这个标志我预先并不知道,是在研究过程中间发现的。

第七,开始怀疑自己的一些信念。他能够开始接受别人的批评,他承认多元化,骨干教师不承认,骨干教师就认为自己是最好的。

第八,发展目标的特点。所有的访谈,我最后都问一个问题,你今后的目标是什么？很有意思,这些骨干教师都能够非常具体来说,我想成为什么样的老师。但是已经启动第二次发展期的老师,就是那些卓越型老师,他们说不出来,他只能够反过来说,我这一辈子最好是不做一个什么样的老师。

我们来看看两次成长的比较。

第一次成长的主要方式是模仿,第二次成长的方式不是模仿,是反思。第一次成长主要靠经验的积累,第二次成长主要靠用理论。第一次成长主要表现在行为方式的变化,第二次成长更多是内在的变化。第一次成长很多是自然而然开始的,第二次成长却需要外力的强力推动。第一次成长主要是靠同伴的示范,第二次成长主要靠专家的指导。

【要点评议】

根据上文所描述的教师进入二次成长期8条标志,可以给我们一些启示:

1. 关注点的变化,开始有一些新的、更高层次的事情进入自己的视野。新的信息源如"源头活水"会滋养教师的职业发展,给教师带来新的思维、新的观念;这些都为教师形成新的格局积极创造着发展条件。

2. 勇于挑战自己。生活圈、工作圈有所突破,向外扩展,这往往意味着解决新的问题。一个人的发展往往与克服困难的能力呈正相关,一个沉溺于舒适,缺乏意志,一有困难就放弃或求救于他人的人,终究难得有所作为。惊人的业绩,往往都是挑战自己极限的自然呈现。

3. 确立自我,不随波逐流。开始坚持自己的一些东西,涵养自己的个性特长,敢于亮出自己,从人群中将自己显现。

4. 有理论指导的实践。盲目地摸索,费力不讨好,有理论指导的实践往往更自觉,更深刻。"学会像专家那样看问题的方法",比记住那些结论高明一百倍。教师不属于原创型知识分子,一定意义上说,教师是联系知识生产与知识消费、联系理论研究与实际运用的桥梁、纽带。作为转化型知识分子的老师,需要关注、学习教育教学理论。

5. 具有研究意识。注意收集教育教学资料,往往会萌发研究意识。收集文献资料意识,往往是判断是否具备研究意识的关键因素。实施创造性教学,需要具备研究意识;实施创造性教学,也必然会诊视自己教育教学的过程性资料。

6. 具有批判反思能力。教师思想的酝酿、风格的形成,往往需要批判反思意识及其能力,而且更多地是针对自我实践的批判与反思。在这个过程中,教师原有的信念、固有的东西就容易松动,在变得柔软的同时重塑自身。"反者道之动也",教师的二次成长往往即意味着自我的更新、提升。

四、教师如何实现二次成长

(一)总的要求

我知道老师们一定在问,我们明白了两次成长,现在关键是我们怎么样才能进入第二次成长。我把国际国内所有教师专业发展方式全部罗列如下,一共 18 种:听课评课,开公开课,集体备课,在校内师徒结对,在大学或教育学院脱产学习,制定个人发展规划,撰写教师个人博客,听专家报告,教学反思,参加名师工作室培训,由专家个别指导,读书,参加专家组织的课案研讨,参加校外学术组织,开展课题研究,撰写论著,参加校内外教辅材料的编写,参加教学管理活动。国际国内一共 18 种,足够了。但是效果不好,为什么? 过去我们总认为是这个方式不好,还有的新方式没有找到,现在我宣布,方式没有了,就是这 18 种。为什么效果不好呢? 搞错了对象。好多种方式对于第一次发展期的老师来说有效,但是对第二次发展期的老师没有效。

比方说听课评课,开公开课,集体备课,对于第一次发展期的老师来说,效果显著,但是对于第二次发展期的老师来说,再搞这些东西几乎没有效果。还有脱产学习,制定个人发展规划,对所有的老师都有一点效果,但是效果不是决定性的。撰写教师个人博客,听专家报告,也是如此。教师反思,名师工作室培训和专家个别指导,对于第一次发展期老师来说效果有一点,但是不是决定性的,不是本质性的,但是对于第二次发展期的老师来说是不可或缺的。读书,第一次发展期老师来说,你都已经读了二十多年书了,你还读什么书,你目前最大困难是上课,上很多很多课,上各种类型课,把这个经验一层一层覆盖,这个就是你的任务。等到覆盖差不多了,这个时候你再覆盖经验也就没有意义。这个时候你需要把你的经验打开,这个时候也只有在这个时候,你需要读书。用什么去打开,用理论。所以我到一些学校去参加读书活动,很有意思。一看教室里面来的人都很年轻,我就跟校长说,你们学校的师资队伍很年轻。他说不是,我们大部分还是中老年教师,今年搞读书活动,他们就不来了。什么意思? 中年、老年就不要读书了。恰好相反,年轻人读个鬼,别人读了几十年书了,赶快给我上课。中老年教师你这个经验足够了,再把这个经验覆盖上去已经没多大意义,这个时候你要读书。但是很多学校认为既然是骨干教师就不读书了,看到没有? 绝对是错误的。

【观察者点评】教师不读书,你怎么看?

课例研讨这是一种专业听评课方式。年轻老师你跟他评更多的课,没有用,听不懂。但是对于第二次发展期的老师来说,却是非常必要的。中小学教师还要参加学术组织,中小学教师还要搞课程研究,课题研究。中小学教师写不写论文是有争议的,争议什么? 对第一次发展期的老师来说,写不出的,写出来的也全部是抄的。但是第二次发展期的老师必须要写。为什么？后面会讲。

> 【要点评议】
>
> 教师要不要写论文，还存在很多争议，教育管理、教育研究者往往认为教师写论文是必要的，可是一线教师却认为集中精力，教好书就可以，写论文劳神，无益。这其实涉及教师写作的问题。从教师写作层面来看，每个教师都必须学会教育教学方面的写作，还要养成这方面良好的写作习惯。教师写作是自我反思的主要途径之一，是自我提升的有益方式；教师写作也是教育教学经验分享、交流的必要条件；教师写作还是教育经验传承的方式。总之，教师写作对教师成长很有价值。当然，要实现教师写作的价值，还要注意处理好一些具体问题。比如文体选择，教师是不是可以选择自己擅长的文体来写呢？如不喜欢写论文，可以写教育故事，教学案例等。还有不同发展阶段的老师，可能也需要提出不同的写作要求，"一刀切"不利于教师的成长。

第二次发展期老师，想成为卓越型教师一定要参加学校的教学管理，否则你成为不了，你不从管理角度去发展自己的专业，你没有办法成长。教师这个职业他的专业成长，说实话一个人单兵突进是不可能的，好多专业人都是这样的。比如说医生，一个优秀的医生他一定有一个优秀的团队，否则他的手术做不好的，做好了还是要死定，那个麻醉师犯错了，明白吗？工程师那更是一个庞大的团队。真正大公司的财务总监的报表，有的还要几个公司才能把这个账算好。所有专业人员他一定有一个团队，这个时候你怎么管理这个专业团队，麻烦了。所以不参加管理活动，你也不可能成为卓越型老师。但是你身上一点权力没有，一点职务都没有，你怎么能够管理它呢？这个就是领导力，教师领导力。在美国教育界他们在研究所谓教师的领导力。我又不是领导，又不是干部，我怎么会有领导力呢？要成为卓越型教师你必须要有。

> 【要点提炼】
>
> 1. 读书是二次成长的必经之路；2. 教学反思是二次成长的的关键；3. 课例研讨是二次成长最有效的途径；4. 参加研讨会是二次成长的重要契机；5. 论著是二次成长的"关键性的一跃"。

我把以上这些东西归纳为五句话：第一句话是读书是第二次成长的必经之路，第二个，教学反思是你实现二次成长的关键，第三，课例研讨是最有效的途径，第四，参加研讨会是重要的契机，第五，论著是关键性的一跃。我现在把必经之路，关键，最有效的途径，契机和最后一跃，临门一脚全部告诉你了。你还不能够成为卓越教师，就不能怪我了。

（二）具体要求

1. 读书

我不知道自己算不算一个好老师，有的人说算，所以他们就问我怎么会成为这样的老师。我往往跟他们说三句话：要有从生活的最底层崛起的勇气和力量，勤奋刻苦是每一位成功教师的必由之路，读书是教师专业发展永恒的主题。今天我只讲第三句，读书是专业发展的永恒的主题。读书有三种，第一，休闲式读书，读书以消磨时间，我们的读书不是这种方式。第二，研究式读书，读书以认识事物，老师们你们的读书方式也不是这一种。过去我们只知道有这两种读书方式。这两种都不是我们的读书方式，所以很多老师认为不需要读书了。其实还有第三种读书方式，问题式读书，读书以解决问题。

【观察者点评】这里提到读书三种类型，我平时读书主要是哪种类型呢？

这是我在我们学校推行的教师读书五步法。请注意研究人员读书不是这样读的。

（1）在身边找问题。（2）带着问题来读书。（3）在读书中获取某种观点、立场和方法。（4）你用这种观点立场和方法来反思。（5）最后在反思中改善行动。这就是教师读书五步法。我建议你们尝试一下。你们不要拿一本书就看，你为什么看这本书，你要带着问题来看，要按照这个五步法来看。

【要点提炼】

教师读书五步法：1. 在身边找问题；2. 带着问题来读书；3. 在读书中获取某种观点、立场与方法；4. 用这种观点、立场与方法来反思；5. 在反思中改善行动。

2. 教学反思是第二次成长的关键

教学反思的前提，就是建构一个"理想的自我"，在操作过程中用"理想的自我"观察、判断和评价"现实的自我"。

教学反思有五个层次。教学反思就是自己看自己。照我来看，有五个层级的教学反思，我到一个学校去，他们的校长告诉我，他们就搞教学反思，我说怎么搞的。他说：

反思,我说第一步怎么搞的?反思啊。我说第二步呢?反思。我明白了,假的,没有搞。反思一定有操作步骤。最普通就是写教学日记和博客。在全国有四大教育博客群,苏州,淄博,温州,还有什么,反正就是四大博客群,但是效果不显著,为什么?写教育博客决不能搞教育反思。比较有效的反思是四步法:备课,上课,自我评价,修改。据我调查,百分之百人都在备课,百分之百都在上课,50%的人有自我评价。修改的人只有25%。老师们你们是属于百分之多少部分。

> 【观察者点评】我会有意识去修改自己的教学设计吗?

比较专业的反思是七步:备课,上课,反馈,反馈以后修改,修改以后再上课。两个课对比,总结。我们称之为磨人磨课,但是一年磨四次,十年就磨了四十次。比较高级的教学反思,我们称之为教学诊断。这是我们搞的一个教学诊断实验室。这个老师把这堂课进行切片,按照一定的主题切片,这个地方切了五个片,上课的教师他自己在这个地方对这一个片断进行解析。然后同教研组的老师在这个地方就这一个片段解析。我们把它叫做教学诊断。最高级的是课案库建设,收集对比性课案、优秀课案等,进行课案分析,确立教学规范等。

> 【要点提炼】
> 教学反思的五个层次:1.普通的:教学日志、博客。2.更有效的:备课,上课,自我评价,修改。3.更专业的:备课,上课,反馈,修改,再上课,对比,总结。4.较高级的:教学诊断。记录、观察、切片、描述症状、同类相并、病理分析、同类病案检索、治疗。5.最高级的:课案库建设。

你看医生是怎么诊断的。你到医院里去检查你的病,医生一般都是两个方法,第一个拍一个片子吧,第二搞一个化验。你是得肺炎,你看这个片子,这就是肺炎,看见没有?人家是基于证据的。我们听完课以后,你的第一句话就是"我觉得这堂课什么地方好"。"你觉得",这是一个主观评判,价值不大的。因为任何人对任何一个事物都有主观认识的。你就凭自己的主观认识是说服不了人的,是无价值的。但是医生不是这样的,医生说我"觉得"你是肺炎,你会给他付费吗?但是他拿一个X光片,或者化验单,跟你说你是肺炎,你心服口服的。

3. 课例研讨是二次成长最有效的途径

你看看人家培训那些企业管理者,他们怎么培训?就是撰写企业个案。就是给他一个企业,他过去搞一个月两个月,甚至当一个副总。回来以后,又花一个月两个月写一个企业的个案。工程师他的培训方式就是项目实习。修桥了,你是这个项目的副总,你搞一年以后,你就可以去当一个总经理,它是一种非常好的培训。医生的培训方式是搞会诊。住院大概有一个星期,总会有一天,有的医院是星期三,主治医生、主任医师、护士等来到病人床前集中会诊,一方面是医治病人的一种专业性的监控,另一方面是培训医生的一种方法。律师最有效的培训方式是什么?案件调查。老师最有效的培训方式是课例研习,就是我们说的听评课。但是我们的听评课这个专业性不强。专业性不强体现在哪里?评课的流程不对。

【要点提炼】
　　教学诊断技术的系统开发,包括:(1)记录原生态的课堂教学。(2)按照技术指标做课堂观察。(3)切片。(4)症状描述。(5)同类相并。(6)病理分析,专家的引入。(7)跟踪研究,矫正治疗等。

　　比较专业的上课,我们会先去研究学生和教材,确定教学目标,根据教学目标来安排教学内容,根据教学内容的需要选择教学方法,用教学方法上了一堂课,所以你评课,你一上来我觉得这堂课不错,因为学生是这个样子的,教师是这个样子的,所以你要搞这个目标,你看他就是这个目标。老师们你发现没有?你那个评课跟上课的思路是一样的,在程序上是平行的。两个平行的东西往前走,是永远也不会交汇的。不交汇怎么能体现出"评"的功能呢?评课的一个特点就是思维的干预性,评课一定要干预你的思路,我一定要把你脑子里面上课的东西挑出来,加以评价,加以辨析,才能够对我有好处。我是上课的老师,你的评课一定要干预我的思维,但是现在上课的思维是这样的,评课的思维也是这样的。它两条思维线不干预,所以这个评课为什么没有效果,明白吗?他是有原因的。

　　所以我提倡一种"逆程序"评课流程,倒过来看。第一步我看到了什么?先做课堂描述,"让我们回到课堂现场,看看刚刚过去的45分钟,张老师做了哪几件事",很有意思,只要他把这两句话说出来以后,他评课的思路会发生变化,他评课的思路立足点发生了变化。第二步,他做了三件事情,实际教了什么东西,教学内容的确定。你们不是语文老师吗?语文老师更加麻烦。教学内容有待确定,数学课的教学内容他在走进教室之前,他的教学内容全部设计好了。而语文老师教学内容大部分是生成的,是构建的。教材并没有呈现教学内容,他只呈现了教材内容的载体,课文。至于用这篇课文教什么东西,未确定。你实际教这一些东西,我由此推测,学生学到了什么?学生学到了什么,就是你的教学目标。下面的问题是该不该以这个东西作为你的教学目标,这个时候也只有在这个时候,你得跟上课的人汇集在一块,就是对学生和教材进行分析,这样的学生,这样的教材应该以这样的东西为教学目标。这个时候你可能会得出两条不同的结论,第一是肯定性的结论,说你对的,你应该教这个东西;第二种情况有可能你认为他的教学目标是错的,你不应该教这个东西。两种情况不同,你评课的流程也会不同。请大家看下面的这两张PPT。我就不多说了。

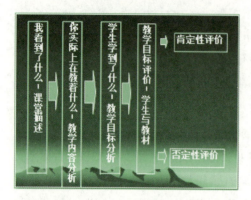

【要点提炼】

企业管理者最有效的培训是撰写企业个案。工程师最有效的培训是项目实习。医生最有效的培训是病人会诊。律师最有效的培训是案件调查。教师最有效的培训是课例研习。

4. 参加学术研讨会是重要的契机

一个专业人士的成长要靠学、识、才、胆、德。学问是一个人的底子,见识决定一个人的态度,才华决定他人是否认识到你的价值,胆略关系到能否把握住机遇,品德决定着能把事业做得多大。其中关键是见识。见识从哪里来的,现在叫看得多,见得广,对不对?看得比较多,见识就比较广。一定要参加学术研讨会。包括像这样到外地的培训,看看别人怎么做,看得多了,慢慢就会改变自己,你们也到处参观,但是没有改变自己,因为看得太少了,看得太浅。

5. 论著是教师成长的"关键性一跃"

我看到有一期刊物发表了四个老师的文章,他们都在讲我是怎么成长的,看完以后我也笑了,其实他们讲的都是我的那本书是怎么出来的,有意思吧。中小学教师写作的实质是从默会知识向明言知识转化。明言知识到明言知识,这个叫言传,效果极差。从默会知识到默会知识,这叫意会,效果也不好。所谓师傅带徒弟顶多带出一个骨干教师,师傅带徒弟想带出一个卓越型教师从来没有过。第三种方式是内化,就是从明言知识到默会知识。这种方式不错,但是不是最高级的?最高级的是从默会知识外显为明言知识,那就是写作,你只有能够把你的那些经验写出来,你才能够明白它意味着什么,因此你写了一篇文章,即使没有人看,你的价值已经实现,因为你已经写出来了。当然如果有人看的话更好。

张肇丰.从实践到文本:中小学教师科研写作方法导论[M].上海:华东师范大学出版社,2011.

当然写作有写作的基本要求。我在我们学校我提倡教师写作六步法。这张 PPT 说得比较清楚了,就不具体说了。

教师的二次成长我讲完了,我最后用三句话来结束我的演讲:

第一,老师们你们不要做"渡船老板",你们不要把别人送到他人生彼岸,自己还在原地踏步踏;你要做太阳,照亮别人也照亮自己。

第二,高待遇、高美誉度从来都不是别人赏赐给你的,你必须有别人所没有的特殊知识和技能,迫使这个社会给你自己想要的。

第三,我怎么样才能有特殊的知识和技能呢?你一定要做别人不做的事,想别人不想的事,说别人不说的话,看别人不看的书,只有这样,你才能够脱颖而出!

资源链接

1. 李海林.走出高原期,实现二次专业成长[J].上海教育,2009,(20).

2. 李海林. 重构学生、教师与知识的关系[J]. 基础教育论坛, 2012(23).

3. 李海林. 读书是教师专业发展最基本的形式[J]. 当代教育论坛(校长教育研究), 2007(11).

4. 李海林. 论语文教师的代际传承——兼论历史叠影下的"第五代"[J]. 语文教学通讯, 2007(29).

5. 李海林, 等. 语文教师生涯设计与未来发展[J]. 语文教学通讯, 2007(28).

后续学习活动

请选择一位卓越教师,结合他的成长经历,从前期(第一次成长)与后期(第二次成长)的角度来分析他的专业成长方式,在相应处打"√",完成下面表格。

卓越教师的名字							
序列	专业发展方式	前期	后期	序列	专业发展方式	前期	后期
1	听课评课			2	开公开课		
3	集体备课			4	在校内师徒结对		
5	在大学脱产学习			6	制定个人发展规划		
7	撰写教师个人博客			8	听专家报告		
9	教学反思			10	参加名师工作室培训		
11	由专家个别指导			12	读书		
13	参加专家组织的课案研讨			14	参加校外学术组织		
15	开展课题研究			16	撰写论著		
17	参加校内外教辅材料编写			18	参加教学管理活动		

启示

第 5 讲　语文教师的专业成长之路

陈　军

专家简介

陈军,特级教师,上海市市北中学校长,全国中学语文教学专业委员会副理事长。教育部"国培计划"专家库专家。著有《陈军讲语文》(语文出版社)、《作文新视角》(上海辞书出版社)等。

热身活动

阅读本讲座之前,请您先思考下面几个问题:

1. 与其他学科教师比较,语文教师的专业特殊性有哪些呢?请列出三条。

(1) _____

(2) _____

(3) _____

2. 在课堂教学过程中,想一想你是主要依据什么来选择思考点、设计问题,从而激活学生的思维?请结合熟悉的课例完成下面表格:

序号	课例名称	问题设计	思考点	效果评价
1				
2				
3				

学习目标

通过本讲座的学习,您应该能够:

想一想在你平时的教学过程中,能够有意识地依据文本特征和学情,选择疑难处,从而设计教学点,来激发学生思维吗?如果不能够,分析原因,提出改进措施。

讲座正文

今天有这样一个机会,可以和大家一起交流语文教学,特别是交流语文教师专业成长之路,我感到非常荣幸。刚才主持人介绍说我是校长,要让校长来谈语文教师的课堂教学,可能会有一些局限,好在我一直坚持课堂教学。现在我虽然做着校长,可每周都会坚持上四节语文课,我为什么会有这个选择呢?说得简单一点,就是不要让自己的语文专业荒疏。所以我今天和大家一起交流的内容,主要是来自对课堂教学当中有关专业成长的思考。

在讨论的过程当中,我可能会邀请老师们做一些发言,我想在上午半天的交流当中,大家可以尽可能地活泼、轻松一些,也希望大家的思考可以深一点,这是我在正式讲课之前跟大家做的一个简单沟通。

一、探讨语文教学的特殊性

语文教师的专业化成长有着自己的专业特殊性。有一句话叫做三百六十行,行行出状元。每一个专业都会有自己的发展,每一个专业也都有自己的特点,而**语文教师的专业成长、专业特殊性在哪里?**我们常常说**一个语文教师要做得好,就要广泛地读书、学习,读书读得越多越好。**其实每个行业上升到专业水准的时候,都要求去读书。数学老师不需要读书吗?在宾馆里面的特级厨师不需要读书吗?**特级厨师和一般厨**

师最大的区别就在于特级厨师会读书、会写书,也可以写出文章。而次特级厨师,他可能在做菜方面要比特级厨师做得好,但他却写不出来。特级厨师就是会把他做菜的过程、设计、思考给写出来。汽车驾驶员也要读书,因为读书是所有专业成长的一个共性要求。我们还讲到一个教师的专业基本功要强,所有学科、所有教师、所有的行业都存在一个专业基本功的问题。所以我们今天只能缩小到一点上,就是特殊性上。

语文教师的专业特殊性同数学教师的专业特殊性,肯定会存在很多区别,这还要从课堂上来寻找,就是我们的工作实际上决定我们这个专业的特殊性。我们语文老师在自己的课堂上会与其他学科的老师有什么不一样的地方?我想请大家做一些思考,然后我们来讨论一下。我们先请一位年轻的老师来说说看。

【学员】 我感觉有几个方面的不同,第一个方面,我们语文老师同其他老师在作业量上有很大的不同。第二个方面,我们语文老师和其他学科的老师相比,在课外知识拓展方面要比其他科目更多、更广泛。第三个方面,我们语文老师在上课的时候,可能会参照人生价值方面,对学生进行思想上的引导。

在很短的时间内,我们这位老师简单地归纳出三条,这三条我想基本上就把语文学科教学的特点讲清楚了。尤其是后面的两条,第一条作文量的问题,语文的作业量有双重,一条是作文这一条线的作业量,还有平时随堂阅读的作业量。后面的两条确实是这样,像对学生思想情感的培养,语文学科的比重就显得非常大了,每节课都离不开。为什么每节课都离不开?不是因为语文老师非要这么做,而是语文课程决定了这些,这与你讲的第二点又有了一个紧密的联系。

像我们语文老师上课的"课"是课文,我们每天走到课堂里跟学生一起面对的对象,就是这个课文。这个课文就是语文课的学习对象,这是教学内容的特殊点。数学老师所教的和同学们面临的学习对象,是章节的数学知识。我们打开课本所面对的课文,与数学、物理、化学、历史、政治等等这些学科都不一样,英语跟我们的语文比较接近,但也有很大的区别。虽然英语课用的都是文本,用的都是课文,但在教学要求、教学重点、教学内容的选择、教学目标上跟语文课相比,英语课有着非常明显的差异。

如果我们把英文包括在内都是语言学习,那么我们就是母语教学,这个母语教学就是课文,课文是我们的学习对象,也是我们要教的东西,它就决定了我们这个课堂教学有特殊的地方。我们特殊的地方就在于我们拿着课文教学,跟数学老师拿着教本教学会有什么不一样的地方?现在就请老师们再思考一下究竟在哪里会不一样?我们处理这个课文跟处理数学里面的章节知识、教学内容会有什么不一样?

【学员】 我觉得语文老师除了要教给学生知识以外,最重要的还是培养学生的人文精神,因为语文它是一种工具,所以要培养学生去使用这种工具的能力,这就是与其他科目最大的不同。

刚才我们的老师也说了人文,这是课文所附载的内容,它会影响到我们对课文的处理。我们现在来考虑课文这个东西,我们在教课、教文章的时候,跟数学老师拿到这个教材在处理的时候会有什么不一样的地方?

【观察者点评】教课文与教知识的区别点在哪呢?

【学员】 我觉得语文课程的章节知识可以被打乱去讲,不像数学的章节知识那样,有那么强的联系性。而语文我们老师在处理的时候可以把每个单元的知识点给打乱。

我希望我们在座的老师,大家可以随机地来发表自己的看法,我说的不是至理名言,它的科学性也不见得有多强,也可能会有很多的错误,所以我希望大家可以一起来讨论问题,而我只是提出问题而已。

我们老师刚才也说到了人文性的东西,人文性再往下具体一些就是它的一个基本内容,它在教材课文处理上它的变化性、灵活性、不可捉摸性,所有学科结合起来只有语文这一门最难。就比如说数学老师的备课,可能在教学内容和形式上在给每个班上课的时候,可能会存在一些变化,但大致上不会有太大的变化,在教什么这点上基本不会有变化。因为这是教材整个章节,一章、一节、一点甚至一个例题都会给你规定好,因为它的规定性比较明显。而语文就是把一篇课文给老师,虽然看起来老师同样都是教这篇课文。就比如说朱自清的《春》,第一周我们这个学校所有初一的语文老师,都在教朱自清的《春》,你到别的学校也是这样教,看起来虽然都一样,教的都是《春》,但在教这篇课文的时候要给学生教什么内容确实不一样,有非常大的差异性。

【反思】
　　同一篇课文《春》,一百个教师可能会教出一百个版本的《春》,给学生的教学内容可能会千差万别,这就需要反思不同的教学内容,各自的理据何在?科学程度如何?这就存在一个教学内容的确定性问题。这是语文教师专业成长的难点所在,当然"这也是语文教师专业成长最佳的契机,一个最好的空间,一个最大的平台"。这方面我平时是如何处理的?有没有问题?如何改进、提升?

就像刚才我们老师讲到人文性的体现,有的老师会体现人文性,而有的老师不会体现,还有的老师非常看中对人文性的体现,再有一些老师只会把人文性一笔带过。所以**在语文课上很难去决定一个比较要做且不可缺少的东西**。由此看来,我们语文老师难做就难在这里,语文老师专业成长之路的难点,我认为就是由语文学科教学的特殊性决定的。**这些因素就是教学内容的灵活性、不归类性**,决定了我们语文教师工作的难度、专业成长的难度。反过来讲,这也是语文教师专业成长最佳的契机,一个最好的空间,一个最大的平台。所以我们讲语文专业的特殊性,是对我们每天都要处理的教学内容而言,就比如说语文教师要多读书,语文老师要锤炼基本功,要把普通话说好,要把字写好,语文老师要有他专业的修养等等,这些有共性的方面我们就不说了。

【要点评议】

语文教学的特殊性,首先是一个开放性的问题,不存在非此即彼,很多观点仅具有相对合理性,其次还是一个实践性的问题,不完全依靠思辨,更需要有自己的实践体会。结合课堂教学来理解这个问题,是一个比较可靠的方法。此处是想把这个问题放到现代学制体系中来认识,她属于分科教育的产物,天然地具有社会性、人文性。作为社会性,她强调交往技能的学得,在这一方面与音乐、美术、体育等学科教育有相似之处,不同的地方在于语文教学更强调综合性、更注重语言智能,这启发我们一定要注重学生的实践练习,要以科学知识为引导,讲究言语实践的练习效果。作为人文性,它强调陶冶、感悟、强调唤醒。从学制系统来看,语文学科还具有典型的基础性、阶段性,是各学科教学的基础,也是学生人生发展的基础;语文学科与学生的生命成长密不可分,具有阶段性特征。作为语言教学来看,语文教学与外语教学比较,强调其民族特性,要求尊重古典传统,维护民族尊严,培育民族精神。所以语文教学的内涵极为丰富,其个性亦相当复杂。

二、研讨"师生互动,教学相长"

下面就接着这个方面,我们再来讨论一个问题,也是我做了26年语文老师,到现在位置都还没有做到位的问题。**语文课堂思考点的选择和设计,是我们语文老师专业成长的重要平台**。我把它给归纳为八个字,就是"师生互动,教学相长"。还有这句"语文课堂思考点的选择与设计",也是我所体会到的,也是理解最深刻、关键性的一句话,我们接下来就对这句话来做一个讨论。

【观察者点评】"师生互动,教学相长"这和语文教师的专业成长有什么关系呢?

师生互动的这个"动"指的当然是说话时的动,是指身体的动,是指全体班上的同学,有多少同学起来发言、上黑板写字等等这些行为的"动"。这是一个最根本的"动",是用这个行为来促进人文发展最核心的一个"动",是思想上的"动",动的是大脑。老师要"动"、学生要"动",老师的"动"会促进、引导学生的"动",学生的"动"也促进引导了老师的"动",这才是师生之间的互动。教学就是老师在课堂上跟学生的一个基本行为方式。

而这个"长"实际上就是大脑成长,教学相长是相互交流、相互启发,"长"在哪里?就长在智慧上,长在大脑上。大家的"长"再具体一点,我认为就有三个方面,我们各位老师一起来看一下,像我这样概括是否可以。第一个是思维方式,第二个是思想境界,第三个是思考活力。

【要点提炼】
请将上述思想做一个提炼、概括,并用自己的话复述一遍。
_____
_____
_____

这样虽然有点不符合逻辑划分,不过我是为了表达的需要,所以把它给分成三个"思"来概括,其实它们是融合一体的概念。思想也是一个过程,思想它不是一个结果,我们也可以把它理解为是一个结论、一个观点。但我这里主要讲的是,思想它是一个过程,是一个脑力运动的过程。思想的思维方式就是由思维运动来形成,平时表现最多的,平时离不开的是思想境界、思考活力,为了培养思维的方式,所以都要进行思考这个活动。我只是从三个维度来说一下,思维上要"长",思想境界上要提升。刚才我们的老师也讲到了,我们每节语文课都会涉及学生做人的问题,这就是一个思想境界,当然其他的学科,它也会涉及学生做人的问题。

各位老师觉得自己最得意的是什么?或者是大家教完课以后,觉得最后悔、觉得缺失的是什么?请大家回忆一下,大家讲经验、教训都可以,因为我们今天的这个课堂是一个相互学习的课堂,所以我们大家交流的内容,都是一些来自课堂上的实践体会。哪位老师可以说一下,当时在给学生上课、讲朱自清《春》的时候,有一个什么样的体会?

【学员】 我在给学生上这篇课文的时候,首先给学生提了一个问题,问你眼中的春是怎样的。我问学生如果你把这个春天写出来,那么你会怎么写?学生也说出了自己的看法。

我对学生说,你写的春天可能会有自己的特色,但文才方面却显得不足,还有学生写得也不够丰富,然后我就对学生说,我们一起来看一下朱自清的《春》是怎样的呢?于是我就把学生导入到了这篇课文上。

非常好,这位老师说的第一个问题,就是问学生你眼中的春天是什么?这就是一种体验。我们现在新课改里讲到要时时注意学生的体验,王老师的这个问题看起来是非常普通的一个问题,但她一开始就注意到了同学的体验。孩子眼中的春天是怎样?就是让孩子把自己所见所闻、所感受的东西调遣出来,参与到课堂教学当中来,这就是用学生的体验来引导学生去思考。

虽然这个问题很简单、很朴素,但我觉得每个同学都会去思考这个问题,我觉得这个问题非常有意义。这个问题由哪位老师再来说一下?

【学员】 我上这篇课文的时候,在导入的时候和王老师差不多,我捕捉到这个课文的点,就是这篇课文比较适合学生去朗读,我在教学过程当中把朗读给当成了一个重点。

就是你在课文一开始注重的是"读"这个过程在整个教学过程里注重的也是"读"这个过程。不过你为什么要强调对这篇课文的朗读呢?

【学员】 因为这篇课文,我把它安排在了初一年级,初一年级的学生在读的这个环节当中,我认为也是一个系列的重点,因为听、说、读、写,它是语文教学当中的一个重要环节。那么,我就想以这篇课文作为一个语文的教学点,然后去完成语文教学当中必须要完成的教学知识。

朗读可能不是来提出问题,它是一个用行动来为思考打基础的环节,这个非常正确。我们今天在座的每位老师都非常注重朗读,像这么一篇精美的散文,如果老师放弃了朗读,那么语文教学就等于被老师放弃了一半。

朗读是一个学习行为,这个行为是在为后面的思考打基础,它是思考的一个前提,我觉得这点是非常可贵的。再请老师说说看,我希望老师们说出来的这些东西,大家可以把它记下来,可能大家再次教朱自清的《春》时,当你进行新的设计时,它会变成非常重要的参考内容。还有哪位老师说一下?

【学员】 我在教这篇课文的时候主要参照了美文美读的思路。我首先就设计了一个问题,为了可以让学生调动出自己的积累,就是想一下在一起学习的古诗当中,有哪些描写春天的词句,然后再让学生导入到现代作家,如果用散文去描写,从而去引导学生如何去把美的内容表达出来。重要的就是去引导学生,去鉴赏课文当中修辞手法的运用,还有表现手法,再就是那些比较美的语言。

我再强调一下,你的美文美读强调的是一个"美"字,美文美读是对朱自清这篇散文一个很高的评价,读书要领略到文章之美,而且还要通过一定的朗读技巧来体现,是不是?

【学员】 用艺术的手法,去把那个美给表现出来。

这是一个很高的境界,但不一定在每个班级里都可以体现出来,就比如说我们遇到一个学习能力比较弱的班级,这样还要考虑学生的实际情况。但有一点给了我一个启发,你说从学生所学的古诗词当中去找描写春天的诗句,就是引导他们先回忆一下,看一下他们记得哪些描写春天的诗句,然后再带出对文章的理解和朗读。

我相信大家都认可这一条,因为朱自清的《春》几乎每一段文字,都是对以前古人笔下诗句展开"现代化"的表现。"现代化"就是现代白话的描写,像写"春风、春雨、春天的花",这些古诗词当中都有过描写,"春天的人"古诗词当中也有描写。

所以这篇课文,每一段都可以找到古诗词的踪影,甚至这句话说得比较刻薄一点,就是朱自清每一段话的意境,都是相关古诗文、相关意境采用现代白话的一个描述。刚才这位老师用古诗词的做法,是为学生做了一个联系、比较的对象,这是我们语文课教学当中会经常用到的方法。联系、比较的对象,这正好是思考活力的所在,非常感谢老师的发言。请问还有老师要发言吗?

【学员】 我的导入是根据学生对现实生活当中对春天的一个体验,然后就是让学生根据课文当中所描写的内容,再结合自己的实际生活,进入结合引入。然后我抓住了在《春》这篇课文里的一些活动,像在草坪上玩耍这些。

纪老师,我打断你一下,你讲的这些是抓住了这篇课文每个段落里的活动,我一下子就有一种开窍的感觉。

【学员】 我的这些学生,他们从小学过渡到初中,所以他们对于春天充满着一种活力,像课文里面出来的风筝等等这些东西,是孩子们最喜欢的东西,也代表了孩子成长的一种理想。最后有三个小段,它是一个比喻型的排比自然段,用这些内容让学生可以置身于这些情景当中。

朗读,注重亲身体验,联系古诗词,纪老师又提出了抓住每一个段落当中的动态情

景画面，这些给了我一个很大的启发。我为什么讲了这么多？是因为我自己曾经也教过朱自清的《春》，我教这篇课文教了三次。其中有一次，是一次公开课的教学，这大概是二十年前的事了。后来一次教这篇课文，我是听了一位老师的课以后，我又做了一次教学，这次教学不是一次公开课，也不是按照课程要求来实施的教学，是我自己想来体验一下，我这样的教法行不行，所以有了三次的比较、修改。

下面我来说一下当时我备课的一个难点。刚才各位老师的发言，都对我有非常大的启发，现在我把一个难点提出来，大家来想想看，这篇课文的教学我们以前按照通常的设计，它是五幅画面的教学，分别是"春草、春风、春雨、春花、吟春"这几幅图，一般都会叫"吟春图"等，但为什么后面到了人出场，为什么不叫"人春图"呢？因为这好像不太符合我们的语言表达习惯，所以就变成了一个"吟春图"。虽然这样有点不太恰当，但如果你切分这几个画面，把它叫做"吟春图"也可以。

我就在想我们为什么要切分这几个画面？是因为便于教学，就比如说现在多媒体技术的发达，我们讲到"春风图"的时候，可以弄一幅很大的照片出来，"春风图"的照片虽然不太好找，但也可以找到，像春风吹拂杨柳，这就是春风的意思了。而像"春草图"的照片最好找，"春雨图"也多，"春花图"比"春草图"更好找，有五彩缤纷、各种色彩的鲜花。因为春天是花的世界，"吟春图"的照片也可以找到。

用上这种种照片，那么这堂课的内容就完整了，但后来我一想，这里还有一个问题。这几幅照片和文字配合起来以后，还是停留于让学生知道春天是怎样的一个世界，就是一个有花、有草、有雨、有风的世界，弄好了就会是这样。这显然是不够的。但如果弄得不好，由于"春花图"的照片非常光艳，色彩非常多姿，所以可能要比朱自清的那段文字来得还要更加鲜明、更加形象。这实际上是一个问题，这样我们就会离朱自清这篇文章越来越远，而离图画、图像越来越近。这样就把课文教偏了。

还有一个问题，也是我们老师们刚才一起提出的时候，我想到的问题。就这几幅画，任意挑选一幅画，都可以找到一首古诗词来对应。那么这篇文章的创意又在哪里呢？

我们刚才讲到了，刻薄地说这篇文章是把古诗词的画意重新描述了一遍，真的是这样吗？不是这样的话，朱自清这篇文章构思的艺术性又体现在哪里了呢？所以我当时就提出了这样一个问题，跟我们老师一起讨论，后来我自己也这样试着上了一节课。

最后我们讨论的结果，就像我们刚才几位老师的发言结果一样，从一个角度切入进去以后,是一个很有趣味的问题。我把我这节课切进去的这一点来跟大家做一个汇报。我当时思考的起点,就在这篇文章开头一句话里的一个词,是可以和这几个画面全部都联系在一起的一个词,是"脚步"这个词,而且是"近了"。

现在我们再回头来看一下,从开头的第一句话,"盼望着东风来了,春天的脚步近了",这句话开始接下来的,没有哪一段不是在写脚步近了。这段话中写到了,"太阳的脸红起来了",这就是一个过程,"水涨起来""山朗润起来",这些全都是在描写春天的脚步。这是整个宇宙、整个世界的变化,接下来就围绕三个方面,这样讲起来话又多了一点。

因为没有太阳的脸红、没有水涨起来,没有山朗润起来,整个就不会有后面的春风、春草、春花。回过头来讲,正是因为春天的风、草、花、人怎么样,所以是整个自然界、整个世界在春天的一个变化过程。这篇文章描写的每一幅画面都是春天的脚步。

后来我再研读这个段落的时候,每一个段的每一句在关键的地方写的都是脚步,我们大家都知道,凡是讲"春草图"的时候,都必定会讲这个词,就是从泥土里"钻"了出来。我就给大家举一个"钻"字的例子,这代表的就是脚步,写的是春天的草,发芽、生长、破土而出的过程,体现了春天小草的那种力度,因为只有春天的草才会这样。这是开始的时候,刚才纪老师讲了一下,写了春天的草以外还有两个地方,就比如说一大片、一大片满是的。这就不是"钻"了,这离"钻"的时候已经有一段了,"钻"是从泥土里刚刚出来。

朱自清在这个"钻"字上增添了几个内容,他没有用时间来交代,草是一个什么样的状态。但他把春草的形态给写了出来,这样就使人感觉到了,春天春草生长的过程。他用了一大片、一大片满是的,用了一个"满"字来表示到处都是草。

这个过程是一个稀疏的状态,这里的"钻"是脚步,到这里稀疏的过程,描写的还是脚步,这个"近"就是一个过程,是一个动态、变化、发展的过程,是一个运动的、发展的变化过程,它不是一个静止的东西。这描写的是春草,而春花也是这样,"吟春图"里面人的表现也都是这样。有着异曲同工的效果,无非是想表现春天由远而近、由淡而浓、由浅而深,这样一个生机勃发的运动过程,是生机逐步展现的过程。

这就是朱自清的《春》,这就回到了我刚才提到的问题,古人都写了关于"春"的诗句,而朱自清他仅仅是个串联吗?如果是一个串联,那么他的创意又在哪里?所以我觉得朱自清,它是这样的一个创意。

这就是我们刚才那位老师所说的人文性所在。我现在回头来想,就像老师们从朗读入手一样,从故事入手一样,抓住情景的动态画面来组织教学一样。大家的教学都非常好,都是因材施教,这里也有我构思的地方。这个构思好在哪里?(1)我的这个构思，不是让学生去看一个一个孤立的画面，是要以组合的形式去看画面。(2)这个构思它比较有指向意义，而脚步只是一个比喻，你要举一个有指向意义的过程，有的同学可能就会去找这个"钻"，有的同学可能会找春天的花，有同学可能会找春天的雨，就比如这些都可以拿过来看作是春天的脚步。(3)这个构思它是教学设计，就是把一篇文章思考的线索，把它给拉出来。从教学的角度讲，它有一个清晰的线索，不是说这幅画和那幅画之间没有关系，它们有一个线索的关系。这是我从"脚步"入手设计、选择的用心所在。

> 【观察者点评】看了上述《春》的教学设计有什么启发吗？

今天我们讲的是专业成长，教师的专业成长跟其他专业成长不同的地方，就是教师在每节课当中都会有一个新的思想、思维增长性质在里面，它不会重复地增长。教朱自清的《春》，你可以教十遍、二十遍，你在教每一遍的时候都不会重复，说明的就是这样一个问题。不是说"脚步"它是一个最好的教学设计，更不是说它是一个唯一的设计，它只是我们成长过程当中我们自己所选择的一条路、一个起点、一个契机、一个环节。

接下来我们对朱自清的《春》是不是还可以有新的设计？这个显然肯定会有。老师们会问，你是怎么想到这个"脚步"的呢？有的人说临时悟出来的，这也不一定，有的老师可能也抓住了这个"脚步"，可能是因为一个契机影响到了他，促使他用了这个"脚步"。有的时候也可能是学生的发言影响了老师自己。有的时候可能是课外自己在教学之余读到了一些东西，引发了教师的教学思考。也可能就是刚才我们老师说的话，自己脑子里进了某种东西、某一样材料，跟自己现在教的这样东西，连接起来它就生出了光辉，这样就通了"电路"。

【要点评议】

这启示我们在教课文的过程中要不断反思，不断有"新的思想、思维增长性质在里面"。如果做到这点，教同一篇课文，我们都不会教重复，常教常新。并以这个过程来实现教学内容的不断优化，这是一个上不封顶，但下要保底的过程。要做到这一点，就需要时时有心，追求突破，教学无止境。

我想到朱自清《春》里的这个"脚步",是由两句诗引发出来的思考,这两句诗我给大家写出来,关于春天的诗词歌赋不胜枚举,但在古文的评论、评价当中也有两句是把它看作唯一性、最美、最有意义、最特殊、最好的两句,就是"海日生残夜,江春入旧年"这两句,这个意思大家都知道,这里的两个动词很有意思,就是"生"和"入",写得非常妙。

后来我就想这两句古诗非常值得回味,因为过春节写对联的时候,我都喜欢写这两句,写的时候我也没感觉到什么,但真正体味"生"和"入"这两个字的时候,我一下子就豁然开朗了。

当我教朱自清的《春》,跟这两句古诗联系起来以后,我就感觉特别明朗了,我的心里面一下子就活了起来、站了起来、动了起来,春意盎然,蓬勃的、勃发的、不可阻挡的,大家不要小看了朱自清的《春》,他用白话文写的这段文字,其实也是一种不可阻挡的春天的生机。大概大家的都是全新的东西,这就是一个人文性的表现。

非常感谢大家,可以积极地参与到讨论当中,我觉得我们的老师在语文基础方面掌握得非常厚实,对教材的理解非常深厚,所以我们今天讨论起来、对话起来都非常顺畅。与其说今天我给大家来讲些什么东西,还不如说是各位老师给了我很多的启发。

三、研讨"语文课堂思考的选择与设计"

下面就来讲这个思考点的选择。我们以朱自清的《春》为例,从哪里起,从哪里进去来探讨一下。进去以后也会碰到一个问题,就是你这一堂课的教学、一节课的组织,它会有一个过程。在这点上我觉得数学老师非常值得我们语文老师去学习,数学老师上一节课,他的逻辑性非常强,他的例题1、2、3都在课本里编好了,你就按照这个顺序教下去就可以了。

当然有的时候不同班级同学的学习状态不一样,老师的个性也会不一样,所以老师可以补充一点进去,他可以把这个例题顺序换一下,或者补充一点、改变一下。但基本上数学老师他还是会按照这个路子来教学生。这是数学对这个概念思考的一个基本过程,任何人都要去遵循。所以我们讲数学老师,他的逻辑性很强,因为数学老师手上有这几个问题,所以他可以把全班同学的胃口调起来,越是好学生,他的胃口就会被老师调得欲罢不能。而语文老师难就难在对这个问题的设计、安排,如果语文老师上课上得一览无余,学生就会觉得没有什么兴趣,但如果问题弄多了,学生也解决不了。所以对于语文老师来说,**这个问题设计的过程非常困难。**

这里我就想到了一个问题，除了思考这个起点以后，接下来还有一个问题，就是构建思考的联系点，或者叫做联系性的思考，是对若干问题的逻辑构建。我只想表达一个联系的意思，联系是多个方面的，而我这里着重讲的是若干问题。因为老师一节课下来总共会有三五个问题，而这几个问题之间会有一个逻辑关系。构思是什么意思呢？就是我们作为老师，进行设计、选择的时候，就要像写文章一样要看先哪一段、再哪一段，要有一个这样的构思。

【观察者点评】数学老师与语文老师的区别点。
1. _____
2. _____
3. _____

我觉得这个构思比较困难，就是我一开始就讲到了，语文老师要比数学老师难做，因为只给了语文老师一篇课文，什么都需要我们语文老师自己去做。我从教二十多年，这个问题也是一个困难所在。最近我在研究几篇课文，前不久在听课的时候，我受到一个很大的启发。因为在专业成长道路上，听课可以是对人学习成长最大的方式之一。

我举一篇课文为例，这篇课文大家都比较熟悉，就是莫怀戚的《散步》。我老是讲成长，成长实际上是经过了思考的历练、思考的激发、思考的活动以后，有了思考的活力、有了思考的趣味，课堂里面有兴奋的地方，这就是成长。专业成长也就在这里，现在我们就以《散步》为例说说看。这里面似乎没有什么问题，苏教版里有这篇课文，另外人教版也有这篇课文，但有一句话人教版把它给删掉了，苏教版保留着这句话，沪教版也做了保留。大家知道是哪句话吗？

大家可能不知道是哪句话，我和大家说一下。我们回忆它开头是怎么说的，说的就是我们一家人散步，都有母亲、妻子、儿子和我，这是开头的第一段，然后就开始写母亲身体不好，春天来了母亲终于又熬过来了。说明母亲重病在身，能活一年是一年，能活一天是一天，所以用了"熬"这么一个字。

然后作者就开始描写春天景物，之后又写了遇到分歧，这个分歧发生在走大路，还是走小路上。儿子要走小路，因为小路有趣，而母亲要走大路，因为大路平坦。最后怎么办呢？就要开展选择了，它没有用"选择"这个词，这篇文章讲的是"抉择"，当然没有讲"抉择"这个词，但一霎时那句话就相当于"抉择"。一霎时我感到肩上的责任重大，后面还有一句话，这句话老师你来讲一下，讲出一个大致的意思就可以了。

【学员】 好像肩负着民族的命运。

是好像民族英雄，面对着严重关头。这句话大家都知道，接下来都是一样的，然后

卓越教师的培养与成长

他们就选择走了小路,从小路走的时候到不方便的地方,我就把我的母亲背起来,我的妻子把儿子背起来,最后结尾是我的背上,加上她的背上,就构成了一个共同的世界。

这篇文章就以这么一句话结束了,这个地方删掉一句,跟不删掉一句,大家来讨论一下看看,删得是有必要,还是删得没必要?我在这里突然提出了这问题,所以请大家来考虑一下,我们的版本没有删掉,我们在教学的时候对这句话是怎么处理的呢?我们是把这句话删掉好?还是不删掉好呢?这句话对于整篇文章的组织、设计、教学会有多大的意义呢?哪位老师可以说一下?你在备课时、组织教学时是怎样一个考虑?我们和大家做一些交流、分享。

【反思】
　　刚才陈军老师提出的问题是,莫怀戚《散步》两种教材的版本不一样,一个版本把最后那段话给删除了,而另外一个版本保留了那段话。那么,下面讨论的问题是,在保留的情况下,我们怎么去处理这段话?

【学员】　我记得当时,我是把这句话联系到了国家的一个高度,然后从小的家庭说到它是大的国家的一个组成部分,然后说出从家长的责任生发到了一种社会责任,我印象当中应该就是这样了。

作者前面写的散步,是家庭当中非常简单、非常平凡的一种日常生活,而一下子上升到了国家、民族这样一个高度。散步是小到不能再小的一件事,而上升到大的方面,就上升到了不能再大的地步,因为对一个民族、一个国家来说,民族选择的关头是一个最大的事情。你觉得这协调吗?

【学员】　我觉得在这个教学的过程当中,学生在这个地方的理解,还是会有一点难度和障碍。

这位老师想得很透彻,还有哪位老师可以做一些补充?说说你当时是怎么处理的。

【学员】　当时是联系到了最后一句,我背上的加上妻子背上的,就等于是整个世界。就分成了人生的三步,就是过去、现在和未来,可以从这样的一个过程,让学生来进行一个探讨。

你上升到的人生的观念,你觉得在教学的时候学生可以理解到吗?就是讲"民族英雄"这个词的时候,你的学生能不能理解什么是"民族英雄"?

【学员】 可能是民族战士,给他们留下的印象。

应该有这样的印象,就比如说像岳飞,还有我们中小学古诗文中教的文天祥的内容,还有《正气歌》这些学生应该都知道。所以讲到民族英雄,学生如果不知道,这是不应该的事。那么,现在是一小一大、一低一高,这就形成了强烈的反差,你觉得在教学当中这应该怎么处理呢?

【学员】 可以从人的意识层面去处理,面对的问题大小会不同,但人的思考,他自己的思想是确定的。在面对一个小的问题时候,他意识到同样上升到一个大的问题时候,他的思想观点也不会发生什么根本上的变化。

你有一句话,我相信大家听了以后,都会有一定的启发。一个很小的事情,一下上升到很高、很大的事情思考程度的时候,它就会有它的目的。这个问题我在两个地方跟老师们在交流的时候,我们讨论的观点都一样。

我到张家港去听课的时候,是有两个老师上课,一位老师就把这句话提出来了,而另一位老师却把这句话给放弃掉了。放弃有放弃的好处,而提出来也有提出来的好处,我当时在评的时候,我说放掉这句话是因材施教,不放掉这句话也是因材施教。

我为什么会这么说?放掉这句话是因材施教,是因为这句话有一定的难度,又要考虑到学生的理解程度,不是把课文里所有疑难的地方,都提出来作为课堂的问题来学习。这是我们语文老师在处理课文上一个非常重要的方面。如果用教育心理学的话来讲,就是教师要接近、贴近学生心理需求的发展区,所以才会因材施教。

学生的理解力有限,那么这个问题就可以去掉,这就是老师的艺术,但要把这个问题拿出来组织教学,这还是因材施教。因为学生的思考活力跟思维的灵活性,现在已经呈现出来了。就是学生学得很积极,知识准备也很充分,思考活力也很强,这个班级同学的状态很好。那么在这样一个情况下,如果你把这个问题放掉了,这也是非常可惜的一件事。所以把这个问题提出来,让学生去跨越,这还是因材施教,所以这个因材施教的灵活性,很难用一句话来概括。特别是对一个学习比较好的班级同学来说,我们语文课会有一个最大的障碍,这个障碍就是把一节课给上得一览无余、一马平川、一泻千里、一帆风顺。特别是请我们去听一些公开课,一些有所准备的课,更是这样的情况。

我觉得像这样非常顺畅的语文课,它肯定不是一节好课,因为这就是走过场,要么就是老师提的问题太容易,要么你这个问题在课文里一眼就可以看到,没有任何的价值，要么就是教师做了充分的准备，总之学生没有进行过独立的、比较有一点难度的思考。所有的思考，我讲的这个思考活力，不是看学生发言的积极性怎么样，而是**要透过发言积极性的背后看看学生想的问题，有没有一定的难度和思辨，就是思想上的挣扎**。

数学老师善于把学生调起胃口来的方式，就是用问题来促进学生思考，让学生在思考当中挣扎着，**课堂教学就有点像刘翔的跨栏**。我比较欣赏刘翔，因为刘翔的跨栏运动给了我们一个很大的启发，我们把他跨越的每个跨栏都当做一个问题，每次跨栏都是一个不同的障碍，一节课如果有一个跨栏，学生把这些跨栏都跨过去了，这样学生就有了收获，这样学生就会有一种学有所得的满足感。而且**我们教学上的跨栏，要比刘翔的跨栏还要复杂**，因为教学的跨栏，它高低不齐、它有不同的坡度，而且**不同的班级、不同的学生，他们的跨栏都会不一样**，虽然很难但是我还要去做。这是我讲的因材施教，我们现在就回到这个问题上来。

从因材施教的角度，从不要一览无余、不要一马平川这样的课堂来看，这个问题恰恰是非常重要的问题，散步是很小的问题，而民族国家是很大的事情，所以在意义上有强烈的反差。为什么会产生这样强烈的反差呢？是因为"我"把散步这样的一个分歧，这样一个很小的问题看得非常大。正是因为有这样的一种认识，所以我们这一家人才显得特别地和谐。文中的主人公，他不是非常草率、非常简单地去处理家庭里这些鸡毛蒜皮、非常小的一些琐碎。这些事虽然琐碎，但在处理和认识它时却非常大，这是一种珍惜，是一种呵护。

这种责任不仅仅是使"我"具有，这一家人都有这种责任，这位母亲也有这样的责任。母亲为什么要选小路？因为她考虑到孙子的体验，"我"为什么要选择大路？因为我当然要考虑到母亲的需求，老婆为什么要听"我"的呢？因为"我"是一家之主，所以老婆就要听我的。这个妻子显然不是怕一家之主，是对这个一家之主的支持，是对他的支撑，因为她觉得这是做妻子的一份责任。她把对她丈夫的支持，看成是呵护这个家庭和谐的一种责任，她不是畏惧她的丈夫。

而"我"明明可以非常简单地处理这件事，大家都听我的话，我随便选一条不就可以了，而他到后面突然来了一句，我就好像是一个民族英雄，现在面临着严重关头，"我"无法不作出决策，因为"我"要考虑到所有人的需求，真心呵护之细微于此可见，珍惜之情无以复加于此可见，因为大家共同的责任，所以才到最后我背上母亲，妻子背上儿子，这才是整个世界，这整个世界的分量，是由大家共同所构成的。

这里面就有一个思考的联系，思考的联系是什么？就是这个问题讲得通吗？现在我们投入到这个问题本身上的解释，投入这个问题本身，我们来看一下文章里面的联系，这篇文章在构思上有一个很容易被我们忽略而恰恰又独具匠心的地方。它始终在写一个词，它时时在写的是关系。就像朱自清的《春》，每一句、每一个关键词都在写春天的生机一样。莫怀戚《散步》的每一句、每一个关键词，都在写家庭、人与人之间的关系。

他篇头的第一句，不是在讲我们一家人在田野上散步就结束，他表述的时候是说我们在田野上散步，冒号说明散步者是谁，后面的回答是母亲、妻子、儿子和我。这个冒号我记得最清楚，冒号，我们在田野上散步，最后把几个人都点了出来，点了这几个人的身份，其实是在点这几个人的关系。

因为这个关系非常重要，这个关系就是角色，接下来除了描写春天的一些景物以外，在分歧当中他充分地把这个关系讲清楚了，讲得非常重要。分歧是关系当中的矛盾，如果是陌生的人就会存在分歧，如果是一般熟悉的人也不存在分歧。而这样一个家庭整体，这样一种人伦关系，意见不一致，所以发生了矛盾，这个矛盾就是分歧，所以接下来就有一大段在讲分歧、讲选择。

这就把自己放到了家人、家庭这样一个结构当中去，放到这样一个关系里面去考虑自己，一霎时我感到责任重大，这个责任不光是对母亲孝顺的责任，要考虑到妻子和儿子，就是这样一个关系。然后用儿子一句天真的话来揭示这个关系，他是怎么揭示的？有一句话是儿子背着母亲，后面是母亲背着儿子，这篇文章始终是在点这个关系。

这个关系点完以后，最后到文章结尾的时候，还是在讲这个关系，讲这个关系融洽的境界就是整个世界。关系如果不融洽，那么就是一个分裂的世界，这篇文章的潜台词就是这样。这篇文章讲的是一个和谐，充满融洽、亲情，大家都有责任呵护家庭这样一种关系，所以才会是整个世界。

这就是思考的联系，就是这个开头，你要提几个问题，比如说为什么把他的角色、家庭的成员用冒号在后面一一做解释？因为后面是一个相同的内容。讲到分歧的时候，为什么要写母亲、儿子、妻子还有我的态度？特别是我为什么要把这样一件简单的小事，看得如此之重大。最后一段是写整个世界，"我"是怎样的一个理解，这是一个怎样的世界，是一个你离不开我，我离不开你，完整和谐的世界，这就是若干问题的逻辑构架。

孤立地讲民族英雄这句话，把这句话跟开头、中间、结尾，把这三个内容串起来讲的效果不一样。这句话如果孤立起来讲，就可以删掉，因为前面有一句话已经把这个意思给点出来了。就是一霎时，我感觉责任很重大，就是这个意思。后面只是讲，就好像民族英雄遇到了严峻的关头，是把这个责任重大的抽象意义给做了一个具体化，打了个比方，讲的还是责任重大。

如果联系起来讲这句话，这句话是作者不可缺少的一句话，是非常要紧的一句话，可以说是这篇课文思考的一个重点、难点。这篇文章的语言就是在这里突起，其他地方都是非常的浅显、明朗，唯独此处一峰突起，我想这肯定不是作者无意为之，他是有意这样的。

那么你联系文章前后，这就是我讲逻辑构建，逻辑构建的基础就是跟全文的关系，是人与人之间的关系，人物之间的关系，这是讲抓住这个问题来教学。如果放弃这个问题来教学呢？这个问题本身的民族英雄这个概念也就没有了，但一霎时感到责任重大这句话，他依然是思考的重要版本。这句话里的"责任"这个词，无论如何都是不可回避的词，如何让学生来思考这个"责任"呢？这里有一个很容易犯的问题，就是只讲我做父亲的责任，这显然就太片面了。

这个责任是通过"我"来体现，其实母亲她的选择，妻子对"我"的态度都有责任的体现。所以你还是要从关系上来看，还是要从问题之间的逻辑关系来讨论、思考。不能孤立讲这个"责任"，更不能讲这个"责任"只是"我"做父亲的一个责任。我在这里讲的是思考上的联系，说的就是这个例子。

《中学语文点拨教学法》，蔡澄清，人民教育出版社，2004年.

激发学生的质疑，这是一句老掉牙的话，古人也讲过"于无疑处生疑"，这是朱熹说的话，这是最难的地方，这也是语文最难的地方。我们讲语文教师专业最难的地方就在这里。

刚才我们讲莫怀戚的散步，那个地方是一个明显"疑"，一个明显的问题，如果这篇课文里有一个冷僻的字，连我老师都不认识，我需要去翻工具书，那么这更是一个"疑"。这个是明晃晃的"疑"、眼皮底下的"疑"，这个不存在着去发现，因为一看就会知道。语文老师的专业发展、专业成长之路最难的地方，也是最重要的地方，同时也是最高的境界，是最体现艺术光彩的地方，是一个神来之笔的地方，上课时的那个神采，就是这句"于无疑处生疑"。

【观察者点评】如何理解"于无疑处生疑"与语文教学的关系？

还有一个地方是处处都有"疑"，我们要怎样去揭示"疑"、淡化"疑"、让学生明白"疑"，也是我们老师刚才提出来的问题。就比如说有些文章很晦涩，时代非常的久远，学生的理解和生活体验当中没有这部分相关内容，就比如像鲁迅的那些作品，最近几年大家都在讨论这个问题。这里有很多的疑问，多疑处我们要怎样少"疑"，无疑处我们要怎样深"疑"，这是一个辩证上的矛盾。这些都是语文教师在专业成长道路上一个充满华彩的地方。

　　下面请大家一起来讨论一下，像《孔乙己》、《范进中举》等内容有些晦涩，离学生时代比较远、离学生生活体验比较缺少、知识面非常有限的情况下，我们应该怎么来处理呢？

　　我们现在是"多疑处化疑"，这也是一个高境界的问题，一个是"生"、一个是"化"，或者是"解"，再或者是"释"，而且是有疑处，我把它写成多疑处，而这个"化"我又应该怎么办？这也是语文教师专业化成长过程当中一个充满华彩的地方。

　　【学员】　我在教《孔乙己》这篇课文的时候，那次也是在上公开课，其中有一个男生说，孔乙己那么高大，又写得一手好字，但他却不能自食其力，所以我觉得他不值得同情，还有这个男生说孔乙己他太懒，而且他又太好喝酒，所以他的这些遭遇不值得同情，这些遭遇都是咎由自取的结果。当时这个学生就把这样的问题抛给了我。

　　这个问题还真不好回答，从小说的字里行间，还确实是写了孔乙己好吃懒做，而我们的教学要由一个同情的概念入手，这个人在现在这个充满竞争的社会，他不仅不会得到同情，而且我估计还要被指责了。

　　【学员】　我觉得理解鲁迅先生的文章，我们不可以背离时代背景，因为鲁迅先生写文章的时代，跟我们现在并不是一个时代。像这篇文章，应该介绍一下当时的生活状况，我们不能用现在的观点去阐释过去，我们不可以过分苛求古人，阅读文章的时候，我们不可以背离时代背景。

　　你说的这个观点我非常赞成，这不是就你这个问题的回答，是这样一种类型问题的回答。比如说鲁迅作品要不要学习的问题，其中有一条观点，因为时代背景相当复杂，教起来比较难处理，这个偏激的观点我们就不说了。我个人非常主张要教鲁迅的作品，为什么要教我们以后再说。

　　有一种观点认为我们现在的语文课教材要与时俱进，时代气息要浓厚？那么什么叫时代气息？是不是就是现时代的作品呢？我认为这些不能等同，如果说现时代发表出来的作品才有时代气息的话，那么我们语文就要学习新闻早报，但这个不可以作为语文教材,如果说现时代作品才有时代气息的话,那么我们就不可以去读《诗经》,古文、唐诗、宋词我们全都不去读,因为古文、唐诗、宋词离我们也有上千年的历史了。这显然是一种很荒谬、很幼稚的讲法,所以我们不要去管报纸杂志上那些非常低级、肤浅、幼稚的见解。时代性是什么?古文今用这就是时代性,温故知新就是时代性。《陋室铭》、《愚公移山》、《诗经》这些古文当中都有时代性的部分,这个我们就不去讨论了,这个观念我们一定要澄清。

不论是当代还是以前的作品,确实是有一些作品它比较晦涩,个人感情比较偏激。这种作品需要补充很多的资料才能理解。对像《孔乙己》等鲁迅的作品,大家都有很多看法,由于时间关系,不能充分地展开讨论,今天我们已经把思考的灵感点燃了,我想大家在课下肯定会作出充分的辨析。我只是有这样一个感觉,孔乙己这个人他的眼睛里有一个自我,小伙计的眼中有一个孔乙己,孔乙己周边的人眼中有一个孔乙己,作者的眼中也有一个孔乙己。所以在这篇文章当中至少有四个孔乙己,这四个孔乙己,他的观察角度,他所认识的本质特点究竟是怎样的?我们在小说里面都可以找到具体的文字来佐证。

怎么样使一个晦涩、模糊的问题清晰化,我曾经提出了一个处理方法,就是把问题提出来以后交给学生,让学生自主地去作为一个问题来研究,看看学生在他的资料搜集当中会有哪些发现,这就是教学疑难杂症的课题化,作为一个专项的课题去交给学生。

【反思】

　　上述将问题清晰化的过程,其实就是一个研究性学习过程,将问题转化为小课题,激发、调动学生的能动作用,锻炼学生的实践能力和创新精神。这种教学处理是现在教育教学实践中非常缺乏的。这也正是新课程改革以来的一个亮点和突破。我在教学实践过程中如何引进、转化这种做法,值得好好琢磨。

我的这种做法在高中学段里面比较容易奏效,在初中里面到底会怎么样,这个我心里来没有底。为什么我的这种方法会在高中里比较奏效呢?这个我给大家举一个例子,就是我教鲁迅的《祝福》,这篇小说有很多常规、传统的做法,我依次做了一件事,我在课前提出一个问题,然后用两日课的时间,让学生们去辨析这个问题,这样这篇小说就教完了。这个问题是什么呢?就是祥林嫂是怎么死的。小说里面写到了祥林嫂是怎么死的,但小说里从来没有很直面地交代祥林嫂的死因,但我们如果从小说的各个章节、各个情节,一些关键性的语言入手,这样就可以分析到、透视到祥林嫂的死因。当然祥林嫂是怎么死的? 这个问题肯定不会是唯一的答案。

我这样做的用意在哪里呢? 就是让学生找出这篇文章的时代背景、时代资料,还有别人对这篇文章的分析,以及学生自己阅读小说《祝福》的感受,这些都可以让学生自己综合起来表达。这是我在高中学段里做的一个尝试,可供大家参考。

总之,今天我们围绕语文教师的专业成长之路,这样一个非常有价值的话题,结合我个人的认识,从"课堂教学思考点的选择与设计"这一个方面,我们以一些非常熟悉的课文为例做了深入研讨。我非常感谢各位老师,今天上午的讨论,使我收益颇多,我谢谢大家! 欢迎大家到我们学校去作客,再次感谢!

【要点评议】

"于无疑处生疑"、"多疑处化疑","这些都是语文教师在专业成长道路上一个充满华彩的地方","最难"、"最重要"的地方。这道出了陈军老师对语文教师专业成长的独特理解。引导学生解读文本,首先要让学生发现文本的精华所在,"于无疑处生疑",通过"疑难"激活学生思维,通过"释疑"促使学生"跨越",最终促进学生"大脑成长""智慧成长"。具体表现在三个方面,即思维方式、思想境界、思考活力。对于比较晦涩、时代久远的文章,学生的"疑难处"比较多,就需要去揭示"疑"、淡化"疑",让学生明白"疑",减少"疑"。"多疑处我们要怎样少'疑',无疑处我们要怎样深'疑'",通过"疑"来激活、带动"思",这些都是语文教师专业成长的关键所在。为此,做好语文课堂思考点的选择与设计就显得尤其重要。这就要求老师善于思考,善于学习,具有洞察力、穿透力。通过课文思考点的选择与设计,来促进学生的智慧成长。

资源链接

1. 陈军."全国青语会"时代功能的初步分析——兼论青年语文教师发展的基础条件[J].中学语文教学,2009(4).

2. 陈军.铸师魂、炼师能、养师风[J].上海教育,2011(14).
3. 陈军.关于目标预设与教学生成的认识与实践[J].中学语文教学,2008(2).
4. 陈军.校长听课:上好家常课应成为教师的文化生活方式[J].上海教育,2008(10).
5. 李重.优秀教师的成长:研究意识带动自我修炼[J].教育科学论坛,2011(10).

后续学习活动

以同一篇经典文本为依据,找几个优秀教师的成功课例,分析各自选择的疑难点、教学点分别是什么?然后再结合课例,比较各自的合理性、差异性?

课例名称	课文	执教老师	疑难点	教学设计	各自的合理性
1					
2					
启示					

专业知识的学习与发展

第6讲 《教师教育课程标准(试行)》解读

钟启泉

专家简介

钟启泉,华东师范大学终身教授、博士生导师。教育部教师教育专家委员会委员。著有《现代课程论》(上海教育出版社)、《学科教学论基础》(华东师范大学出版社)、《教育的挑战》(华东师范大学出版社),主编《课程的逻辑》(华东师范大学出版社)、《课程与教学论》(华东师范大学出版社),翻译《现代教育学基础》(上海教育出版社)、《课程与教师》(教育科学出版社)等。

热身活动

阅读本专题之前,请您先完成下面几个问题:

1. 您是否已经认真读过《教师教育课程标准(试行)》文本? A. 读过 B. 没有

2. 如果读过《教师教育课程标准(试行)》,您觉得它的难度如何? 主要难在哪些方面? 请用横线把您觉得理解有困难的地方画出来。

3. 根据《教师教育课程标准(试行)》精神,您觉得未来课堂教学变革的方向是:

A. 以"教"为主,形成"教"的课堂   B. 以学定教,形成"学"的课堂

4. 读完《教师教育课程标准(试行)》后,就您感受最深的地方列举三处,试着与同行交流。

学习目标

通过本讲座的学习,您应该能够领会《教师教育课程标准(试行)》的基本理念和精神实质,联系自己的教学实践,调整、优化原有观念,并请完成下面表格:

我的学习情况	理解《教师教育课程标准(试行)》		
	反映教师专业发展的两个趋势	体现的三大基本理念	落实需要"三大研究"
知道(写出来)	1. 2.	1. 2. 3.	1. 2. 3.
理解领会(选择√)	A. 已理解　B. 基本理解 C. 不理解　D. 不认同	A. 已理解 B. 基本理解 C. 不理解 D. 不认同	A. 已理解 B. 基本理解 C. 不理解 D. 不认同
自我反思			
启示			

讲座正文

一、出台背景

十多年前,教育部启动第八次课程改革,这可谓第一大工程,第二大工程就是教师教育改革工程。2004年,教育部领导让我组建一个专门的研制组,研制一个新的教师教育课程计划。这一搞就是8年,直到去年11月终于出台了。实际上,《教师教育课程标准(试行)》不仅汇集全国各地师范院校的改革经验,而且反映出新时代对教师教育改革的需求,这个需求讲到底就是一句话:"为了每位教师的成长。"

【要点提炼】

为了每一位教师的成长,这是教师教育课程标准的灵魂、根本理念。

《教师教育课程标准(试行)》整个研制过程,主要做了三件事:

(一) 专题研究

专题研究当中有一个国际比较。我们对20世纪80年代以来国际上教师教育改革方面的许多文献进行研究,发现当时整个世界已经形成一个教师教育改革浪潮,一个编制标准的浪潮。其中,不管是欧美国家,还是中国香港实际上都有一个核心思想,就是教师这个专业究竟是什么?

多年以来,教师社会地位虽然一直在上升,可是有人根本就不承认它是一个专业,或充其量不过是半个专业。可是,专业组织有一个明确的临界点,教师专业是专业的专业,没有教师这个专业,世界上其他的专业不可能会有。这就提出一个非常重要的命题,就是教师要专业化,而且教师需要终身学习。当时大概是香港公布了一个相当于我们教师教育课程标准的一个文本。它题目非常有意思,是"学习的专业、专业的学习"[①],认为教师专业是学习的专业,而且是终身学习的专业,所以教师要进行专业的学习。

而且今天所谓教师成长,当然不是一两个,或者只是特级教师的成长,他需要每个教师的成长,而且需要教师团队的成长。这一点是我们这次《教师教育课程标准》非常强调的一个基本思路。过去我们都是从高级教师这个角度出发,注重教师的个人发展,培养特级教师,好像有这么一部分人就行了。其实不行,关注小部分教师,无济于事,需要靠整个团队的打造,才可以打天下。

> 钟启泉等.教师教育课程标准的国际比较研究[J].全球教育展望,2008(9).

> 【观察者点评】教师专业究竟是什么?带着问题,继续往下读……

> 【观察者点评】教师的专业与终身学习有什么内在必然联系?如果一个老师常年不读书这对他的职业发展会产生哪些不良影响呢?我甘心做这种老师吗?

---

① 2003年11月,香港师训与师资咨询委员会为推动教师教育的发展,下发了《学习的专业·专业的学习:教师专业能力理念框架及教师持续专业发展》文件,包括教师专业能力理念架构和为教师的持续专业发展制定的一套具有方向性的框架和方案。http://www.emb.gov.hk/ednewhp/teacher/cp-dp/chinese/home.htm,2003.

【反思】

　　过去学校往往特别注重品牌教师、特级教师的培养与宣传,现在强调培养教师团队,其意义是什么?这对我的职业发展会产生什么影响呢?提出了哪些新的要求?

_____

_____

【要点提炼】

　　1. 教师的专业不仅是学习的专业,而且是终身学习的专业。

　　2. 教师的发展培训,不再仅仅针对培养高级教师、特级教师,更需要打造教师团队。没有教师团队的发展,就不会有教育教学质量的整体提升,就难以做到为每一个孩子而教。

【要点提炼】

　　中小学教育关键是要打好基础,打好健康的基础、知识的基础、做事做人的基础,办好基础教育,心态一定要沉着冷静,目光要远大,戒急功近利、戒浮躁盲动。钟启泉先生说:"在美国,大学一二年级,人家是基础教育,不是专业教育。"人生的不同阶段有不同特点,教育亦然。

此外,通过国际比较,我们有如下发现:

1. 教育信念在我们国家是非常淡漠的

　　这很成问题,尽管今天已经推行课改十多年了,但是我们的教育思想还是混乱不堪,比如一些中小学致力于搞拔尖型创新人才培养基地建设,这个提法本身我觉得很有问题,简直直达云端了,不入地的,我说这不是单纯的浮躁问题,而是狂躁!

　　今天是大众主义教育时代,这个大方向已经不可逆转了,但相当多的学校,根本就不动,以不变应万变,一部分学校则乱动。某中学每年输送40个学生进清华、北大,好像不得了,但是在美国,你们知道嘛,美国公立学校的校长、教师,他有一个非常清晰的教育信念——"为社会公正而教"。10年课程改革以来,有多少真正以课程、课堂为中心点的改革经验?搞这个活动、那个活动,有些学校几乎每个月都要搞一两个活动,可是课程不变。**课堂不变,学校不变;课程不变,学校也不会变,离开课堂、课程,讲改革,没用的!**所以这个教育信念,我们没有。

【要点评议】

在讲座现场,钟启泉先生列举了好几个典型例子,说明新课改背景下有些学校"不动"或"乱动"的现象,随后提到美国公立学校的校长、教师具有非常清晰的教育信念"为社会公正而教",以此方式发现差距,目的落在学习发达国家的长处、优势,努力实现自我赶超、稳步发展。教育事业确实关乎孩子的命运,关系到千家万户的未来,关系到民族、国家的发展希望。教师的工作承载着无限的希望。公正地对待每个孩子,这是优秀教师的基本素质;"为社会公正而教",这是建设民主社会、现代国家的必要条件……总之,大到国家社会,小到教师个人成长,教育信念都至关重要。唯有建立信念以凌万有,才可以抵御功利思潮的侵袭,坚守教育的育人本真,延续以自由求真理的光荣传统,捍卫师者的尊严。另一方面的启发就是,通过中美基础教育的国际比较,的确可以开拓我们教育者的眼界、眼光,没有广博的视野,难得有博大的心胸。

2. 教育敏感性

这是非常根本的一个专业素养,我们教师有吗?没有啊。几乎全国各地都有这么一个活动,把贫困学生请到台上来,当众发给他助学金。这个你要想一想,在台上所谓的贫困学生,他无地自容啊!你给他一个精神创伤,给他带一个贫困学生的帽子,缺乏起码的教育敏感性。可是,美国的中小学,他们的文具都要统一买,下课再交还给老师。为什么?生怕富人子弟买了豪华的铅笔,在穷人孩子面前显摆,从而给那些弱势家庭的孩子带来精神创伤。这个在欧美国家是非常重视的东西,我们却根本视而不见。这个是专业问题,你不要以为是小问题。

【反思】

教师教育该如何培养教育敏感心?这是一个久被忽视的课题。教师需要敏感心,需要同情心,需要人文底蕴。一说好像都知道,关键要把这些与自己的日常教育实践贯通,做到水乳交融。

【要点提炼】

《教师教育课程标准》文本提到的三大范畴分别是:教育信念与责任,教育知识与能力,教育实践与体验。其中教育信念与责任是最高范畴,直接关系到教育知识、能力,教育实践体验等方面。教育信念与责任,也是教师教育过程中非常薄弱的环节,如何加强、培育也是一个难点。

【要点提炼】

教育改革与教师教育同步发展,这是必然要求。即使制度层面没有跟进,教师个人也要跟进,主动研修、自习,否则就要落后了。另外,中小学课程改革实践发展迅猛,问题多多,这些都倒逼着师范院校改革师范生培养体系,更新育人理念,唯有如此才可能为中小学输送合格人才。

所以《教师教育课程标准》文本中,我们对"教育信念"这个问题提得很高,三大范畴中"教育信念与责任"这是最大范畴,其次是学科知识及能力、儿童知识、校内外管理、学习管理等等。此外,针对课程实际,我们发现发达国家自20世纪80年代以来,还是按照开放的模式来抓,而且实践、理论、教材一体,这些都是非常宝贵的经验,值得我们学习。

(二)现状调查

我们用问卷调查、深度访谈和文献分析,调查遍布全国各地、各个层面的人员,涉及的机构也比较多,特别是分析了140几个省属师范学校改革开放以来的培养方案,重点分析其中64所师范学校的教师课程方案。我们发现以下几个突出问题:(1)现行教师课程的总体难度与价值认同度不高,分别是35.4%与41.8%。(2)最突出的问题是课程开设不规范,比较随意混乱;课程结构和教育方式过于简单;教育实践课程太多;教育素养不能满足基础教育改革的需求,甚至还不可能满足教师教育自身持续发展的需求。由此,我们得出一个基本结论:现在我国教师教育整个局面是远远落后于中小学的课程改革。一般来说,国际上大范围基础教育改革推进的时候,教师教育改革机制同时推进。可是,我发现师范学校的保守势力非常严重,反而到中小学,哪怕是云南、四川这些地方,热情很高涨,而且观点很鲜明,脑子很清楚。

(三) 开专家座谈会

以北京为中心,东北西南,开了好多这种专家座谈会。这些活动当然很花时间,所以经过 8 年才形成了这个文本框架。

【要点提炼】

制定本次教师教育课程标准的基本思路:一是国际比较,二是现状调查,三是专家座谈会。

二、基本要点、基本理念解读

(一) 基本要点

《教师教育课程标准》究竟包含哪些要点呢?

1. 教师专业发展

《教师教育课程标准》是贯穿教师专业发展的一条主线。

所谓教师专业发展有两个为重:为了每一个教师的发展,为了教师团队的发展。

【要点评议】

《教师教育课程标准》贯穿全文的主线是每一位教师的专业发展,是教师团队发展。这里涉及几个重要概念,如"教师"、"专业"、"终身学习"、"教师团队"等。随着教学实践的变革,不同时期的教师拥有不一样的内涵特征。"从历史的角度来看,我国的课程实施或教学主要有三种类型:一是基于教师经验的课程实施,二是基于教科书的课程实施,三是基于课程标准的课程实施(教学)",我国在很长时期都是基于教师经验的教学,这一阶段教师主要属于经验型教师,教师个体的经验决定了教学内容及教学方法,如私塾先生。清末时期,我们引进西方的现代学科及教科书等,同时开始培养现代意义的专业教师,实施基于教科书的教学。这时期的教师可称为科班教师,为教好课本,要求教师必须具有学科的专业知识与技能,教师成为一个专业,主要职责是教学生学习书本知识。

21 世纪初,我国出台了各学科的课程标准,确定以人为本的根本理念,推出"三维目标",要求各学科教师基于课程标准展开教学。新的教学范式,要求教师要有课程意识,不仅要教教材,更重要的是使用教材来教,教材不再是中心,而是促进每一位儿童全面发展的手段、中介,除了教学生掌握课本知识,更重要的是要教会学生学习,教给学生方法,还要培养学生的情感态度价值观,真正实现"教是为了不教"。教学重心从"教科书"转移到"儿童",这是教学实践的根本性变革。从此,教师再也不能够一本教案教到头,教师需要时时研究变化中的儿童,实施有针对性的教学。儿童的变化,时代的发展,知识的更新,迫使教师必然需要不断吐故纳新,与时俱进,终身学习,从这个意义上理解教师的专业,是"学习的专业,专业的学习"非常贴切。事实证明,每一位教师只有在完成专业教育,掌握专业知识、专业技能的基础上才能够适应教学工作要求;任何一位优秀教师从来都属于热爱学习、善于学习的人,同时也是善于教人学习、教会学习的人。学习无止境,做老师也是没有止境的,所以于漪先生曾经说过:"一辈子做老师,一辈子学做教师",斯言至哉。

相比过去,现在的教师教育有一个根本性的变化,就是教师培训对象不再局限于骨干教师、优秀教师,不是锦上添花,而是追求雪中送炭。"为了每一位教师的成长",着眼于教师团队的整体发展,这是《教师教育课程标准》的根本理念。这个根本性的变革有其深刻的时代背景。过去我们重点实施精英教育,满足于培养少数拔尖型人才。现在实施大众教育,着眼于教育的均衡发展,全面提升全国中小学的教育质量,致力于民族素质的整体提高,同时在更高平台上选拔、培养、造就更加优质的"高精尖"人才。教育发展形势的巨变,仅仅依靠少数优秀教师已经难以满足育人需要,教育质量的全面提升,迫切需要每一位教师奉献力量,需要教师团队的整体发展。

2. 课堂变革

整个课堂要变,要从"教"的课堂变成"学"的课堂。新课程改革里面,我们非常推崇建构主义、社会建构主义。建构主义什么意思?"我思故我在",你不思你怎么在? 社会建构主义,它主题是"我们思故我们在"。学生终究是学习主体,教师的教不等于学生的"学"。我们教育界要研究学生的"学"。

【观察者点评】我平时会主动去观察、研究学情吗?

现在欧美教育界有一个对我们启示很大的非常重要的研究,叫<u>学习模型研究</u>。(1)学校学习层面存在着两种学习模型:一种是传递式的学习模型,一种是建构式的学习模型。

【要点评议】
  学生不再仅仅是"受教育者",而是"学习的主体";学习不仅仅是一个接收信号的过程,更是一个基于批判的积极反思、主动建构的独立行为。发明、创新,不仅需要有厚实的知识积累,更需要有自由的心灵、批判的意识以及独立人格为底座。课堂是学校改革的中心,从"教"的课堂变为"学"的课堂,意味着学校文化、功能的整体改革。日本教育家佐藤学认为,"课程改革的基本作业就在于,把寻求效果和效率的'目标-成就-评价'的单元模型,重建为把学习作为有意义的经验组织而建构的'主题-探究-表达'的单元模型。以具体的教育目标来设定课题,以教学过程的效果和效率为标准加以实现,然后用测验来量化评价的'目标-成就-评价'的单元模型是仿效大工业生产的流水作业而形成的课程框架";"在'主题-探究-表达'模型的课程里,有效地习得教科书的百科全书式的知识,并不是目的,而是寻求这样一种实践:以主题为中心组织活动式、合作式、探究式的学习过程,不是用测验来测定其结果,而是借助文字报告、编书和戏剧创作的方式来表达,借以达致儿童学习经验的文化价值、社会价值、伦理价值的实践";"以大型工厂企业的流水作业作为原型的'目标-成就-评价'模型的课程,改造成为以学习的个性与共性为基础的'主题-探究-表达'模型的课程,这种改革运动在世界各国以儿童为中心的学校里,展开了将近一个世纪了,至今还在继续";"以大工业生产的流水作业为原型而组织起来的课堂和课堂的组织,如今正面临巨大的转折点"。总之,从"教"的课堂变为"学"的课堂,有助于培养出一批批善于学习、勇于创新的人。

今天要求培养的人,当然不仅是现成知识的占有者,而是会学习的人,所以需要<u>从传递式的学习模型转型为建构式的学习模型</u>。(2)要从传递式转型为建构式,你就要<u>研究这个学生,他有不同的学习方式、不同的特征</u>。(3)紧接着你怎么面对这些不同的层面、不同的学习方式,<u>给他提供一个学习的支持</u>,这就是我们所谓的教学研究。我们不是要以教师为中心。所以真正谈起课堂来好像很简单,但如果观念不变的话,那做起来不可能有效。

那么对这个"学的课堂"有三个层面的认识:(1)从定型化教学转向情境化教学。

【要点评议】

"对于情境(situation)有多种理解,到底 situation 是什么意义?西方到 1990 年代以后提出的是 situated learning,用的是分词,是从动词 situate 过来的,这个词的确切翻译是'置身于……中'。什么东西置身于什么东西之中?我想有三种理解:第一,可以是人,强调'我'在学习的过程中,可以置身于什么相关的东西之中。第二,可以说我们创造的知识其本身在一定的情境中。从设计的角度看,这是不同的设计维度。另外,从知识体系来说,整个知识它发表的时候是一个完整的体系,那么也可以说我们要传授的 knowledge(知识)是如何 situated(置身于)structure(整个知识的结构)中"。基于 situated learning,情境化教学注重个别知识与知识体系的关系,将个别知识放在知识系统演化背景下来理解,引导学生明白知识的来龙去脉;注重知识的发生、使用情境,从动态使用的角度来引导学生活学、活用;注重引导学生置身于学习情境之中,调动眼、耳、鼻、舌、身各种感觉器官,来获得新的意义体验。

过去我们所谓教学研究就是搞一个模式、几个案件、几个步骤,然后大量地去套。不对呀,现在日本中小学,他反对这种定型步骤。教学步骤是广式的东西,教学方法也是广式的东西,这位老师上课用这种方法,那位老师上课用另外一个方法都可以,没有什么绝对的。什么是根本的事情呢?这就是情境化,而不是定型化。如果说是定型化的话,今天这个技术水平,都给他录像,定型都可以做到的。为什么还要教师、人的教师,就是因为要情境化教学。(2)从建设性实践走向法则性实践。不是照本宣科,现在好多老师,教案写得非常详细,然后我来上,第一不应当有这么一个东西,第二即便有的话,那好,你可以不用了。(3)理论实践化,实践理论化。实践就是知识。其实我们好多教师,他有经验,可是他倒不出来,他是隐身的知识,没有显性化。要把幕后的知识给显性化,这就是实践理论化的一个课题,我已经发表文章,不细展开。

【要点评议】

　　整个课堂教学要从"教"的课堂转变成"学"的课堂，这反映了时代发展的根本诉求。自20世纪90年代起，知识对工业化国家经济增长的贡献率已超过其他生产要素贡献率的总和，成为一个最重要的生产要素。这意味着人类已迈入知识经济新时代。知识经济的核心是科学知识的生产及应用，本质上需要创造性的脑力劳动，由此可见，知识经济时代对教育实践的根本价值诉求是创新精神与实践能力的培养。过去那种以知识传递为轴心的教育运行方式已经滞后于时代发展需要，新型的教育实践根本的价值不是传递知识，而是在传递知识的同时，培养有良知的创造型人才。育人旨趣的重大变革，要求调整教与学的方式，以教师、教科书、课堂为中心的教学模式也在悄悄地发生变化，以生为本、以学定教、先学后教、学有所教等教学理念及方式纷纷涌现，教育界逐渐意识到研究学生的价值、意义，认识到学生才是学习主体，教师的教不等于学生的学，优质教学迫切需要基于学生的差异及多样性，实施有针对性的教学，从而为学生的高效学习提供有力支持。于是不同的学习方式及学习风格开始受到尊重，学校学习不再局限于传递式的学习模型，建构式的学习模型迅速发展起来；教学方式也从定型化教学转向情境化教学；隐性知识越来越受到重视。教学研修方式、教师成长规律也必将随之发生重大变化，详见下文论述。

3. 教师团队问题

教师之间不是一个紧张竞争关系，而是一个集体关系。在这一点上，应试教育和素质教育有一个非常大的分水岭。现在好多老师其实对应试教育还是念念不忘的，甚至有的老师经常说，理想的教育就是把应试教育和素质教育有机结合起来，胡说八道！这两种不同的价值观念，怎么有机结合！应试教育之下，学科谈不上平等，本来是基础教育的学科，所有学科都是等值的，我们现在中考高考要考的是主科，不考的为副科，畸形的！

举个例子，一次我去上海重点高中听课，高二数学课。我发现班上坐在后面的一个同学，他会解一个数学难题，但是班上其他同学不会，他故意不声张，保密。课后我就问他:你为什么不告诉全班同学,让班上同学分享呢?他非常坦然地说:不行,如果我告诉全班同学的话,那就等于说高考的时候增加一批竞争者。原来是这么回事,同学不是伙伴关系,而是敌我关系,你死我活。在他的思想当中,知识是垄断的,最好我一个人垄断,你们都不要知道,这就是知识点的伦理道德价值。你们有没有发现这个问题,应试教育,没有人去管这个东西。

【要点评议】

当社会深陷功利、无序的状态,各种优质资源或将有被少数人垄断的危险。应试教育说到底也是要不惜代价去谋求稀缺的优质教育资源,家长、学生如此,学校、教师亦然。在利益至上的功利价值主导下,教师之间要实现真正意义上的合作教研、经验共享,学生之间要进行合作学习,犹如缘木求鱼,难以达成。这就形成一个悖论,一方面人与人之间相互依赖性越来越强,仅仅凭借少数精英难以推动整个社会的发展,国家发展需要国民素质的整体提升。社会已经进入大众教育阶段,教育质量的整体提升需要促进教师合作,大力推动教师团队的发展。另一方面功利主义的社会价值导向,又将人导向激烈竞争、利益垄断、相互分离的境况。要有效解决问题,就需要谋求学校教育文化的创新,走出历史的泥潭。丁念金教授说:"从文化学角度看,人类自古以来,在整个社会文化中占主导地位的文化是利益文化,现在应该实现大的转变——转变为以素质文化为整个社会文化的主导",并且将教师考核评价纳入素质文化视野。按照丁念金教授的理解,素质文化的要点是:"人是这个世界上最美好的存在,而人并不是一个空洞的躯壳,人的实质内涵是人的素质","人的素质发展是实现美好社会的首要内涵","提倡将人的素质发展作为整个社会的核心","人的素质发展是和谐社会和和谐世界建设的根本"。学校基于素质文化的背景,就能比较容易地改变学生之间、教师之间的利益争夺关系,学会分享,减少内耗,建设良性互动的教师团队。

但是反过来看,欧美国家所谓知识点教育是什么意思,是知识分享、知识课程建构,天差地别!有人写了一本书,他的观点就是说,中国的基础教育不输于美国,比美国要好。我说不对吧,我们已经输在起跑线上了。当我们的普通高中生,为高考多考几分担心的时候,美国的高中生在干什么,课后在研究潜水艇。我们的幼儿园,一星期就是识字,美国幼儿园在干什么,观察小鸡破壳的全过程,然后对话,然后想象蓝天白云,他们是大教科书,我们从幼儿园开始就束缚在主题上,你怎么不输。这是一个主线,可见教育是怎么回事,需要有个判断,教育是人性化的事业。

【要点提炼】
研究儿童,是教师成长的必要条件。

(二) 基本理念

1. 育人为本

以人为本,我的本意是儿童为本。今天中国教育界哪怕所谓的专家都不知道什么叫"儿童"。还有些教育专家连"三维目标"是什么东西还不知道。我们在座的可能也会有这个疑问的,"双基",好得很,干嘛要丢掉。(1)"三维目标"。翻开发达国家的教学标准、课程大纲看看,哪一个不是"三基",不是三个目标。"双基"哪里来的?从苏联搬过来的,但是苏联早在1959年就说"双基"是违背马克思主义的,早就丢掉了。(2)学科内涵。学科起码有三个元素组成,第一构成这个学科的基本概念、基础知识;第二这个基本概念背后的思考方式、运筹方式、操作方式;第三这个运筹方式,思考方式,操作方式背后的价值判断,起码的价值观肯定会有的。这三大因素不就是三维目标嘛,天经地义。(3)发现儿童。教师的对象是儿童,什么叫儿童,0到18岁叫儿童。教师要成为教师的一个前提条件,即教师是儿童研究者。所以你的工作就是发现儿童、认识儿童、尊重儿童。什么叫发现儿童?所谓发现儿童就是:①儿童是人,不是狗。多少年来,我们小学老师,非常相信训练,语言的训练,想法真是好。但他是人,不要把学生当做狗来培养,马戏团训练狗它也是训练,学习里面有训练的要素,但是不能等同于训练。②儿童是儿童,他不是成人,有多少儿童变得成人化。③儿童是不断变动的。所谓观察儿童、研究儿童,其实就是两个原理,一个是儿童在成长过程当中,今天考试,考的是这个结果,不过考过以后,他就变了,你不能把考试当成标签给他贴上去。二是他在人际关系当中,人际关系复杂了,跟父母亲的关系,跟亲属的关系,跟伙伴的关系,跟社会各色人等的关系,你不能随便下结论。

【要点评议】

  从现代教育的发生来看，卢梭从人的自然天性出发，对成人化的儿童教育进行猛烈抨击，他认为教育要适应儿童内在器官和才能的发展，"按照孩子的成长和人心的自然的发展而进行教育"；教育必须从儿童的兴趣、爱好出发，不灌输任何传统观念；通过儿童自身的实践活动来学习，"以世界为唯一的书本，以事实为唯一的教训"；在学习过程中强调发现，"问题不在于告诉他一个真理，而在于教他怎样去发现真理"。赫尔巴特从学生个性健康发展的角度，也提出尽可能不侵犯学生的个性，注重培养儿童多方面的兴趣、爱好。实用主义教育大师杜威更是强调儿童的主体地位，"儿童是起点，是中心，而且是目的。儿童的发展、儿童的生长，就是理想所在。只有儿童提供了标准。对于儿童的生长来说，一切科目只是处于从属的地位，它们是工具，它们以服务于生长的各种需要衡量其价值"，"儿童变成了太阳，而教育的一切措施则围绕着他们转动，儿童是中心，教育的措施便围绕他们组织起来"；针对过于注重书本知识的状况，杜威强调"做中学"，以经验作为主要的课程内容。

  随着现代教育思想的发展，以研究儿童的行为表现及其发展的专门学问——"儿童学"逐渐发展起来。根据方明生教授的研究，美国心理学家斯坦利·霍尔(G. Stanley Hall 1844—1924)开创儿童学的早期研究。美国奥斯卡·克里斯蒙(Oscar Chrisman 1855—1929)最早提出"儿童学"这一概念，他将"儿童学"视为研究儿童本体及其发展的纯科学。在克里斯蒙的影响下，儿童学逐渐被重视，尤其是19世纪末，儿童学作为对儿童展开全面研究的学问风靡欧洲。世界上其他地区如苏联、日本也早已出现对"儿童学"的研究，1920—1930年间，儿童学作为一门科学在苏联兴起研究热潮，维果茨基(Lev Vygotsky 1896—1934)是当时的主要代表。1996年，日本设立"儿童学研究所(CRN Child Research Net)"，从2002年开始，日本各大学设置"儿童学"本专科专业，以培养儿童问题的专业人员，到2006年5月，日本全国有63所私立大学新设"儿童学"系、"儿童学"专业。

  所谓尊重儿童，讲到底就是保障每一个学生的学习权。这个观点，我觉得也是没有的。我举个例子,教育部在1986年曾经公布了一个《义务教育法》,我从专业角度来说,这个《义务教育法》存在不少问题,有待改善。国际上《义务教育法》有两个标准,第一免费教育。免费教育是强迫政府一定要拿出税金来办学。第二就是强迫家庭一定要送子女入学。所以《义务教育法》一直在修订,终于在2006年修订好了。修订的《义务教育法》我认为也不到位,但是毕竟好多了。前面讲"人民教育人民办",后面讲"人民教育政府办",一个人民办,一个政府办,不一样的。所以今天所谓的大众主义教育和这个学习权,其实要求是很高的,如果这个班上、这个学校有一个学生没有落实这个学习权,对不起,绝对不能算是好的班级、好的学校。

【要点评议】

教育基本理念的确立,总是与时代发展紧密相连。在我国封建社会,妇女、儿童都是没有地位,没有什么权利的,属于"沉默的历史"。晚清以来,随着西学东渐,现代启蒙思想陆续输入,卢梭、康德、杜威等人渐为学界所熟知,发现儿童、解放妇女的思想观念逐渐在中国的土地上传播开去,这便成为"五·四"新文化运动的核心内容之一,从此开启了中国现代化之旅。在教育领域,从晚清提出要尊重儿童兴趣、发挥儿童的能动性,到民国初年接受杜威思想,提出儿童本位、"做中学"等,至今已经有百余年。教育要以育人为本,其中的"人"在现代社会理应是具有平等人格、尚待发展的儿童,他们有自己的兴趣爱好,有自己的喜怒哀乐,有自己的潜能、优势,有自己的世界。教育教学应该尊重儿童的所有这些,与他们的生活世界对接,促进潜能开发,推动他们全面发展。在这个过程中,学生始终是学习的主体,学习的权利是他们的基本人权。保障每一位儿童平等地接受教育,促进每一位儿童充分发展是现代教育的应有之义。

2. 实践取向

今天我们的名牌校长张口闭口卓越教育,好像卓越是名牌学校的专利。不对的,所谓卓越就是要使得每一个学生,哪怕是很困难的学生,也能够达到他能够达到的高度,尽最大的努力达到他所能达到的高度,这个就是卓越。教育里面的卓越有它特定的解释,一个儿童本位,二个实践取向,教师的学习是在实践中学习。

(1) **教师首先是一个反思性的实践者。** 一个老师你没有多年的实践，别想成为行家，当然经过多年的实践，也未必成行家，所以还要在实践上面再加一个什么反思，反思加实践可能成为行家。

【观察者点评】想一想：我是反思性实践者吗？

(2) **教师的工作特点是在理论指导下实践。** 老师要有好多教育基本概念的建构，同时你光有理论没用，套用理论也毫无用处，他应该明白这个实践是变化多端、复杂多变的，需要你有一个现场的智慧、随机应变的能力。这个就是教师的教学风格。他的形成过程其实没有那么简单，教师要形成自己教育风格的话，起码要三个前提条件。①研究儿童成长。②要吃透教材。③有自己的教学主张、教学追求。

(3) **教学实践能力是教师成长的核心。** 你上不了课，要成为好教师，不可能的。怎么成长、培养呢？一定要像医生，要通过案例的打磨才能形成。所以我们新的教师教育课程标准强调教学案例分析。

【要点评议】

教育是实践之学，教师是行动者，学生是我们的工作对象，学生的问题、差异都需要我们去研究，学生的茁壮成长是对我们工作的最高褒奖。实践离不开理论指导，没有理论指导的实践必将陷入"盲动"；实践需要经验支撑，而经验的提炼需要适时反思；反思性实践是教师成长的助推器。以教学实践为对象，反复分析、琢磨研讨这是教师进步、提升的基本方式。

3. 终身学习

对联合国教科文组织的文献，我做了一个梳理，它的提法有三个阶段：早期阶段说，教师工作是一种专业；第二阶段说，教师工作是一种学习的专业；第三阶段说，教师工作是一门终身学习专业。**专业，学习的专业，终身学习的专业**，越来越清晰，所谓"学习专业，专业的学习"，这是香港的一

【要点提炼】

教师教育课程的改进、提升，需要强化"自下而上"的提升过程，需要"重心"下移，面向学习者来设计、组织实施，致力于教育教学理论与教育实践的链接、互动。

个提法，我觉得非常好。那么国际教师教育它有三条定例，**(1)教师教育课程越是基于学生者的内在需求，越是有效。(2)越是扎根于教师的切磋经验，越是有效。**实际上就是要求教师之间互动，进行一个案例的切磋，然后来分享。**(3)越是细致地反思自身的经验，越是有效。**这是国际上教师教学非常明确的要点，我们的教师教育课程，我觉得也是非常适合的。

三、教师教育课程目标与课程设置解读

《教师教育课程标准》将课程目标分成幼儿园、小学、中学三个部分来归纳，每个部分又分成目标领域、目标、基本要求三个层次。另外，我在前面所提到要用三个领域来做成一个支架，按照幼儿园、小学、中学系列分别提供教师教育课程框架、内容框架、最低分框架都是在调查我们整个国家当中示范学校基础上取一个底线，然后按照这个底线来做规定。内容框架用的是建议模块，这次教师部分设三个维度，分别是加深实际理解、解决实际问题、提升自身经验，这三个问题都非常重要。学习领域、建议模块、学分要求这些应该作为课程设置的三大要素。

【观察者点评】前面提到的是哪三个领域呢？
_____
_____
_____

要落实这个课程标准，就要做好三大研究。因为教学就是一个三角形模式，这三角形分别代表着三个基点，学生、教师、教程。只有这三个要素之间互动才可能形成教师教育的一个构思。这三个基点还是一个非常薄弱的环节，所以在教育部的一次专家座谈会上，我就提出这个问题，**要聚焦三大研究，建立国家级的三大研究中心，为教师教育课程奠基。**

（一）学生研究

1. 儿童心理研究。因为我们受到凯洛夫教学影响，当年**维果茨基**的儿童心理学被忽视。当然我们改革开放这么多年，正在打破这样一个局面。

2. 儿童学研究。欧美国家从来没有间断过儿童学研究，但我们这么大的一个国家，到今天还不知道包括最近"童年的消逝"这些东西。当我们在启动新课程改革的时候，我们旁边的日本，从 2001 年开始 100 所以上的大学都开设儿童学专业，开设儿童学课程。他们的课程都非常接近现实，比如说儿童医学、儿童与成人、

陈永明,方明生,高湘萍.儿童学概论[M].北京：北京大学出版社,2013.

儿童与福利、儿童与社会和家庭、儿童与风俗、儿童与歌唱、儿童与造型、儿童与游戏、儿童与运动、儿童的语言、儿童的表达，这样的课程多得不得了。这可以帮助教师在理解儿童概念的时候，不会是一个抽象的概念。而这样的东西我们有吗？没有。我们国家有各种各样的研究所，甚至连茅台酒都有研究所，唯独没有一个正正经经国家级的儿童研究所。

3. **脑科学、教育神经科学研究**。华东师大现在建立了一个这样的课程。今天我们的教师可以通过脑科学的研究，直接了解一个小学生，比如说他在算数学题的时候，他的大脑是一个怎样的活动过程。今天国际上对它的反应很好，这个专业非常吃香。日本整个教学界都在讨论，教师一方面要懂得教育科学，另一方面要懂得脑科学。

> 周如仙.教育神经科学引论[M].上海：华东师范大学,2009.

（二）教师研究

要从文本的课程，变成设计的课程，最后变成学生吸收的课程，这些课程编制的主要原动力、活力、产生的源头应该是教师。但我们现在对教师学科研究的教育力量非常单薄。关于教师成长的研究，国际上现在很有市场，都会有合理的一面。发达国家早期的所谓教师专业发展，它和我们今天完全一样，看看教师知识积累的程度怎么样，从知识上的积累来区分教师的专业程度，达到今天我在前面讲到的社会公正，成为一个最高标准。这一块包括教师个人成长、教师团队成长、师生关系研究，其实我们都没有很好地展开这些研究。

（三）教程研究

如果要谈到教程的话，有很多概念需要弄清。课程标准里面的教育内容，它和教程完全不是一回事。教学课程也是一个教育媒体，也是教授教育内容的一种媒体。对于老师而言有一个观点非常重要，就是要用教科书去教，教程开发的主体是教师。

> 【观察者点评】这里的"三大研究"是什么？
> 1. _____
> 2. _____
> 3. _____

四、实施建议解读

实施建议里面也有好几条线，最重要的是设计、设施、评估、改进，这些东西各位老师大家去看看文本本身就会非常清楚了。这个教师教育课程标准，只不过是一个框架，给你提供一个领地，至于你在这个领地里怎么种植，你要种植些什么,我觉得大家都有自己的自主权。所以希望在实践层面能够根据课程标准的精神,不断地丰富、开发课程资源。

(一) 基本条件

如果要开发这个课程资源,我觉得要有接近的条件:要接近国际教育学术层面。国际教育学术层面是什么意思呢?在 20 世纪 50 年代以来,随着认知心理学的发展,有一大批的学科跟着出来了,包括我前面讲的脑科学,整个都发生改变,但我们国家却一无所知,还沉醉于教学系统里面。

【要点提炼】

这里需要学会辨析"教教材"与"用教材教"的区别,合格教师将不会满足于"教教材",而是努力做到"用教材教",为促进学生成长服务。

要接近中小学改革层面。现在中小学真的有很多好校长,他们都非常有思想。我最近又翻译了两本书,一本是《学校的挑战:创建学习共同体》,另一本是《教师的挑战:宁静的课堂革命》。

(二) 中小学改革

1. 学校改革一定要从内部开始

如果一个学校的老师、校长没有愿景,没有改革的愿望,那么全都白搭了,哪怕给他们再好的教程,也都是打水漂的事。

2: 课堂与教师的变化

课堂不变、学生不变,课堂若变,教师要变,教师的角色也要有变化。教师怎么变?就要课例研究。怎么进行课例研究?(1)规定每个老师一定要上公开课,这个公开是指老师之间互相切磋、互相研究的过程。规定一个老师一年一定要上三节公开课,每一节公开课的后面,都要有两节课时的研讨。(2)老师上课要引进三种活动,这样教师一言堂的情况就自然会得到缓解。第一种活动是,教师编制的学生自主活动作业。这相当于杜郎口的经验。第二,小组讨论。你去欧美国家听课的话,你就会发现没有人像我们老师这样一直在准备讲什么东西,然后由老师一个人一言堂。都是小组讨论的形式。第三,简短分享。就是不同小组、不同专题,进行不同的讨论,然后再让学生们进行简短分享。以上三种活动一旦引进到教育当中,教师一言堂问题就自然瓦解。

3. 教师的教学研究

老师的教学研究就是做三件事情。如果这三件事情,一个老师做上三到五年,那么这个老师一定不得了,他一定可以成为教学能手。**(1)倾听**。倾听有三大含义,一是有针对性地去倾听学生发言,看看他的发言和课文之间有什么关联?就是去看学生的发言,跟课文的哪一句话、哪一段会有什么引出来的东西,学生是怎么理解这篇课文的。二是倾听这个学生的发言,看看同其他学生的发言有什么关联,这是为了解差异,因为每个学生的理解都会不一样。三是倾听这个学生的发言,看看跟他以往的发言会不会产生什么关联,这是为了解这个学生的成长状态。这是一个优秀的教师,要做的第一件事。

【要点提炼】
通过倾听,了解学情。

(2) 老师要去串联、连接,将不同的反映都给串起来,形成一个不同概念的一幅画面,形成一个清晰的概念图,这就是所谓老师、教学的生成力。好的老师不仅可以把学生好的方面给串起来、连接起来,而且可以把不那么好、甚至是有问题的方面给串联起来,形成一幅逻辑图。如果可以做到这样的话,那么他就是一个真正的好老师。因为任何学生的发言,都是一个精彩的发言,这样的老师都有办法把学生的发言都给连接起来。

(3)反刍。你要不断地回味、反思、回想等等,这是老师在教学过程当中应该不断去琢磨的事情。老师的必要性,并不是说要去研究教学步骤,老师的教学也不是说要去研究哪个方法好。所有教学步骤、教学方法的好坏,这些都是些表层的东西,但研究这三件事情肯定会非常有好处。

(4)怎么来听课、怎么来评估。他们学校非常反感一种听课、评估,就是居高临下的那种听课、评估,就像法官审判犯人那样去评估。如果这样的话,谁还敢来上这个公开课?因为谁来上都会挨批,而且都是一些抽象的议论。就比如说我认为缺点怎么样,优点又怎么样,或者是我认为什么方法好,我觉得这样的点评就没有意思了。**新的听课评估文化,就是为了强调聚焦三个问题来讨论**。第一,我通过这个单元,我发现你这个班上的学生有哪些成功的方面,不同的老师会有不同的发现。第二,通过这种单元化的形式,不同的老师就会发现不同的问题,就比如说我发现你这个班的学生有哪些问题需要补救。第三,我从主讲老师身上学到了什么,不同的老师会有不同的角度,从不同的角度会有不同的发现,这样他们就会以不同的角度去发觉主讲老师的闪光点。如果这样听课评课一旦制度化,全面启动,那么这个学校就会不得了。

【要点评议】

  教师要反思、教师要研究,可是如何反思、如何研究?这一部分就解释得非常清楚,操作性很强。首先,教师要真心想改进、提高,有改革愿景;其次,要聚焦课堂,转变教师角色,要做课例研究,如要上公开研讨课,要改变一言堂的状况;再次,要做教学研究,要学会倾听、观察,要学会分析、思维,要善于反思、总结。最后,要建设新的听评课文化,发现学生的成功方面,发现学生需要改进的问题,发现教师的亮点。

五、小结

  我在前面也讲了,教学风格形成的三个条件,这里也要归纳下。在形成教学研究的背景后,实际上意味着我们老师还有新的教育概念要建构起来。

> 夏正江.一个模子不适合所有的学生·差异教学的原理与实践[M].上海:华东师范大学出版社,2008.

(一)差异教学

  因为你面对的都是有差异的学生,都是一群不一样的学生;一个班级集体他们也都会不一样。越是一个集体,他们的集体思维就会越活跃,这是国际心理学研究的一个通论。但我们今天强调的是分层教学,要把层次分得干干净净,分层教学它落后于时代发展。差异是好东西,没有差异就不会有对话,所以有一句话我非常欣赏,"一切的差异万岁"。如果人类整个社会没有多元化,那么人类社会也就完蛋了。所以要把差异教学这个重要的概念确立起来。

(二)对话

  不是以灌输的方式教给学生知识,而是要以对话的方式。什么叫对话教育?仅仅是问吗?满头问和满头灌是一回事。对话教学它有三个精神:(1)老师怎么去引导学生,让学生跟客观世界进行对话。就比如说和电脑对话、和太空对话,和手表对话,这是一种见多识广,认知性事情。(2)老师怎么引导学生,让学生和他人对话,跟人对话,这一定是社会交往的过程。(3)老师怎么引导学生,让学生跟自己对话,怎样跟自己的内心对话,这是一个伦理的道德过程。我讲了三个事件,认知性事件、社会性事件、伦理性事件,三种事件、三种对话三位一体,这就叫做对话教学哲学,我估计这个教学在以后会成为衡量一个老师、学校非常核心的标准。反过来看看我们教学是怎么做的？它连第一个对话认知性的事件都做不到，这个教学观念就是老师讲学生听，老师在课堂上从他嘴巴里流淌出来的是滔滔不尽的真理，这就是现在教学的灌输形式。所以贴近中小学改革，是一个非常重要的事情。

（三）贴近教师

这是教师自身的教学改造问题，这里的问题会更多，这个我就不去展开讲了。

我今天讲的这些都是文本背后、甚至是解读背后的一个思路，最后我要说的话，就是我非常喜欢的一句话"君子和而不同，小人同而不和"。前一句话是素质教育的标志，后一句话是应试教育的标志，这是两种教育追求，它们是不一样的东西，所以大家不要把它混到一起。

现在讲起来教育的改革非常容易，但要是做起来却非常的困难，要牵涉到好多的观念、好多的体制等问题。所以真正的改革，它一定是观念和体制同步的改变，观念变了体制不变，这样就白搭了，体制变了观念不变也白搭。现在我们改革当中遇到的好多问题就是因为这些，所以要把体制和观念的改革同时来进行。

我想这个教师教育课程的标准，实际上是期待我们国家所有的师范院校可以根据自己当地的实际情况，创造出一个自己的、体现时代特色，也可以体现改革精神的新教师教育课程。没有好与坏的意思，没有强制的意思，你可以有一个自由的天地，这就是非常重要的教师教育课程改革问题。谢谢。

资源链接

1. 钟启泉，等.我国教师教育课程标准的建构[J].全球教育展望，2005(1).
2. 钟启泉，等.从"师范教育"走向"教师教育"[J].全球教育展望，2012(6).
3. 钟启泉.教学实践与教师专业发展[J].全球教育展望，2007(10).
4. [日]佐藤学.课堂改革：学校改革的中心课题[J].钟启泉，译.上海教育科研，2005(11).
5. [法]菲力浦·阿利埃斯.儿童的世纪：旧制度下的儿童和家庭生活[M].沈坚，朱晓罕，译.北京：北京大学出版社.2013.

后续学习活动

对照教师专业标准的要求,思考自己的教师生涯规划,运用"SWOT"模式,列出自己教师专业发展的优势、劣势、机遇、挑战。

外部因素 \ 内部因素	优势(Strength)	劣势(Weakness)
	☆	☆
	☆	☆
机会(Opportunities)	SO	WO
☆	☆	☆
☆	☆	☆
挑战(Threats)	ST	WT
☆	☆	☆
☆	☆	☆

第7讲　从教育问题的解决者到教育知识的发现者

张民选

> **专家简介**

张民选，研究员，博士生导师。上海师范大学原校长。兼联合国教科文组织终身学习研究所理事会理事，著有《国际组织与教育发展》(上海教育出版社)、《中外合作办学认证体系的构建和运作》(高等教育出版社)、《理想与抉择——大学生资助政策国际比较》(人民教育出版社)等。

> **热身活动**

阅读本讲座之前，请您先思考下面几个问题：

1. 为什么大部分教师往往都是知识的运用者，而没能成为知识的发现者呢？您认为其中的主要原因有哪些？

(1) _____

(2) _____

(3) _____

2. 您认为教师实际上可能发现哪些方面的知识？试举例说明。

(1) _____

(2) _____

(3) _____

> **学习目标**

通过本讲座的学习,您应该能够:
1. 向其他老师讲清楚发现教育知识的常规方式、方法。
2. 尝试运用隐性知识显性化的相关策略,提炼一点自己或其他老师的个人知识。

> **讲座正文**

各位学员:大家好。今天很有幸和大家一起来研究一下我们怎么去当一个好教师?我觉得好教师与普通教师之间的差异,就是普通教师他们是问题的解决者,只是按照自己的职业要求,去完成每个教学任务。但**优秀教师在完成教学任务的同时,更希望在教育教学过程中发现和提炼出自己的知识,所以优秀的教师就成为教学知识的生产者。**

【观察者点评】你觉得什么样的老师是优秀教师?
1. _____
2. _____
3. _____

教育的知识光靠大学教授远远不够,有几位教授也就只能解决几个教育问题,而我们在座的各位,大家每天都在解决教育问题。大家虽然解决了教育问题,但大家还没有形成教育知识,所以我觉得大家都会有成为陶行知、成为孔子的机会,问题是我们有可能只是满足于解决问题,没有立志去想出好的途径来发现知识、生产知识。**我今天和大家讲讲,我们在实践当中可以去发现什么知识,主题就是"教师从教育问题的解决到教育知识的发现"。**

【要点提炼】

优秀教师与普通教师有非常大的差别,普通教师只是按照职业要求,去完成每个教学任务,而优秀教师在解决教学问题的同时,善于总结、提炼教学知识,具有知识生产者的角色。

一、提出问题的背景

(一)世界教育发展大势

我在研究世界各国教育过程当中,**看到了世界各国确确实实都在企盼着优秀教**

师。自 2000 年以来，很多国家的文告、文件当中都有这方面的内容，如英国有《为支持教学促进教师专业发展》，2006 年，经济合作与发展组织撰写了一个报告《教师事业：招募、发展、留住高效教师》，欧盟计划实施《夸美纽斯计划》。去年我们到那里去交流，他们又出了一个涵盖欧洲各国的教育发展报告，叫《教师专业发展：国际比较中的欧洲》。可见，世界各国都非常关注教育事业，非常关注教师的专业发展，当然教育事业、教师专业的发展其实有一个过程。我觉得每个国家发展教育都有一个三部曲，或者是说四部曲。

1. 把教师和校长当作"替罪羊"

我们经常会看到，中国一发生什么问题，就说是教育没有搞好。到底是教育没有搞好，还是教育所反映的这个社会有问题？在 20 世纪 80 年代以前我国有"文革"，西方有石油危机，所以东西两个部分都要进行改革。改革的时候，中国把教师骂成"臭老九"，我当时在英国，英国也是把教师骂得一塌糊涂。总之在当时，整个世界对教师都是一片批评的声音，于是教师就成为了社会落后的"替罪羊"。

2. 教育体制改革

既然教育有这么多问题，于是人们进行了教育体制改革，好像体制改革万事就都灵了。当然体制不进行改革，确实会存在着一些障碍，但体制改革了，课堂里就会有完全的变化？这也不见得。比如说公立学校办不好，就去办民办学校。民办学校里确实有几所好学校，可是老百姓的孩子都上不起这些学校，所以体制改革也不能解决所有问题。

3. 课程改革

后来人们又把视线转移到课程改革上，从 20 世纪 90 年代末开始，我们国家进行新课程改革。课程改革后人们又发现不行，要么老师不会教，或者有抵触、不认同，要么新课程也有问题，也有不尽如人意的地方，这样也不能培养出好学生。

4. 促进教师专业发展

既然都不行，每个老师都有一亩三分地，还是把教师捧起来吧，让他们有了专业发展，这样才能解决根本问题。

总之，不仅是这一轮改革，我仔细去翻过 20 世纪 50 年代那一轮课程改革也同样是如此。大概每个国家都会这样，先把教师作为"替罪羊"，然后进行体制改革，接着进行课程改革，最后希望还是由教师来使用课程，所以教师非常关键。在 21 世纪前十年，我觉得这一轮课程改革对教师抱着最大的企望，显然大家都认为，最重要的就是教师的专业发展。

（二）教师专业发展状况

换个角度来看，社会是三部曲，我们大部分教师也有一个从认同改革到走向低谷，然后重新再认识的过程。那么，我们讲现在的话语系统，就是教师专业发展。在这过程当中，我们是什么都具备了，还是会缺少什么东西？我觉得，我们缺少了一些东西。

1. 具备本体性知识

大家都知道对一个教师的培养都会有一个本位性知识。如果缺乏本位性知识，你就不敢去揽这个活。到了21世纪，只要是中等以上的发展中国家，老师就一定受过本位性知识的教育，这保证教师有知识可教。所以我觉得，现在教师专业发展过程中提供本位性知识，教师有知识可教的问题已经基本解决了。

2. 关注条件性知识

在教师发展过程中，我越来越多地去注重老师们的条件性知识。这个条件性知识就是如何去教的知识。以前只要你是个有文化的人，你就可以去当教师。随着教育的发展，发现学生的多样性以后，为了使教学产生最佳的效果，如何教显得越来越重要。所以现在中小学教学不可以不去讲究教学方法，也就是要有一种如何教好学生的条件性知识。我觉得这些方面虽然还不够，但人们在努力增加这部分知识，所以不能说完全缺少，可能会有点缺少。

3. 养成专业行为示范

提供行为示范，使老师养成职业行为或者专业行为规范。以前我当小学校长的时候，我就发现两个老师，她们就是喜欢聪明伶俐的小姑娘。如果她们不是教师也没什么不妥，因为聪明伶俐的女孩子人见人爱，但作为一个教师，你不把师爱均匀地洒向每一个学生，这样你可能是不对的。这个衣衫褴褛的学生，可能是没"头脑"的孩子，甚至于发展比较迟缓的孩子，作为教师也要去爱护他们。因为我们对教师会有一个行为规范。在教学过程中，让教师不会非常激烈、不尊重人格地去工作，甚至于你在乘公共汽车的时候，你也会比别人更有行为规范意识。教育理论也不缺少，我们会经常学到很多的教育理论，比如说为每个孩子的终身发展，因材施教等。因为社会在不断进步，对教师的要求也在不断变化，这就要求你不断去学习。所以我觉得这些东西都不缺少，那么会缺少什么呢？

我们很少会看到有文献提倡让普通中小学教师成为教育学知识的发现者，这也是我今天讲这个题目的原因。也很少有人去研究如何帮助中小学教师成为知识的发现者。主要是缺少两个方面,一个是很少有人会去提倡,让我们中小学教师成为教育学知识的发现者。另外我们的教育文献当中,也很少有可以帮助中小学教师成为教育学知识发现者的内容。但我们又希望每个教师成为专家,如果没有这方面的知识,我们的教师又怎么可能成为专家,所以这个方面就显得非常矛盾。

事实上研究问题、发展问题、形成办法,是解决问题、完成教育任务的重要条件,而同时它们也是教师教育发展的重要组成部分。因为不发现知识,教师如何去解决问题?如何很好地完成教育任务?更深一步说,一个教师真正地发展起来,变得和你们一样出色,或者在你们当中也越来越多地涌现出教育家,那么应该让教师们了解发现知识的过程,因为我们可以发现知识,我觉得这点非常的关键。所以我觉得我们要对这个方面去进行研究,如果你有了这个意识,你就会不断地去发现知识。

【观察者点评】我具有发现知识的意识吗?

【要点评议】

随着课程改革的不断推进,人们越来越意识到教师是课程实施的主力军,教师的专业发展是影响学校教育质量的关键。新的世纪,我们需要培养的是具有较强实践能力及创新精神的学生。这首先需要教师不仅具备很好的专业基础,而且还要有不断求索精神,追求自主发展,获得可持续发展,从而实现创造性地开展教学实践活动。要达到这个目标,单单具备本体性知识、条件性知识,以及遵循师德规范之外,还需要有发现教育知识的意识和能力,需要真正成为教育知识的发现者。这样的话,一个教师随着教育教学经验的累积、丰富,以及问题解决能力的提升,他就能够提炼出自己独特的教育知识,奉献给教育同行。这些教师个体知识是基于特定教育教学情境"最有用"的实践性知识,是教师获得教学艺术的可靠台阶。

二、教师作为教育问题的解决者

(一)解决教育问题的模式

我们老师经常会处于一个解决问题、完成任务的状态,可是有没有办法看到我们解决问题的过程变化,这几年我一直都在对这个问题进行研究。

1. 解决问题模式之一

完成一课的教学其实就会面对这个问题。

怎样去教学，就会有一个怎样的模式。我们先来看第一个模式。教师常常会遇到一个情景，这个情景是学生、问题和教学情景。比如你在教高一的学生，面对的问题是你在教古文、小说，而这些都会在某一种场景下发生。这里的学校和学生都会不一样，上的是日常的课，还是有人来听课，这些都是大家会面对的第一种情景。

当你准备完成这个任务的时候，你会开始回溯到自己，然后你就会开始思考，也就是从这个问题出发会到自己那里去，因为你要解决这些问题，于是你就会去发现要完成这个任务的知识。比如我要教《少年闰土》，我就要去重新复习鲁迅，于是我大学中学的鲁迅，我以前教的鲁迅，就又会回到我的脑海里。所以这是本位性知识，于是我希望通过这个知识去教学生，去完成这样一个教学任务。

不仅如此，光有本位性的知识可能还不行，因为要针对这个年龄的学生，也许我们在座的好教师，你们既可以给本校的学生上课，又可以给外校的学生上课，但给陌生班里的学生上课，你就会有很多探索性的策略，那么这些知识是什么呢？你会回到条件性的知识当中去。于是你会把它们作为组合去解决这些问题，最后这课上得大家都满意，这样你就把问题解决了。

日常生活当中，这样的模式非常广泛，现在我要问大家，我们会有百分之多少的人用这种模式。或者这种情景在你的教学生涯当中发生的频率是百分之几？

学员1：60%。

学员2：60%—70%。

学员3：80%。

看来大家使用这种模式的机率，跟我们上一个班差不多，上一期国培班的学员告诉我，他们大概有60%的任务会按这个模式去完成。这是一种最基本的情况，就是我们基本上具备了完成任务的本位性知识和条件性的知识，而这些东西甚至转化为我们的方法，去解决这样的问题。

【要点评议】

在科学的征途中，研究者往往都是原创型知识分子，他们以发现新的知识为己任，而在课程教学的科学进程中，教师不是以发现原创知识为目标，而

专业知识的学习与发展

> 是以如何更好地实现原创知识从社会形态向学生学习转化为己任，属于转化型知识分子。转化型知识分子主要是，围绕着如何更好地实现"转化"目标来研究新的教学方法、策略、原理，以此来实现学科教学的科学发展。这个过程实际上也是在解决教育实际问题的过程中提炼、发现教育知识的过程。这需要教师盘活原有的知识、经验来发现新知。

2. 解决问题模式之二

还是跟前面一样，老师碰到问题也要先去看本位性知识，再看条件性知识。在解决问题时，老师会发现第一种方式不足以很好地去解决老师所面临的各种问题。于是会开始走向另一面，去学习新的知识。

比方说，我在实验学校的时候，有一个语文老师专门开了一堂时文阅读课，这个课他从来没有教过，不知道怎么去教，也不知道怎么去选材，于是他首要丰富时文阅读方面的知识，要去看很多新作品。而怎么去教学生，这些新的条件性知识，对他也是个挑战。于是就产生了第二种模式，为教好这门课，一些地方就会用第二种模式，因为原来条件性知识的不足，所以要用新的条件性知识来解决我们所面对的问题。这种问题越来越多，他们发现这种模式的情景会再增多，而这种模式成了青年教师、优秀教师一个很重要的模式。我们发现青年教师、优秀教师当中有越来越多的人会去使用第二种模式。

3. 解决问题模式之三

与前面都一样，忽然发现没有一本书可以告诉我们该如何去解决问题，因此需要发现我们个人型知识。比如有一位老师告诉我，他的学生很喜欢博客、微博里的流行语，老师也希望在拓展课上可以让学生学会正确地使用，因此他就想教一堂课，如何使得我们自己使用的流行语真正地流行起来。但他翻遍了所有的书，没有一本语文教学论，没有一点大学里学到的语文知识可以告诉他微博、博客的流行语都是怎么流行起来的。所以他在教学的时候，没有其他的办法，他只有在这里不断地去发现新的条件性知识。我在国外的时候，第一次看到服装店门口写着"U2"，我不知道它是什么意思，后来我知道了这个意思，是You too，就是"你也来一件吧"的意思。所以这些东西也会有很多特别的组合方法，简练、方便、有含义的方法。而社会的发展会有越来越多的学生向偶然挑战,就需要我们去想出越来越多新的办法来。

而这些东西靠我们教育学当中几个教授是远远不够的。你们面对的问题要比他们面对的多很多。所以大家可以去发现新知识。这些事情发生的不多,但如果你善于捕捉,善于把你的知识积淀起来,那么你就会成为专家,因为所有的专家都是知识发现者。专家不仅会处理他面对的问题,而且他会把处理问题以后形成的东西,变成大家可以共享、交流,可以流通的东西。

【要点评议】

本体性和条件性的知识,不是铁板一块,顽固不化的。教师开始的时候需要认真学习它们,让它们作为自己专业的坚实基础。随着教学实践的增多,教师经验的丰富,新的问题不断涌现,原来的知识不足以解释或解决新的教学问题,这时候就逼迫着教师要发现新的方法、策略。这就由知识消费者,开始转向知识生产者。石中英先生在《知识转型与教育改革》一书中系统论述了人类社会的知识转型问题,从大的方面来说,先后经历了从"原始知识型"、"古代知识型"到"现代知识型"的连续转变过程。20世纪中叶以来,随着人类知识的激增,人类知识形态又发生着巨大转变,新的知识型初露端倪,这可称为"后现代知识型"或"文化知识型"。于是,"客观性"、"普遍性"和"价值中立性"的现代科学知识型面临严峻挑战。"后现代知识型"强调知识具有"文化性"、"境域性"和"价值偏好";否认"为知识而知识"的"普遍知识分子"的价值合理性,所有的知识分子都是"具体的知识分子";知识的增长方式从以命题为中心转到以问题为中心,知识的多样性受到普遍重视;"本土知识"的价值引人注目。在这样的背景之下,基础教育面临全面改革,教师与学生获得解放,他们的个体知识、本土知识受到尊重。更重要的是,教师与学生成为"完全意义上的认识主体",具有生产知识、发现知识的权利,不必永远拜倒在绝对真理的背影里面。

(二)反思

其实我们有可能发现知识,但我们为什么会让所有发现知识的机会慢慢流失呢?于是我给自己提出一个问题,为什么现在教师会满足于做一个知识运用者,而不去做

知识的发现者？

我把古代的教师和现代的教师作了一个比较,我们现在讲的还是孔夫子。古代的教师,尤其在中国,教学过程大概是这样:教学生时,一边运用知识来教学生,一边发现知识来教学生。孔夫子在教学过程当中,发现学生不一样,因此生产出有教无类、因材施教的理论。可见,古代的教师兼具两种身份。

【观察者点评】想一想:对这个问题,我怎么看?

到了现代社会,我们大部分教师就满足于成为知识的运用者。问题是我们唯有不断地发现教育学的新知识,教师才能非常好地完成促进学生潜能发展的使命。我们教师也才可以得到自身发展。因为一个普通教师跟一个优秀教师,除了能发现知识以外,还在于教师能不能把学生的潜力充分地发展起来。昨天《中国教育报》刊登了上海音乐学院的周晓燕教授,她是94岁高龄的音乐教育家,培养了很多歌唱家。所以真正成为一个好教师就是真正要把学生培养起来,让他们的潜能都能得到发展,同时我们自己也要有一个发展。我们自己的发展,包括我们要不断地去发现有效的、可以教育学生的知识。而如果你不断地发现怎样去教育好学生,你就可以成为一位教育家。所以我经常会说,我们每个人都有当杜威的机会,问题是你有没有仅满足于成为一个知识的运用者。

那么,为什么我们现在的教师会经常变成知识的运用者？我觉得与现代学校老师的产生过程有关。教育普及始于19世纪,刚开始是从小学开始的。那个时候每个国家都很穷,派不起很多老师,于是就培养大批导生。我到英国去的时候,终于拿到这张照片,这是当年的导生制。英国工业革命的时候,他们相信一个老师可以教100个人,他们会先教这一排大一点的孩子,然后由这排孩子去教其他的孩子。所有的小孩都是"现买现卖",所以他们很难成为研究教育的学者。所以我没有要求让小先生成为知识的发现者,他们不具备生产知识的才能和素养。但今天的教师不一样,他们大部分都是大学生,都受到过发现知识、运用知识的系统训练,所以我们现在确实具备了生产知识的条件。

当时还有一个问题,如果我们要传授知识的话,首先最重要的方面就是要具有本位性知识。相对于本位性知识,条件性知识又是在后一步发展起来的知识。科学、数学都有1000－2000年历史,但教育学到现在勉勉强强还不到300年,如果夸美纽斯在17、18世纪就开始运用教育学,到现在才几个世纪? 而且大家去看夸美纽斯的教育学，上面的内容全部都是比喻，没有任何的理论。也就是说，那个时候教育学的条件性知识还没有成为一个专门领域。

再一个是社会分工。 19 世纪以后，社会分工越来越专门化，人们认为分工以后，你单做一件事情，可以做到效率最高。在这个基础上，也要有专门的教师。**于是教师不要去生产知识，只要运用知识就可以了，** 这样教师的效益也就会最高。所有事情都会有正反两面，这些专门化的教师，他们可以用学习到的本位性知识、条件性知识去教好学生，一般性地完成任务，但人不是大白菜，每个学生都不一样，要解决所有人潜能问题，单靠这样去做其实不行。在这样的情况下，我们有专门生产知识的领域和大学研究机构，有了专门的教育家、教育学的学者。就好像把研究教育学的知识交给了我们，没有交给你们，教育学分工的假设是这样，我们专门去研究教育学的知识，于是我们可以生产出大量的教育学知识，然后把知识给你们去用，这样你们教育的质量就会最大。

这样可以解决一般问题，但大家想一下，在座的各位每天要碰到的教育学问题，跟我们一年可以研究的教育问题，在数字上不在一个数量级别。你们一年可能要碰到上千、上万的问题，而我一年研究一个问题还不知道能不能研究清楚。所以**原本指望分工，专门有一小部分的人去研究条件性的知识，一大部分人天天运用知识。这样来发现的教育学知识，肯定会少于我们每天要运用到的教育学知识，而且这个比例会差很多。**

于是**我们现代学校老师就成为专门的运用知识者，交给学生本位性知识，保证教学任务的有效完成。** 大家现在使用两种知识，一种是本位性知识，另一种是所谓专家发现的教育学知识。我觉得这还不够，缺少很多的知识，也就是说我们都有很多的机会。也许我能成长起来的原因，就是因为我善于去发现。

【要点提炼】

教师成为知识的运用者，而不是发现者，有其社会历史原因：

1. 实施导生制，导生缺乏系统的知识训练，不具备生产知识的条件；

2. 教育学科发展长期滞后，教师条件性知识匮乏；

3. 社会分工过细，教师以运用知识为要务。随着社会生产及教育科学、教学实践的发展，为教师成为发现知识者创造了新的条件，也提出了新的要求。教育知识单单靠高校教授，增长缓慢，迫切需要广大教师一边从事教学实践、解决教育问题，一边发现教育知识、生产知识。

三、教师作为教育知识的发现者

（一）必要性

那么我们老师是不是有必要、有没有可能去成为教育知识的发现者？我觉得非常有必要。因为我们现在学到的教育知识，只是少数几个人的研究成果，我们还有大量的问题有待解决。社会发展非常快，家长们不断提出新的要求。我们已经认识到了，以前我们只要提高分数，而现在我们要育人。原来只要把学生的语文教好就行，而现在我们要发展学生各种各样的潜能。像这样的理由还有非常多。而且我们不仅每天会直面问题，而且已经具备了去发现知识、生产知识的条件。我们受过了很好的教育，不论哪一个学科都会告诉我们如何去研究。我们已经有了很多研究方法，而且学者告诉我们知识生产还有两种生产模型。我讲这两种生产模型，就是希望我们每个人都可以梳理，可以去从事研究。

（二）发现知识的模式

1. 模式一

就是由实践者，有的时候还可以与专业的发现者合作研究的模式。由学校一线老师在非控制的条件下对实践过程及其中发现的问题，进行不断地反思、总结以后，产生适合本境遇中运用的知识。这种模式非常古老，在有"科学"这个名词以前，它就开始出现了。我最佩服的、我们用这种模式发现的知识之一，是二十四节气。像春分、谷雨、芒种都非常准确。我就在想，这二十四节气的知识生产有实验室吗？有天文学家现在的精密仪器吗？这些都没有，就是在我们中国的国土上，人们竟能够在这样一个非控制条件下，在年复一年的过程当中去观察植物的生长过程，慢慢地形成、提炼出来的。

这种模式非常重要，我们很多生活经验、很多知识，甚至于有一些学问家，他们在选择做科研论文的时候，他们发现问题的前端也会用这种模式。可是这种模式，人们在慢慢地淡忘，慢慢把它搁到一边去。

2. 模式二

自有西方科学以后就开始使用这种模式。这是由专门的知识发现者，通过条件控制、实验、统计、史料的思辨来产生，并且需用有逻辑的语言来表达。我们就要进行控制条件，实验室留下一个应变量，然后再干预一下就成功了。还有我们可以用历史思辨方法，像哲学家这样去生产，而且他们生产出来的东西跟模式一不同。模式一生产出来的东西，也许就是像"做中学"，就是杜威发现的东西。但大家是否知道，杜威作为教育学家他写了一本书叫《我们如何思维》,所以《我们如何思维》奠定了"做中学"的基础。我们再说毛泽东也是这样,毛泽东其实是一个实践者,他打了几年仗,其中有胜仗,也有败仗,最后他提出"枪杆子里出政权"。另外我们知道毛泽东作为一个专业的发现者,他写出了很多书。也就是说作为一个专业学者,他会用逻辑、有条理的语言把它给说清楚。

在日常生活当中所诞生的那些东西,很可能它的条件边界不清楚,逻辑关系也不会像学者那么透彻。但这两个模式都会有用,实际上应该充分利用这两种模式,来达到发现和生产知识的目的。这两种模式我非常认同,但不是我做出来的模型。有一个叫吉本斯的人,在 1994 年他写了一本书,他说以前人们最早就用这两种模式,而现在仍然不能放弃这两种模式。如果我们可以把这两个模式联合起来,我们可以发现很多知识。因为我们有问题,因为我们现在已经有很多条件可以去做。所以我觉得我们已经到了这个时候,应该可以去发现知识。

> 【要点提炼】
> 生产知识的两种模式:
> 一、由实践者在非控制的条件下对实践过程、实践问题进行反思、提炼,生产基于特定情境的知识;
> 二、由专业研究者通过条件控制、实验、统计,或史料思辨生产知识,并用富有逻辑的语言表达出来。

(三) 发现哪些知识

我们可以发现什么样的知识呢?

1. 发现学生方面的知识

我们老师主要发现的知识,跟大学专家的可能会不一样。比方我要在世界范围内去发现我们教育改革的方向,这也许不是我们每个教师会去关注的问题。但每个老师可以发现关于被教学生的知识,这点非常重要。

如果教师不去发现学生,其实难以做到因材施教。我自己就发现过,有些小孩子很厉害,后面总会有三四个"尾巴"跟着他,像这样的孩子,他就可以去搞小团体。不论你是否喜欢他,他就是那么有号召力。如果你是一个善于发现知识的人,善于认识孩子的人,也许你会说这是他的潜能,另外你也许不会发现他们,会觉得他们非常地讨厌。这样导致的差异,有可能一个是永远被你撇在墙角里的孩子,另一个可能是被你充分调动积极性的孩子。二十年以后,一个人由于你经常调动他的积极性,由于你给了他很多正面的教育,他成了一个将军。另外一种情况可能是,这个家伙成为了团伙里面的首领,这些都非常有可能。

2. 发现教学方面的知识

发现教学方面的知识,甚至包括发现教师自己的知识。每个人对自己其实认识不是很深刻的,认识自己实际上是一件非常痛苦的事情。我认识我自己也非常困难,要看你是否敢于承认自己有弱点,你如果勇于承认自己的弱点,你也许就能发现弥补弱点的方法。总的来说,我们应该可以去发现很多关于如何教、如何学的知识,这确实和所谓的大学专家会有不一样的地方。对于我们来说,知识发现的第二种模式,我们可以充分地去使用,去做统计、实验,看历史,进行比较。在这时候,我们可以去发现一些显性的公共知识。也可能会用第一种模式去发现其他的知识。

其实我们完全可以用科学的手段去发现知识,那么我们是否需要?这非常有需要。就比方说经济合作组织用了三年的时间来研究人脑,希望可以通过了解人脑,去了解人的学习过程。当然如果我们可以彻底地了解每个人的大脑,这样就可以知道怎么去因材施教了。很可惜,人类对自然界的认识,远远多于对人类社会的认识。人类对社会的认识,又远远多于人类对自身的认识。对人类自身的认识,又远远多于对我们对人脑的认识。但我们一天也不能离开教育,也就是说当第二种模式还没有发现,可以解决一切教育问题的时候,我们还是要用其他的方法去研究。我们不能指望一个脑科学家,把我们人脑的秘密都揭开了以后再来谈教育。所以我们需要各种各样的研究方法,于是一方面我们可以用科学、数理的方法去实证它。另一方面,似乎也可以用艺术感悟、反映的方法去了解它。

我觉得我们一定会有新的模式,去做教育学知识的发现。这个新的模式是什么呢?就是再加上几步,其实我们就都会有希望。当你完成了这项任务的时候,你不要停留在这里,花上一丁点的时间,这样你就可以有所发现。在完成任务以外,不要陶醉在这里,再往前走走看,你可以归纳出什么?你可以形成些什么?秘密仅此而已,我们和教育家的差别也仅此而已。我们是不是会感觉非常可惜,因为我们废弃了很多机会。

【要点评议】

成为教育知识的发现者,需要始终保持对教育现象的敏感度、对教育问题的好奇心。好奇心是研究意识形成的助推器,是自我修炼的动力源泉。爱因斯坦曾在《探索的动机》一文中说道:"一个修养有素的人总是渴望逃避个人生活而进入客观知觉和思维的世界；这种愿望好比城市里的人渴望逃避喧嚣拥挤的环境,而到高山上去享受幽静的生活,在那里,透过清寂而纯洁的空气,可以自由地眺望,沉醉于那似乎是为永恒而设计的宁静景色。"一位优秀的教师,他总会不断尝试着用新的眼光去打量自己的教育生活,不断尝试着转换思维方式去发现孩子们新的成长变化,他总是敏锐地体验着教育生活、不懈地追求着宁静、自由的教育境界。是好奇心,帮助教师找到了一个崭新的生命世界,引诱着教师在其间不倦地耕耘;是好奇心,不断地激励着教师长期坚持自我修炼,通过对教育问题的不断解决,逐渐步入教育世界的胜境。

(四) 如何来发现隐性知识

1. 何谓隐性知识

前面讲到,我们可以通过反思、批判等方法,去发现隐藏在我们生活经验当中的知识。我们个人首先可以去体验的这些知识,那些曾经在解决问题时有用的东西,让它上升到我们的意识阈限以上。我们有的时候就是让它随意地飘过,以后回想起来的时候又要从头开始。我们教师和科学家的区别就在这里,科学家把原来有的东西全部都记载下来,所以新一代的科学家可以把老一辈科学家的东西给接上去。而我们教师却非常地苦恼,每一代新教师一直干到退休也没有留下点什么东西,而新教师又要逐个地去培养,所以我们至今也只能说因材施教,我们没有其他很多好的办法。因为我们没有把自己拥有的东西给凸显出来,让它成为大家可以分享的东西,这些要分享的东西其实就是知识。

【要点评议】

在历史上,像孔子、朱熹等千百年来一直受到世人景仰,其中很重要的一个原因,不是强调"推陈出新""标新立异""创新成果",而是强调"述而不作"、效法先贤,注重对已有古典知识的系统整理、传承吸收。现在我们的教学实践领域也有那么多特级教师、名师,可是教育改革运动一来,往往不晓得珍惜,一心想着推倒重来,另立大旗,致使我们的课程、教学改革常常在经验的泥潭里打滚,难以产生累积效应,形成优良的教育教学传统。课程教学需要创新,需要个性张扬,可是更需要厚实的基础,需要接续优良传统。作为传承人类文明的教育事业,其本身就具有保守的文化性格。对隐性知识的研究,有助于提炼名优教师的实践智慧,传承、延续好的经验、做法,形成我们国家课程教学的优良传统。

(英)迈克尔·波兰尼.个人知识:迈向后批判哲学[M].贵阳:贵州人民出版社,2000.

我们要怎么办呢?如果我们承认有这种情况,又对它很无奈,我觉得这是很可惜的事情。于是我就去研究了一个领域,称之为隐性知识研究。这不是中国人发现的,隐性知识作为一门学问来说,一直都是英国人在研究。

英国有一位物理、化学家,他是剑桥大学的一位学者,他发现研究人类学问是怎么来的,知识是如何存在的更加有兴趣。于是他后半生就放下了原本感兴趣的物理和化学,一心一意地去研究知识的存在问题。他写了两本书,分别叫《人的研究》和《个人知识》。在这两本书里,他提出人类知识其实有两大类,一类叫显性知识,另一类叫隐性知识。

我们怎么去区分、怎么去研究这些知识呢?后面有很多人在研究这些问题。比方说1997年,有一位心理学家在耶鲁大学写了《专业领域当中的隐性知识》。在这本书里,他指出在管理、销售、军事、政治、教学、法律等领域当中存在着大量的隐性知识。我看了这本书以后就一直在想:为什么这些领域当中会有那么多的隐性知识,我忽然发现这些知识的产生全部都和人有关。比如说管理,人们有不同的管理风格、管理理念,会有不同的管理方法等。

我总是在讲人不是大白菜,因为人会随着环境而变化,人有自己的个性、知识结构。政治也是这样,你想搞一个政治学,它有很多的隐性知识给大家,凭这个去选总统能选上吗?肯定选不上。但克林顿风流倜傥,他却可以当总统,小布什非常鲁莽,就像个西部牛仔,但他也当上了总统。所以他们一定会有个人的、隐蔽在那里的知识,不论这种知识是说不出来,还是不愿说出来,肯定都会存在。教学也是这样,每个老师都会有自己的个性,所以我觉得大概在和人之间,和人的经历有关的这些领域当中,我们没有办法去控制条件,又不能简单地用概率去说明 yes 和 no 的时候,存在隐性知识的可能性就会增加。

> 【反思】
> 语文教学过程中也有很多不确定性的东西,需要揣摩、领悟,"运用之妙,存乎一心",其中必然包含有大量的隐性知识尚待开掘。

这些隐性知识是怎样的呢?这位英国人告诉我们,隐性知识就是讲不出来的东西,就是隐隐约约在那边存在着的东西。打个比方说,我在路上忽然碰到了一个人,我们虽然认识,但我讲不出来我们什么时候曾经相见过,是在什么场景下曾经相见过。就是我们意识到我认识你,但完全没有去研究我是如何认识你的。教学当中我也发现这样的问题,我们在座的每一老师都会想到这样的才能。给你一个班一个星期以后,校长来问你了,哪个人可以当班长,哪个人可以当学习委员?这些你都可以讲出来,你不仅可以把班级里孩子的名字都讲出来,而且你还可以说出班级里每个孩子的个性。如果你问这位老师,为什么他可以做到这些?他就会说,这个如果让我讲,我绝对讲不出来。每个老师几乎都会有这样的办法,但很少有几位老师可以讲清楚。

所以当你退休的时候,就只好让一位新教师重新走你的路,等他到了 30 岁的时候,他也可以有这一套办法。他也不去总结他的这套方法,到第三代老师的时候,还是这样去做,所以我们老师很无奈、很可怜。其实大家完全可以去研究这种知识。比如你可以和几个同事、几位专家讨论一下,你不仅可以用一般的话语表达出来,也可以很有逻辑地表达出来。而且当你有条理、系统性地把这些隐性知识表达出来的时候,你就变成专家了。

这英国人说过,人类具体的知识分为两种:(1)通常被描述为知识的内容,是以书面、文字、图表、数学公式加以表述的知识,这种类型的知识是可以表述的知识。(2)另外一种知识就是隐性知识,讲也讲不清楚,但这种知识我们好像能感觉到,而且这种知识往往是关于如何去做的知识。大家都知道"为了每个学生的终身发展",但怎么让学生发展起来呢?这个没有人说清楚,但你会隐隐约约地存在着怎么让孩子终身发展起来的知识。这种知识会大量存在,而且多于已经发现的用文字、公式表达的知识。

> 方明.缄默知识论[M].合肥:安徽教育出版社,2004.

总之,所谓显性知识就是可以言明、明确的知识,而隐性知识是难以言语、处于隐藏状态的知识。

2. 隐性知识与显性知识比较

第一,与显性不同的特征

显性知识通常是规范、系统的存在状态,如数学知识,还有字、词、篇章、结构,这些都已经成了规范系统。相反,隐性知识,正如我们刚才提到的,你如何做班主任,如何去认识学生,也许我们10个人讲的方法还不一样,这就是尚未规范、零零星星难以琢磨的东西。这是显性知识和隐性知识的差别之一。

显性知识背后的科学道理已经被实证,因为它所进行的条件控制,已经做了教育概率统计,是人们公认的。就比方说上海的水到100度就会沸腾,滁州的水到了100度也会沸腾,除非是到了拉萨和西藏,水不会到100度就沸腾。如果你测量一下,你会发现西藏拉萨的大气压,跟上海、滁州不一样。但是隐性知识背后的科学道理不甚明了,我们这里有来自兰州的老师,一个店里面兰州拉面做得好吃,如果你去问那里的大师傅,为什么你们的兰州拉面会比别人做得好吃?这位大师傅肯定说不出来,所以说隐性知识后面的道理不明显。这也是我们有的时候不能表达的原因。总之,显性知识它是肯定的知识,而且非常地稳定,只要有相同的条件就可以,而隐性知识,它是非正式的知识,是难以琢磨的知识,每个人说出的道理都会不一样。

为什么显性知识是稳定、肯定的呢?因为显性知识已经经过了编码、格式化、结构化。化学、物理应该教什么内容,这些都非常地固定化,都进行了编码。而隐性知识尚未编码、格式化、结构化,有的人说这位老师很会教学,他非常有诀窍,而有的人说不对,因为他有教书的信念。里面到底是三分信念七分诀窍,还是七分信念三分诀窍?这个没有人固定下来。而显性知识经过编码以后,它可以用公式、程序、规律、法则、原则等表达出来,而隐性知识常常是说这个人有诀窍,有很奇特的习惯,有个人的信念,有个人的特技等等。

正因为前面几个条件的存在,显性知识就方便被储存起来,方便理解、沟通、分享,便于传递。而隐性知识就不容易被保存,我们老教师要退休的时候,我当校长最害怕的就是这件事情。一位老教师如果明年要退休了,我就要开始着急了。因为老教师的隐性知识很容易给丢失掉。

3. 隐性知识显性化的方式、方法

有隐性知识的地方很难被传递,又非常容易丢失,所以我们不能够把我们的知识仅仅让它处于一个隐性的状态，也就是说我们不能满足于当一个小教师，其实这样你也当不了什么好教师，因为好教师除了要教育好学生，一定要善于培养其他的教师。因此你必须要想个办法，让这些隐性的知识显现出来，这样你就成为专家了。

有一个日本人发现了隐性知识显性化的方法，我在20世纪90年代的时候看到了他的著作。他在《哈佛商业评论》上写的一篇文章，给了我一个很大的启迪，他讲了一个田中郁子与松下烤面包机的例子。

松下这个牌子在20世纪80年代的时候，什么产品卖得都非常好，唯独面包机卖得不好，因为人们会喜新厌旧，面包机烤出来的面包都是一样的口味。它就是做不到像面包店一样，可以烘烤出不同风格和口味的面包。所以松下公司就发现，他们面包机的销售量有限跟面包机没有变化有关。于是他们选派了很多工程师去改革面包机，结果发现这样不行，于是派了一位女工程师，这位女工程师独辟蹊径，没有去研究面包机的本身。她发现不同的面包师，在制作面包的时候会有不同的制作方式，至于具体方式这些面包师也讲不出来。但这些面包师的存在，就决定着不同的面包店会有不同品牌，不同的风格、口味。

随后田中郁子就到了大阪和东京最好的面包店去观察那些面包师，看他们是如何去生产面包的。刚开始的时候，他们去听面包师讲面包的制作过程，但这些却听不出个所以然。不是面包师不愿意讲，而是面包师讲不清楚。于是田中郁子一边去听面包师讲的东西，然后一边去录制他们的制作过程，看他们在制作面包的时候，什么时候会放盐，什么时候加料，什么时候开始揉面。这些细微的差别就决定着面包的口味和风格。最后她就开发出了新的面包机，这台面包机可以把面包制作的风格分成若干类，面包机也做成了几个种类，每种面包机都会有三四个按钮，这三四个按钮就可以做出不同风格的面包。

这篇文章详细地记录了田中郁子改良面包机的这样一个过程。所以野中郁次郎得出了两个结论：(1)知识分为两类，一类是显性知识，另一类是隐性知识。(2)隐性知识有被显现的可能。这位田中郁子通过录像、话语分析，找到了其中的关键，当她制造出新的机器时已经部分地把这些面包师的知识，通过按钮给显现了出来。

> 作者野中郁次郎，题为《知识创新型企业》，原文刊发于《哈佛商业评论》1991年11/12月号，重印号91608。亦可见《哈佛商业评论》精粹译丛之《知识管理》第18-39页，杨开峰等译，中国人民大学出版社2004年出版。

在这个基础上,这里提出显现隐性知识也是一种知识创新,而野中郁次郎还提出,隐性知识的发现同样能够提高生产率、创造价值。这是我非常关心的一件事情,就是说我们如果有一批老师,能够发现大量的隐性知识,这对提高我们整个地区的教育质量会非常有利。我觉得这篇文章非常有价值,也许和人连在一起的行当中都会存在这样的问题,因为我们不能等把人的大脑完全研究清楚以后,再来做设计、教学、判案子。这些隐性知识一定会存在,你如果能够把它越多呈现出来,你就越有可能成为专家。

那么,人们就要探索这些知识我们怎么去发现?这就一定会有一个过程,也一定有规律,我们就要去寻找这个过程和规律。所以人们在发现知识学习和传授的过程当中,大概有这么几种方式。

> 野中郁次郎和绀野登用隐性知识与显性知识构成的交互作用,来说明知识的创生过程,并由此提出了"知识创生螺旋"(SECI)理论。这个理论对理解教师实践性知识形成机制有所帮助。详见野中郁次郎、绀野登.知识经营的进展[M].东京:筑摩书房,1999;钟启泉.从SECI理论看教师专业发展的特质[J].全球教育展望,2008(2).

第一种方式,从隐性到隐性。一个徒弟跟着师傅,就是隐性到隐性。就像面包师对徒弟说,你让我讲出其中的道理,我肯定讲不出来,不过你跟着我做上三年,你也可以成为一名优秀的面包师。这个办法仍然有用,但这种办法太难、太慢。

第二种方式,从显性到显性。我们教孩子的语、数、外、英、体、美这些课,都是显性到显性的方式。教师很明确知道要给学生教什么,学生也非常明确知道在课堂上要学什么。

第三种方式,从显性到隐性。就比如说刚开始学骑自行车的时候,就会有人告诉你应该怎么去做,但你学会骑自行车以后,过了三十年,到你教别人去学的时候,你就讲不出其中的道理了。

最难的也是我们要去做的,就是从隐性到显性。其实我们也有这样的学习过程,老师说不出来,但你却说出来了。你说我的老师最关键的地方,是他有16种不同的教学风格。这些不同的教学风格,就是从隐性到显性的过程。

我觉得大致上我们人类学习,不论是在学隐性的知识还是显性的知识,都会通过这四种方式去学习,这四种方式都会非常有价值。只不过在不同的场合,不同的环境下,对不同的知识可能要用不同的方法去学习。

会不会有显现隐性知识的基本过程呢？第一个就是反思和体验，对你的成功和失败都要花上一点心思。现在批评学生成了我们一个大难题。记得在我们学校有一位老师，他批评学生很有策略，一天吃中饭的时候，我就问了他：你是怎么去批评学生的？他没有批评失败的时候，但他一时却讲不出来。后来我让他回去好好地想了一下，因为我觉得非常有意思。过了几个星期，我和那位老师又碰头了，我对他说：你是不是想出一点名堂来了？他讲了一段非常精彩的话。他说：其实一个会批评学生的老师，他的策略不会在批评学生的那一刹那决定，实际上应该在认识学生的过程当中来决定。这句话讲得太精彩了。这就是他反复体验出来的结果，如果没有这个反复体验的任务，他永远也得不出这种结论。然后我叫一个研究生，跟着他一起写文章，最后他这个体验出来的结论发表了。

　　第二，多次去验证。因为有效的行动都会有偶然性和必然性，有的时候在极少的小概率情况下发生，有的是比较经常的，适合我们在不同的环境当中去使用。所以我们经常去验证曾经有效果的行为、策略，我们就可以把偶然的东西，相对肯定和稳定的东西固定下来。

　　第三，准确地记叙它。现在我们很多教育学里的东西，里面就只有"因材施教"这四个字，没有任何细节。这样的话教育性、可模仿性、可使用性、复制性就会很差。每个科学原则都讲清楚，不仅是材料，而且也会把顺序、条件讲清楚。而我们教育学就一个原则：它在什么条件下产生，需要根据什么样的程序来进行，对什么样的孩子会有用，像这样的记录我们都没有。

　　第四，这个体验在多次验证、准确记录的基础上，可以把这些东西归纳为模型或原则。为什么我把模型放在前面？因为模型比原则好，原则经常是排斥别的东西，不会告诉你怎么去做。我觉得模型比原则更细致，因为模型经常会有这么几个要素。(1)在这个过程当中产生的一些内部的东西，就是内部的主题，或者是里面的参与者。(2)模型有结构。(3)模型有过程。(4)模型有条件。这四个东西都满足，构成一个结构以后，它就会发生结果。如果你希望发生这个结果，你仍然会去追寻前面有没有合适的要素、程序、结构，并且去配给合理的条件。我们把这些归纳为模型，如果归纳不出模型，那么我们可以大致归纳为原则。如果能够有原则、有模型，这样就更方便把我们的知识去讲给别人听。

　　最后要用言语和文字表述出来。在座的都是语文老师，这些还不是非常的困难。用话语、文字表达出来，也就会大概显现其中的隐性过程。

4. 隐性知识显性化的策略

这里有很多的策略,就比方说批判性阅读的策略,对教师生活史研究的策略等。

(1) 批判性阅读的策略

我们拿到一本书,经常会要求老师,通过这本书去学习所谓的新知识,但我建议各位不一定都要去发现新知识,有的时候你也可以借着读一两本教育类的书,去批判这些书,通过批判去发现你自己。

比方说我曾经给几个区办校长培训班上课,我去买一本教育管理学的书,我把这本书的封面撕掉。因为一看封面上的大教授,大家就不敢去批判了。撕掉封面以后,我就把这书逐页地去复印,然后交代了他们一个任务,用一个下午的时间,把所有他们懂的东西全部都划出来,而在不懂的地方提出问题,或者把作者没讲的内容,让他们进行补充。这样我们一下子发现,一本书里面 90% 的东西都看到过,看第一章的时候里面就只有一句话有点意思,这就是批判性阅读。这对我们有经验的老师非常重要,但我们很少会有老师告诉我们,你们可以去批判一下,总是说书里面有很多的知识。在批判性阅读时,你就可以发现自己的知识了。如果你把书读好以后,把你的新发现拿出来,我觉得这样会非常有意思,这是发现隐性知识非常重要的一个策略,而我们对这个策略的关注度还很不够。

【要点评议】

阅读不仅仅是输入,更重要的是通过阅读与作者对话、交流,这个过程是开放心灵、批判吸收的过程。如果不注重批判,一味输入,盲信、盲从,必然导向盲动,反受阅读之害。如果是缺乏批判的阅读,我宁愿选择去跑跑步、散散心,也不要选择任何阅读。古人云:"尽信书则不如无书",此言不虚。

(2) 教师生活史的研究策略

生活指的是我们个人的生活,或者是专业生活的全部,因为私人生活也会塑造我们的个性。研究我们自己的生活非常重要,了解专业教师形成时的信念、能力、方法非常重要。因为在不同的阶段,人会形成不同的知识,在座的各位大部分都是高中教师,所以我相信你们的教学风格绝对会与小学教师不同。

我记得有一次问过我的研究生,你来告诉我,哪些老师不错,哪些老师差一些。他就说××老师,这个老师讲话我听都听不懂。我一下子就火了,我说你都当研究生了,你还说听懂听不懂?当研究生你就得好好去听老师讲的知识,作为一名小学教师,他当然要去吸引学生,所以人们获得专业知识的过程、方法、来源都不一样。

我们在学习教育理念的过程、方法、途径中,我们采用的方法、途径都不一样,所以我觉得研究我们的生活,是对我们自己所有的知识有信念,这是非常重要的一点。它可以帮助我们认识自我、超越自我。可以使我们得到专业的发展,甚至会打破我们的孤独。其实每个人都会有很多弱点,在研究个人的过程当中,你也可以逐渐地去超越自我。

我曾经就超越了自我。我十几岁当教师的时候,我非常想模仿一位教师,我还记得他叫戴老师,孩子们一看到戴老师来了,整个教室就会鸦雀无声,因为人家生得就如凶神恶煞。我曾经就想模仿这位老师,如果也可以这样,我上课就会非常地轻松,可我学他学不来。当时我在山里教书的时候,遇到了一件非常偶然的事情,当时有两个学生在打架,作为一名教师我必须去阻止,但是我再怎么去阻止也没用。当时我急中生智,我跑过去轻轻地对他们说:你们继续打。他们就停止了、不再打了,他们两个也蒙掉了。

于是我可以反思自己,我永远都会记得,这件发生在三十多年前的故事,我永远告诫自己:千万不能发火。因为我发火不会有人害怕,如果我发火了,就黔驴技穷了。但像我这样和善的老师一定会很多,是不是和善的老师就不可以当好教师?大家看我教师当得非常好,现在都当到了大学校长。所以你要去发现自己、超越自己。我后来对我自己说,不论是跟教师还是学生打交道,我永远都要用智慧和他们对话,所以如果你去研究自己,你就可以让自己超越自我,这也是一种知识。我们可以了解自己的个性、了解社会上的我、专业上的我。可以用很多的方法去做,可以自己做,也可以合作跟别人一起去做。我们可以发现很多经验,这些经验背后就会有知识。我就得出一个结论,所有的教育策略其实和老师的个性非常有关,为什么有的时候,老师讲了那么多的教学原则我不能用,因为和我的个性不符。

要去研究违背常理的事情,要研究让我们困惑的事情,这些背后都会有很多的道理。其实这里还有很多的方法,但我觉得今天已经没有时间和大家去讲了。你以后可以自己在课下去看看,比如怎么去做课后小结?哪些课是需要做小结的?精心准备的课或者是成功的课,应该去做小结。精心准备却不如人意的课,我们应该去做小结。毫无准备,但非常成功的课,我们也可以去做课后小结。屡战屡败的课,要去做课后小结。每一次有意义的课,大家去做一次小结。这样我们就可以看到新的东西。教育实例也很有意思,不过没有时间去讲了。谢谢大家。

【要点评议】

听讲座、看教育书籍,很多教育学者、优秀教师宣讲的教育知识,背后其实都有个人生活的影子。教育教学是实践之学,需要知行合一,需要身体力行。换句话说,教师自己的教育经验、实践体会,无疑会影响对教育理论知识的理解与接受,反思、研究教师生活史,其实也就是审视自己所接受的教育观念、教育知识,同时也是发现自己隐性知识的有效策略。认识自己很难,但唯有认清自己,才能够更好地发展自己、提升自己。

资源链接

1. 张民选.隐性知识与隐性知识的显现可能[J].全球教育展望,2003(8).
2. 张民选.专业知识显性化与教师专业发展[J].教育研究,2002(1).
3. 张民选,等.论教师学习的整体性[J].上海师范大学学报(基础教育版),2010(4).
4. 张民选,等.公平而卓越:世界教育发展的新追求[J].教育发展研究,2008(19).
5. 张民选,等.专业视野中的PISA[J].教育研究,2011(6).

后续学习活动

请选择一篇熟悉的经典课文,尝试运用批判性阅读策略来重读,努力发现新的意义,并试着重新确定教学内容,进行教学设计。与过去阅读比较之后,请完成下面表格:

经典课文名称	阅读策略	理解意义	确定教学内容	教学设计想法
	过去传统阅读法			
	批判性阅读策略			
启示				

第8讲　语文教师专业知识的构成

王荣生

专家简介

王荣生,文学硕士、教育学博士。研究方向:语文课程与教学论,语文教师专业发展。现为上海师范大学教育学院教授、博士生导师,上海师范大学语文课程研究基地负责人。著有《语文科课程论基础》(教育科学出版社)、《语文课程内容与教学内容》(教育科学出版社)、《语文教学内容重构》(上海教育出版社)、《听王荣生教授评课》(华东师范大学出版社)、《求索与创生:语文教育理论实践的汇流》(山东教育出版社)、《阅读教学设计的要诀》(中国轻工业出版社)等。

热身活动

一、阅读本讲座之前,请您先回答下面几个问题:

1. 您觉得语文教师需要掌握系统的理性知识吗?并请说明您的判断依据。

(1) A. 需要　B. 不需要

(2) 您的判断依据:① _____　② _____

二、根据您的理解,您觉得语文教师需要哪些方面的专业知识?为什么?

(1) _____

(2) _____

(3) _____

> **学习目标**

通过本讲座的学习,您应该能够:
一、语文知识可区分为哪三个方面?
 1. _____
 2. _____
 3. _____
二、语文教师的专业知识包括哪些方面?请分别结合课例谈谈这些知识的实际运用。
 1. _____
 2. _____
 3. _____
 4. _____

> **讲座正文**

今天我给大家讲的题目是"语文教师专业知识的构成"。教师是专业人员,专业人员最基本的定位是依据专业知识行事,教师的教学过程、教师的所作所为都要依据专业知识。过去有一些报道宣传走了两个极端:第一个极端是对语文教师的专业要求非常高。要求小学语文老师,你不仅要懂哲学、教育学、心理学,还要懂天文地理,还要懂一点艺术,好像小学语文教师的专业知识没有边界。第二个极端是好像没什么要求,没有底线。语文老师好像随便什么人都可以来当,只要认识中国字,会说中国话,就可以当语文老师。这两个极端对我们语文教师的专业发展都会造成一定的伤害。

【要点评议】

宣传报道所反映的两个极端现象,体现的就是二元对立的思维方式,缺乏实事求是的科学精神,也缺乏语文教师应有的专业意识。王荣生教授指出:"语文教学是专业性很强的工作。语文教师的专业化建设刻不容缓。然而,语文教师的专业知识包含哪些方面,有哪些具体内容,长期以来却一直语

> 焉不详。语文教学的专业含量被不断弱化,这严重地损害了语文教师的专业尊严。这种状况必须改变。"

前年,我们承担了国家考试中心组织的"全国教师资格考试标准"学习用书,根据考试大纲编写完成《初中语文学科知识和教学能力》《高中语文学科知识和教学能力》两本书。就是大家现在手上这套书。在完成这项任务的过程中,我们对语文教师专业知识的构成及其具体内容,逐渐有了更深的认识,今天我跟大家讲的就是这部分内容。

一、语文知识的区分

在编写这套书的过程中,我们把语文知识从三个方面区分开来:

(一)教师知识与学生知识的区分

我们要把教师知识与学生知识区分开来,我今天给大家讲的是语文教师的专业知识。对教师而言,关于文章、文学、语言,关于阅读、写作、口语交际等等必须具备系统的理性知识。过去我们对语文知识为什么讲不清楚呢?因为我们老是把老师的知识跟学生的知识混在一块,一讲到知识,老师马上想到我怎么去教学生。过去常说:"要给学生一杯水,教师要有一桶水"。这句话仅仅反映出教师与学生在知识储备数量上不一样,其实老师的知识和学生的知识更主要是知识的承载方式不一样。语文老师关于阅读、写作、口语交际,关于语言、文章、文学等等方面,必须有系统的理性知识,必须具有这些方面的专业认识。而学生的知识状态是语感。换言之,中小学生不需要学习很多名词术语,不需要知道很多术语包含的内涵、外延,关键是要学会运用。

【要点提炼】
教师必须具有系统的理性专业知识,学生的知识状态是语感。

【要点评议】
知识包括显性知识与隐性知识。显性知识是可以明言、编码、规范系统的知识。隐性知识是难以言明,处于隐藏状态、不能系统表述的知识,也叫缄默知识,它具有默会性、个体性、非理性、情境性、文化性、整体性等特征。英国科学家迈克尔·波兰尼对缄默知识做过专门研究。语文教师作为专业人士,理所当然需要具有系统、理性的专业知识。中小学生接受的是基础教育,不从事专门的语文教学与研究,没有专业知识的学习任务,核心目标是学会"正确地理解和运用祖国的语言文字",全面提高自己的语文素养。从这个角度来看,学生的知识状态主要定位在语感,即缄默知识,这是有道理的。过去教师知识与学生知识不分,大学中文专业的培养目标与中小学语文的学习目标混淆,就是语文课程专业化程度不高的表现。

举个例子来说,有一个学生的作文,在小学三四年级,老师给他的评语是"主题不够集中"。初中三年,老师给他的评语还是"主题不够集中"。高中三年,给他的评语仍是"主题不够集中"。你问他什么是好作文,他会说"主题要集中"。那么问他的作文有什么问题?他一定知道是"主题不够集中"。但是这个学生在近10年的时间里面,一直没有搞明白"主题集中"是怎么回事,他很想集中,但是集中不了。因为他始终不明白"主题集中"对他写作文意味着什么。学生的语文知识状态,是要他明白这个写作知识对他的写作实践意味着什么,所以老师必须要把这是怎么一回事讲明白,学生要理解"哦,原来是这么回事",这样才算教到位了。所以老师的知识跟学生的知识不单单是一个量的问题,而且是一个承载的状况不同。过去我们把这两个方面混淆得很厉害,所以语文知识的问题长期以来没有办法推进,现在就是要把教师的知识和学生的知识适当做一点区分,以后我们就方便进行讨论,在教师专业培养中我们可以大张旗鼓地说:教师需要掌握系统的语文知识。

【要点提炼】
　　让学生明白语文知识对他的读写实践意味着什么,如何操作。

【要点评议】
　　"教师需要掌握系统的语文知识",这本不是问题的问题,现在竟然也要提出来阐释、强调。可见语文学科"去知识化"走得有多远。科学知识是现代学科的基础,专业知识是现代教师的根本。我们将教师的知识与学生的知识区别开来,这个问题已经非常清楚了。记得十几年前,随着新语文课程标准的颁布,语文学科淡化知识的说法渐渐流行,现在重提语文知识,算是对语文知识的价值回归。事实证明,我们认识、处理语文课程问题,如果忽视了科学思维,仅凭经验、感悟,我们就难免要陷入瞎折腾、瞎争议的怪圈,毫无意义。语文课程建设,需要的是围绕具体实践问题,进行系统、严密的辨析,通过研究逐步解决一个个问题,从而逐步推进、改善语文课程状况。

(二) 教师知识、学生知识与课堂交往中名词术语的区分

我们要把教师知识与学生知识,和课堂交往中的术语区分开来。我们老师在上课时其实用了很多术语,"请同学们快速阅读一篇课文,用最简练的话概括这篇课文的主要意思",其中"快速阅读"就是一个术语,"概括"也是一个术语。我去听课,有老师说"快速的阅读",我就问这位老师:什么是"快速的阅读"?这位老师就告诉我说:就是速度要快。好像不对的,快速阅读是一种阅读方式,教快速阅读的时候一定要按照关键的部位来阅读,快速阅读从来都是跳读,比如说看看标题,看看第一段,看看中心句,看看结尾句,这个才是快速阅读。还有"概括"。我去听课,有老师说:请同学们概括课文。同学们讲了很多的话,对课文做了很多阐述,这显然不是概括。同学们谈了很多关于自己阅读课文时的感受,这显然也不是在概括。所谓概括,无非就是把很多的字变成很少的字。那怎么变呢,无非就是这么几种办法:如果一个内容有中心句,就把中心句提出来进行概括,如果没有中心句,根据段意来概括,然后把下位的内容,上升为上位的内容,无非就是这两件事情。

总之,我们平时会用很多的名词术语,这些名词术语的运用还存在很大的混乱、混淆。现在将教师知识、学生知识与课堂交往中的术语区分开来,我们提出了一个新的要求,即在课堂教学中,教师和学生必须对所用的名词术语有一致性的理解,或者说指认一致。也就是说学生在教学当中他不需要知道具体的内容,但是他必须知道这个名

【观察者点评】快速阅读与概括这两个术语的内涵是什么呢?
1. _____
2. _____

称指的是什么。现在老师很喜欢用"感悟"、"体会"、"品味",可什么是"感悟"、"体会"、"品味"?如果不明白,那老师就不明白自己要做什么,也不知道要求学生做什么。

> 【要点评议】
> 　　将教师知识、学生知识与课堂交往中的术语区分,要求在课堂教学中,教师与学生必须对所使用的术语有一致性的理解,知道它具体指什么。这也就意味着教师知识与学生知识需要区分,同时也需要关联,可以课堂交往中术语为中介,实现二者的互通。这样教师知识、学生知识与课堂交往中的术语,就可以构成一个合而不同的共同体,有利于各自的发展。

总之,我们要把语文知识从三个方面区分开来。首先,教师需要掌握的专业知识,必须是理性的系统知识。第二,在课堂教学中使用的术语,教师和学生必须达成一致的理解,或者对所指有一致的认识。第三,学生需要掌握的知识。

二、语文教师的专业知识

(一)语文教师专业知识的构成

语文教师的专业知识,由语文学科知识、语文教学设计、语文教学实施、语文教学评价四个方面构成。语文学科知识是从事语文教学工作的前提性知识。语文教学设计是老师备课时候的工作,语文教学实施是备课的教学设计教案转化为动态的教学过程,语文教学评价其实是贯穿在老师上课之前,上课之中和上课之后。我今天重点讲的是第一部分语文学科知识。

【观察者点评】语文知识的三个方面是:
1. _____
2. _____
3. _____

语文教学设计部分,我们现在知道的东西比较多些,包括初中和高中的教学设计。大家可以看看《初中语文学科知识和教学能力》、《高中语文学科知识和教学能力》,这本书有300多页,教学设计部分差不多有150页左右,有15万字左右。这一部分我们是作为研究的重点,所以知道的多一点。

【要点提炼】
　　语文教师的专业知识,由语文学科知识、语文教学设计、语文教学实施和语文教学评价四个方面构成。

【要点评议】

上文提到"尽管有很多很优秀的老师积累了大量的实践经验,但是从研究角度来说,课堂里面到底发生了什么,课堂里面这一切到底是怎么发生的,我们现在知道的还很少,所以这也是蛮奇怪的事情"。我国可谓教育大国,根据教育部网站最近的统计数据显示,我国普通中小学专任教师的人数达到10684874人,上千万教师群体中语文教师有好几百万人,语文教学的实践经验可谓超级丰富,可是我们竟然对课堂里面到底发生了什么、如何发生的缺乏科学认识。我国语文课堂教学还是"摸着石头"、努力辨别方向,其间不乏折腾。这真是"蛮奇怪的"。语文教育科研的落后,语文课程建设乏力,都制约着语文教学的质量提升,制约着语文教师的专业发展。在注意学习、引进国外先进理念、方法的同时,实施本土化战略,以教师的教学实践经验等为研究对象,全力加强语文课程的本土化研究,是语文教育实现现代化、科学化的有益途径。

语文教学实施部分我们知道的东西还不多,这部分其实在座的各位都是专家,因为课堂教学是你们从事的主要工作。尽管有很多很优秀的老师积累了大量的实践经验,但是从研究角度来说,课堂里面到底发生了什么,课堂里面这一切到底是怎么发生的,我们现在知道的还很少,所以这也是蛮奇怪的事情。包括很多很优秀的老师,他们介绍自己教学经验的时候,很难贴切地传递出自己的经验。所以很多老师上课上得很精彩,你问他为什么,他说这个是教学智慧,这样其他老师就没有办法明白这到底是怎么发生的。

我举一个简单的例子,这个例子我印象非常深刻。我看窦桂梅老师的一堂课《三打白骨精》,这里面牵涉对白骨精的理解和评价。在这堂课的上半段,窦老师问:白骨精是一个什么样的人。一个学生站起来说,白骨精很聪明。窦老师说:是聪明吗?我们待会儿再来看看。然后她继续上课,过了20多分钟,回来再问那个女孩:刚刚你说白骨精很聪明,你现在看是什么样的? 这个学生换了一个词,说"狡猾"。我们现在就不明白,一个老师在教学20分钟之后她还可以回过来去照应这个学生,这个需要怎么样的才能。如果我们可以说清楚这个事情,相信全体老师都可以做,现在我们说不明白,所以我们只能说窦桂梅老师的教学才能很高,这也就意味着其他老师没办法了。而我们做研究其实不是为了解说某个老师教学才能高,其实是为了通过对她的教学才能阐释,其他老师也可以明白是怎么一回事,大家都可以去做。

【要点评议】
　　从科学的层面来看,名师课堂教学研究不是为展示名师个人的教学技艺与风采,而是要指向学科共性层面,努力挖掘个人成功教学实践所承载的共性因素,发现能够为语文教师群体所共享的那部分内容。通过这些学科共性因素的把握,也可以为语文课程建设奠定坚实的基础。这从根本上可避免语文教育科研与实践"两张皮"的现象。

　　语文教学评价部分,尽管大家都知道最重要,评价制约着教学,评价指挥着教学。但是很遗憾,目前我们的研究水准,教学评价这部分做得比较差。尽管我们是考试大国,尽管老师、学生、家长、行政领导都非常关注考试,甚至围绕着考试,但是教学评价部分我们研究得很差,对语文考试如何,语文评价是怎么回事,我们现在知道的东西不多。所以你们在看书的时候会发现,这部分我们目前的水准就是把一般的评价理论贴上一点语文的例子。

　　我随便举一个例子,阅读考试里面有一个最简单的项目,一篇文章里面有一个词语,"请解释这个词语的意思",这到底考的是什么样的能力,考的是哪一个层级的能力?它牵涉面很广,比如说一个词有时候可以依据词本身来解释,有的时候必须依据上下文语境来解释,有时候这个词义可能依靠近的语境,有时候这个词义可能依靠远的语境,也就是对这个词义的解释可能要在上下两段来找,有时候往上找,有时候往下找,有时候上下统一找,有时候一个词语就牵涉到全篇结构的理解。那么同样考这个词语的解释,我们到底考的是什么,这部分我们现在研究得比较少。

【要点评议】
　　从语文学习本身来说,语文教学评价不是最关键的因素。可是,在特定的社会框架内,涉及选拔、甄别、淘汰及利益相关性,语文教学评价就成为"指

> 挥棒"，影响全局，关乎命运。可是"教学评价部分我们研究得很差，对语文考试如何，语文评价是怎么回事，我们现在知道的东西不多"。在这样的背景下，突然增加语文高考的分值，存在一定风险。加强语文教学、考试评价研究，看来是未来语文教育科研的方向之一。

（二）语文学科知识

关于语文学科知识，目前我们知道了一个边界，根据我们的理解，语文学科知识可以分为四个部分：第一部分，是语文学科的基础知识。这是关于语文活动对象或主体的知识。语言学、文学、文章学和心理学，是支撑语文学科的四根支柱，因而是语文学科的基础知识。这些知识的学习，理应通过大学相关课程和教材。然而，大学相关课程和教材，由于种种原因，一些对语文教学极为重要的知识，或者未予申明，或者未予突出，有的还缺乏研究。因而导致语文教师普遍未能知晓，在语文教学中往往未能发挥其应有的效用。第二部分，是语文学习领域知识。这是关于语文课程与教学内容的知识，在语文教学中"应该教什么"、"应该学什么"的知识。第三部分，语文课程与教学论知识。即对语文课程、语文教材、语文教学和语文教学评价的认识。第四部分，语文课程资源知识。下面重点介绍语文学科的基础知识。

1. 语文学科的基础知识

如上所述，语文学科的基础知识包括语言学、文学、文章学和心理学四个方面。所以我们这套书第一章下面设四节，第一节语言学若干知识点，第二节文学理论若干知识点，第三节文章学若干知识点，第四节心理学若干知识点。这部分知识按道理大学要教会的，师范大学专业课主要是学习这部分知识，但是很遗憾，这里出现了很多状况。

【观察者点评】语文学科的基础知识包括：
1. ＿＿＿＿
2. ＿＿＿＿
3. ＿＿＿＿
4. ＿＿＿＿

第一个状况，语文教学最需要的部分，往往是研究不到位的部分，往往是大学里讲得比较少、甚至不讲的部分。比如散文教学，初中主要教散文，读的是散文，写的是散文，小学大部分也是散文，或者可以归到散文这个大类，但是散文的研究非常薄弱。国外的文学理论，纯文学，包括诗歌、小说、戏剧，不包括我们现在说的散文。我们因为研究落后，往往用文学理论部分去对付散文,往往出错。

第二个状况,大学里讲了,但是大学里讲的是自己的知识系统,没有把它凸显出来。如唐诗和宋词有差别,大学教科书一定讲得清楚,但是很多课堂,老师教唐诗和宋词都差不多。

第三个状况,在大学阶段其实是讲清楚了,但是很奇怪,语文老师一从事教学工作,好像就会把大学里面学的一套东西马上抛弃掉,变成纯粹是即兴反应,我们老师很难把大学里面学的东西跟我们教学工作关联起来。

总之,语文学科的基础知识里面涉及很多问题,前面我随便列举了三种状况,相关的研究都很少。当然还包括第四种情况,大学里面讲的很多,都是废话,没用的多,有用的少。这样导致我们一个教师,几乎处于知识真空的状态,理性知识没有了,基本上就是凭自己的感觉来。拿到一篇课文教什么,凭自己的感觉来,为什么呢?道理很难讲,或者往往不太去想道理。所以我们特别强调语文学科的基础知识,我们在杂志上也发表过相关文章。

【要点评议】

从语文学习本身来说,语文教学评价不是最关键的因素。可是,在特定的社会框架内,涉及选拔、甄别、淘汰及利益相关性,语文教学评价就成为"指挥棒",影响全局,关乎命运。可是"教学评价部分我们研究得很差,对语文考试如何,语文评价是怎么回事,我们现在知道的东西不多"。在这样的背景下,突然增加语文高考的分值,存在一定风险。加强语文教学、考试评价研究,看来是未来语文教育科研的方向之一。

(1) 语言学若干知识点

语言学知识部分,我选了五个点,或者我们整个团队研究最后确定了五个点:第一点,汉语言文字特点。第二个点,语境与词义。第三个点,语体。第四个点,语篇。第五个点,修辞格及比喻。下面我稍微展开一点点。

汉语言文字特点。小学老师很注重小学生的朗读,朗读最主要的一个功能就是体会、体验由声音传递的语感、情感。我们汉语里面有声母、韵母、声调,声调英语是没有的,声调、押韵可以说是汉语的一个长处,在汉语里面声母、韵母、声调跟情感的关联,所以注重朗读,应该是让学生通过朗读去感受由声音传递的那部分意思、意韵和情感,所以我们古代人很重视朗读、吟诵,古代的默读很不发达。再比如汉语的流水句。汉语的叙述语言本来是灵动的,是丰富多彩的,这和汉语句式有关系,很多句子的主语可以变换,动词可以没有宾语等。但是很可惜,我们知道汉语语句特点的老师不是太多。翻译小说,也是欧化的语言,基本上是按照英文句法来表达的。

【要点提炼】

　　流水句:也称为"流块堆叠",是汉语句式民族特点的集中体现。

【要点评议】

　　汉语文是我们教学的目标语,汉语言文字的特点,影响我们教育的全局,尤其影响着语文课程与教学。从汉语文文字的特点出发,来从事语文课程与教学改革,目前做得还很不够,某种程度上重视学习国外教育经验,忽视本土教育实践;重视从上到下的共性要求,忽视从学科本身来发展、提升。抓住了汉语文字的特点,语文课程就有了个性、特色。另外,古汉语与现代汉语有重大区别,也是需要研究、重视的。

　　关于语体。教学中有一种办法叫先说后写。有的老师就把先说后写简单地连接起来,说好以后就写。有问题的,因为说的是口语,写的是书面语,口语和书面语其实是两个不同的语体系统,包括它的语汇系统、语法系统,口语交际是现场的,我们很多话从语法上说是断裂的,是重复的,书面语是静态语句的写作,是完全不同的。所以先说后写,坏的结果可能是学生既不会说也不会写,因为没有把握语体的区别特征。

【要点评议】

　　英国语言学家S·皮特·科德曾说:"一个人的社会行为的自由程度取决于他的常用语言手段的幅度大小。如果不掌握某种代码或某种语体,就会严重限制他在某些方面的行为的自由程度。"把握语体特征,对学会言语表达意义重大。"不同的交际领域和交际目的形成许多在运用语言材料和表现手段上具

> 有不同特点的语言表达体系,这种语言表达体系就是语体",包括口语语体、书面语体和网络语体等,或新闻语体、宗教语体、广告语体等。写作教学需要把握口语体、书面语体的区别,同时也需要把握文言语体与现代语体文的区别。现代语体文写作有自身的特点和规律。

还有语篇。根据现代语言学的研究,语篇是一个核心概念。下次我请大家做一篇课文的共同备课,就是《黄山奇松》,到时候讨论我们会聚焦在这个上面。很少有老师会把它当语篇来教,很多老师把它当做语言材料来教,从这篇课文东抠一点,西抠一点,基本上就是这样。

> 语篇,是"指为描写和分析目的而记录下来的一段语言,不仅指结集的书面材料,也指口说材料",如独白、仪式讲话等。语篇的七要素包括:衔接、连贯、目的性、可接受性、信息性、情景性、互文。
> (引自王荣生、宋冬生主编《语文学科知识与教学能力》第7页)

修辞也是语文知识的主要部分之一。如果算年代的话,我们所说的修辞学知识已经有100多岁了。比如说比喻知识,从国外来的,是19世纪的知识,现代语言学研究,关于修辞的研究,已经完全改观。现在强调的是一种认知性比喻,强调的是隐喻部分。过去讲比喻,本体、喻体、比喻词,最后落在相似点,这个完全不对,其实比喻从阅读的角度来说,应该突出的是相异点,本体和喻体的相异点,就是要突出本体和喻体的某种相异的部分才用比喻,你也很丑,他也很丑,但是丑得不一样,怎么表达,没办法,就是语言变形,如"问君能有几多愁,恰似一江春水向东流"。

(2)文学理论若干知识点

文学部分也有很多知识比如抒情话语、叙事话语,对有些老师来说比较陌生,但是没有办法,我觉得这些知识、这些术语,语文老师是必须明白的,因为这是文学理论里面通行的话语。我们语文教学界很多通行的知识和学术界通行的知识之间发生阻隔,所以语文教学中会教一些很奇怪的东西,从而将学术界通行的知识变得很偏颇。关于文学理论知识我想突出一点,多元理解,这方面我们过去讲得很偏。

我先讲一下背景。我们国家的语文教育研究,通行的办法,是纠偏的办法。现实当中出现了什么问题,就提一个口号,希望通过这个口号纠正教学实践当中的问题,而那个口号本身没有很好地研究,就变成了由口号引起的另外一系列问题,原来的问题也没有解决。个性化阅读,整体感知,多元解读,多元理解等,都是这样提出来的。

我们说的多元理解和文学理论原本所讲的多元理解发生了很大的分歧。在国外,一个就叫读者反应批评理论,一个就叫文学接受理论。

【要点评议】
文学作品主要是形象思维的产物,文学作品内部分布不少空白点,是开放性的结构,留有很大的阐释、解读空间,所以读者的生活经验、文化修养及当时心境不同,自然会有不同的理解、感受。可是,学生是未成熟的读者,教师要教会他们阅读、欣赏诗歌、小说、戏剧等,教师自然就要"纠正、改变、丰厚、加深学生对课文的理解"。这才体现出教师的教学价值。

第一层意思,读者反应批评理论。读者反应批评理论讲的是什么意思?一个文学作品,请注意,是文学作品,因为读者的生活经验、文化修养不同,瞬间感受的方向不同,所以他们对一个文学作品的心里反应是不同的。读者反应批评,就是不同的人读一个文学作品,他们的反应是不同的,这些其实也是常识,但是他并没有说不同的反应都是好的,不同的反应质量都是一样的,只是一个客观描述。这层意思跟语文阅读教学相关,我们要充分重视学生对课文的理解,他们基于自己的生活经验和阅读能力的不同理解,但这并不等于说学生的理解就是对的、好的。情况恰恰相反,他们之所以是学生,往往是因为他们受生活经验的制约,阅读能力的不足,所作出的理解会有很大的偏差。所以一方面要尊重学生的个性化理解,尊重学生的自主理解,另一方面教师要教会学生如何阅读,培养学生的阅读能力。这意味着,教师要纠正、改变、丰厚、加深学生对课文的理解。这两层意思是不矛盾的。

第二层意思,是文学的接受理论。首先把主语讲清楚,文学理论研究者,这个是它的主语,读者反应批评理论的主语是任何读者。文学理论研究者,基于不同的理论,对同一个作品做出不同的阐释,请注意,他这里用"阐释"这个词,刚才说"反应"是心理的,现在说"阐释"是理性的,表达理性认识。同一个作品可从马克思主义、弗洛伊德心理学或女性主义的观点做出分析和阐释。这一层意思跟学生就没有关系了。文学理论研究者是阅读能力很强的人,是成熟的阅读者、理想的读者。显然我们学生不属于这个范畴。另外它是基于某种理论,这个跟我们学生也没有关系,我们学生往往是基于生活经验地即兴反应。

第三层意思,不同时代、不同民族,由于时代差异,由于民族风情的差异,对同一个作品会做出不同的阐释。请注意,这里主语是一个整体,是一代人或一个民族整体。如《小二黑结婚》里面的正面人物是小二黑,反面人物是三仙姑,而美国学生对这个作品的理解完全不同,他们会认为正面人物是三仙姑,具有个性。这意味着阅读不同民族文化的作品,学生要学会按照别人的风俗习惯、时代背景去理解别人作品。

总之,"多元理解"在文学理论里面大概就是这三层意思。第一层意思是读者反应批评理论,这个是美国的,不同的人读同一个作品,或同一个人在不同的境况读同一个作品,你的反应、感受是不一样的。这里没有说这就是对的、好的、合理的。第二层意思是文学理论研究者,基于不同的理论对同一个作品做阐释,这一层意思跟学生几乎没有关系。第三层意思是不同时代、不同民族,对同一个作品的阐释是不同的,这启示我们教外国作品怎么教,比如《卖火柴的小女孩》就牵涉到一个文化问题。我们基本上按照现在的价值观来判断,资本主义社会儿童好痛苦,显然这不是读这篇童话的核心部分。

【要点评议】

多元理解,多元有界,从语文课程的角度来看,通过阅读教学教会学生阅读,让学生成为一个合格的阅读者。学生的属性特征,决定了阅读教学的定位、目标。文学接受理论,针对的是文学理论研究者,不适合于学生。阅读文本的属性特征,是影响阅读教学的关键要素之一,如文学文本与实用文本,文学里面的诗歌、小说、戏剧或散文等文本,各有不同的解读要求、方法、路径。实用文本主要是实现社会交际、信息传递功能,不允许多元解读,否则信息传输管道就出问题了。另外,社会文化环境、跨文化交际语境也深刻地影响着学生对"异域文本"的解读。人是符号的动物,正确理解文本符号的能力,是人自身成长的需要,也是现代社会存在与发展的基础。

可见,文学理论其实牵涉很多教学理论知识,但是长期以来我们教学"去知识化"太严重了,很多老师仅根据自己的感觉去教,和专业要求相去很远。如刚刚说到的《卖火柴的小女孩》，很多老师不太明白童话里面的虚构，把它当做真实事件、新闻报道来教，这个显然有问题。

【要点评议】
　　语文教学"去知识化"之路，就是自我放逐，这是历史的倒退。在教育科学的世界，语文教学是专业行为，教师是依据专业知识行事的专业工作者，"去知识化"、"语文老师不读书"都是荒唐的事情。语文教学需要增加科学知识的含量，语文课程需要实现科学化（广义），从而实现语文教师明明白白、清清楚楚地做好自己的业务。这也将彻底改变随便什么人都可以当语文教师的现象，也将提高语文课程研究的"门槛"，提升语文教育研究的学术品位。这也必将伴随着向其他优势学科学习、取经的过程。

（3）文章学若干知识点

这部分与我们教学的相关性最大，包括实用文章、亚文类与体裁、章法与脉络、段落以及表达方式等，下面着重以表达方式为例来介绍。

【观察者点评】"这里有问题了"，会是什么问题呢？

小学写作教学的最高理想就是教学生能够写出生动的记叙文，小学四五年里面几乎都在干这个事情。我问过很多老师：什么是生动的记叙文。他们告诉我：描写要生动。请注意我问的是记叙文，他回答我的是描写，描写要生动。我问他：什么是描写生动，他回答：是好词、好句。这就有问题了。

① 关于记叙生动。记叙是关于这个时间里发生的事情，是动的。那么怎么样才可以记叙生动？台湾有一个散文家，也是语文教育的专家，叫王鼎钧，他写了一系列书，比如说《作文七巧》《作文十九问》等。他在书里讲，记叙生动无非是三件事：

第一件事，叫起落。从阅读者反应来说，叫有起有落。从写作角度来讲，要选波澜起伏的事情来写。王鼎钧说：女孩子，要使旗袍穿得好看，首先是要身材好。也就是要找"身材好"的材料来写，就会波澜起伏。这是记叙文教学的一个难点，一方面希望学生的生活平平稳稳，另一方面文章选材必须要有波澜起伏。这要求在平常生活中，让学生发现有波澜的事情，这个是很高的要求，这几乎就是对作家的要求。所以看起来简单,就是要学生写一个有起有伏的事情,但其实对学生的要求太高了,我们现在有一个建议,学记叙,用虚构。这样来学记叙文会比较容易。通过虚构的方法,让学生容易学会制造波澜起伏,锻炼他的记叙能力。这就叫起落。

第二部分,叫详略。详略也是从读者角度来说,比较重要的事,别人愿意听的事,多说一点,反之少写一点。所以一篇记叙文,10分钟发生的事写了800字,然后两年发生的事就一句话"两年过去了"。这就是记叙叙事学里面讲的时间,实际发生的时间和作文当中写作、阅读的时间。所谓"详",就是实际发生的时间短却写得多。所谓"略",就是实际发生的时间长但写得少。

第三部分,叫表里。表里是大家看得到的、都知道的事少写一点,别人不知道的事、只有你看到的事,多写一点,比如说这个老师像平常一样上课,一句话就可以了,但是你恰好知道,昨天晚上他在医院里面挂了整晚吊针,那要重点写的就是昨天晚上。

可见,所谓记叙生动就是三件事,第一件事就是选波澜起伏的事来写,第二件事就是选重要的,别人愿意听的事来写,第三件事就是选别人不太知道,只有你知道的事来写。就是这三件事,好像不太复杂,但是我们教了小学不说六年,四五年总有,中学又至少教了三年,高中还要教,都没有教会。这只有一个结论,就是教的东西不对。我们老师怎么教的,什么叫生动的记叙文,就是描写要生动。可见,你并没有教记叙本身,而教的是描写。那什么是描写生动,语言要生动。你描写也没有教,就教了一个语言。什么语言呢,就是好词好句。所以我们小学就是积累好词好句,积累名言名句。这其实是一个蛮奇怪的做法。学生积累好词好句,就是为了写作时放进去,这样描写就生动了,作文就好了。这显然逻辑上不通,也与我们的写作经验相违反。古代言文分离,练习文言文必须提前积累字词。现在媒体发达,学生可以通过不同的渠道来吸收、丰富词汇。总之,如果要教会学生记叙,就要抓住记叙,抓住动的表述,动态事件的展现。所以我们现在提一个建议,就是写虚构,写童话,写小说,波澜就很容易出来。

【要点评议】

记叙要写得生动,就是要选波澜起伏的事来写;要选重要的、别人愿意听的事来写;要选别人不太知道、只有你知道的事来写。可实际教学中,教记叙,却教成了描写;教描写,又教成了积累好词好句。于是写作练习转变成了搬运好词好句。"在一个封闭的系统里面积累一些封闭的词语,然后用这些词语来写文章,这种方式不是我们说的构造语篇作为交际的方式",这也违背了我们的写作经验。整个教学思路,逻辑混乱,概念不清。记叙文写作教学的高耗低效,主要不是教法的问题,首要的是教的东西不对。

② 关于描写。描写也叫描述,简单地说就是写看到的东西,包括你眼睛看到的东西,或头脑看到的东西,所以描写是静的。比如我上课时做一个举动,你要描写下来必须把我的动态还原成静态来写,所以描写是空间的展示。那么描写是跟观察相关联的。过去讲到观察,说了三句话,三句都是废话,第一句要认真观察,第二句要仔细观察,第三句要按一定顺序观察。因为"观察"包含了认真、仔细,而且任何正常人都是按照一定顺序观察,不需要教。假如我叫大家写这个教室,你怎么写?你肯定按照顺序写的,不可能东搞一个角,西搞一个角。我举这个例子大家会有一点疑问,这不是说明吗?等一下我会讲到说明。所以我们现在教学,如果从文章学角度来说,记叙没有教到,描写没教到,说明也没有教到,议论更没有教到,我们什么都没有教到位。

【观察者点评】记叙、描写、说明、议论等都没有教到位,其背后的根本原因是什么呢?

所谓观察有三种:第一种,日常观察,凡是眼光对的人看出来的东西都是一样的;凡是具备相同背景知识的人,看出来的东西都是一样的。第二种,科学观察,可分两种,一是用科学仪器来观察,一种是用科学方法来观察。听课也是科学观察,假如我们聚焦在研究的点或研讨的点,大家看出来的东西,本身是一样的,产生争论部分是需要解释的。第三种叫文学观察,文学观察严格来说不是用眼睛看,而是用心感受。朱自清写的《荷塘月色》,正如一粒粒的明珠,又如碧天里的星星,又如新出浴的美人,这是他心中的河塘、荷花。

现在写作教学中,老师希望学生通过仔细观察写好作文,属于哪一种观察?希望学生做的是文学观察,所以我看好多教描写的写作课,好奇怪,给学生一张漂亮的图片,有一个大池子,有鸳鸯,背后有山,然后要求学生仔细观察,练习描写。如按照日常观察,学生写出来的东西是一样的,但是老师希望每个人写出不同点来。文学观察可以教吗?文学观察是作家的才能,你看看过去我们为什么很难教会学生写记叙文,我们选了很难的事情。第一件事情,在平凡生活中让学生发现波澜,好难啊,我相信没有老师可以教会这件事。第二件事,运用日常观察方法但是进行文学观察,写出他心目中的独特景象,好难。这其实是有问题的。学生所做的只能是日常观察,文学观察的部分是没有办法教的,文学观察有主观性。

这方面很多知识来自国外,"记叙、描写、说明、议论"都来自国外,我们通过英语,或通过英文转日文引进来的,所以理解这些词的原意,必须按照英文来理解。在翻译过程中,我们不断加入中国本土化的解释、理解,最后把这个知识搞乱了。目前把描写搞乱了,描写其实很简单,就是把瞬间发生的事定格。换句话说,就是把一些时间比较短的事切分、定格,第二件事就是把综合的事情打开来,比如说肖像描写,写眼睛怎么样,眉毛怎么样,嘴角怎么样,就是把一个综合的东西打开来。描写的关键是具体,而不是生动,只有具体了才会生动。所以跟语文老师的直觉相反,运用形容词来写,往往很难写具体,很难写生动。因为形容词都是概括的,而且讲到语言特点,我们汉语中的形容词不仅具有描绘功能,更具有评价功能,这个是汉语跟英语词汇的差别。现在我随便举一个例,"听说某位老师上课上得很好",请问上课上得很好,是客观事实,还是对这个人的评价?分不清楚。汉语就是这个特点。在英文里面,一定会分清楚,评价是评价的句式,客观描述是客观描述的句式。

【要点评议】
　　语言演变史,就是民族的心灵发展史。汉语与中华民族的社会生活、历史文化息息相关。民族文化、社会生活的特点也会潜移默化地影响、渗入到汉语的理解与表达过程中去。人治的社会,给汉语打下了深刻的烙印。清末民初,随着西方科学文化的大量输入,无数的科学词汇被译介到中国,渐渐被汉语所吸收、同化。随着社会的现代转型,现代汉语渐渐成形。现代汉语还非常年轻,不成熟。在国际化背景下,现代汉语受到诸如英语等强势语种的竞争与挑战;在网络化背景下,现代汉语的某些品质受到伤害。在开放中,培育现代汉语的科学品质特别需要加强。语文教育需要以前瞻的眼光来推进课程建设,通过培育国民的言语素质,来促进现代汉语的发展,培养有现代思维的中国人。

所以我们原以为让学生通过积累好词、好句就可以写生动,其实往往做的是相反的事。所谓写作，本来就是把我看到的、感到的，用我的语言尽可能逼真地去描绘，逼真地去表达。而现在我们学生用所谓的好词、好句去敷衍，最后他写出来的东西就违反了写作的本意。

描写或描述是写眼睛看到的地方，现在我请你们写这个杯子就是描述，现在我问大家，杯子为什么做成圆的，你要解释，这才是说明。说明是说明你眼睛看不到的地方，所以说明一定是和知识连在一起的，一定是跟研究连在一起的。事实上，这个知识本来在20世纪二三十年代已经是很清楚的事情。大家看叶圣陶先生编写的《国文百八课》，讲的说明就是这个东西。说明指的是一种类、一种抽象，解释它的原理。当时翻译过来叫"解说"，解说比说明要好。

现在看起来我们的写作教学，记叙没教到，描写没教到，说明没有教，议论教了吗？也没有。议论或者翻译为论辩。论辩不能用自说自话来讲道理。如果要使你的判断有价值，应该具备两个条件：有证据，有逻辑推论。所以教议论的核心不在观点，很多老师就教学生，要树立一个正确观点。而观点正确与否是靠你的证据和推论。所以议论的核心在理由，关键在证据和由证据支撑观点的论证过程。我刚刚讲论证过程，过去我们都没有教过。议论文本来是教两个部分，一个是论据，如何收集论据，如何用这种论据来产生你的观点，第二个是逻辑推理的方法。

【观察者点评】我是怎么教学生记叙、描写、说明及议论等？

以上这些是我要跟大家讲的文章学知识。对照一下我们目前的教学，如果我刚才说的没有错误的话，大家可以看到中小学其实没有教过记叙，很少教到如何描写，几乎没有教过解说、说明、阐释，所教的议论文是违反议论常识的。

语文学科的基础知识具体纲表

语言学若干知识点	文学理论若干知识点	文章学若干知识点	心理学若干知识点
一、汉语言文字特点	一、文学的基本要素	一、实用文章	一、知识与知识表征
二、语境与词义	二、文学文本的层次	二、亚文类与体裁	二、图式
三、语体	三、文学文类与文学文体	三、章法与脉络	三、迁移
四、语篇	四、抒情话语	四、段落	四、移情
五、修辞格及比喻	五、叙事话语	五、表达方式	
	六、文学接受		

2. 语文学习领域知识

这一部分是关于语文课程与教学内容的知识,在语文教学中"应该教什么"、"应该学什么"的知识。根据《全日制义务教育语文课程标准(实验稿)》,在语文课程中,语文学习有"识字与写字"、"阅读"、"写作"、"口语交际"、"综合性学习"五个领域。根据《普通高中语文课程标准(实验稿)》,高中语文课程包括必修和选修两个部分,其中必修课程分"阅读与鉴赏"、"表达与交流"两个方面。阅读与鉴赏,实际上指两种不同的阅读类型。表达与交流,包括书面表达和口头表达。因此高中语文必修课程,仍可依《全日制义务教育语文课程标准(实验稿)》,分为阅读、写作、口语交际等学习领域。高中语文选修课程的五个系列,则是阅读、写作、口语交际等学习领域的进一步扩展或深化。

在语文教学中"应该教什么"、"应该学什么",语文课程标准实际上已作出了明确的回答,那就是"识字与写字"、"阅读"、"写作"、"口语交际"、"综合性学习"五个学习领域。这个回答是革命性的。尽管对它的革命性意义,在以往的语文课程标准解读中并未得到充分的阐发。语文课程与教学的内容,主要不是关于对象或主体的知识,不是关于语言的语言学知识,不是关于文学的文学理论知识,不是关于文章的文章学知识,不是关于心理活动的心理学知识。这些知识的学习,是为"识字与写字"、"阅读"、"写作"、"口语交际"、"综合性学习"服务的,只有把它们融会在"识字与写字"、"阅读"、"写作"、"口语交际"、"综合性学习"之中,学习这些知识才有意义和价值。

换言之,语文课程与教学的内容,是把主体与对象关联起来的知识。"识字与写字",关系到识字、写字的人和所识的字、所写的字。阅读,关系到阅读的人和所阅读的读物。写作,关系到写作的人和写作的具体情境及所写的文章样式。口语交际,关系到听话、说话的人和听说的具体情境及话语类型。综合性学习,关系到学习的人和语文综合性活动的情境及任务。语文学习,是学习如何识字写字、如何阅读、如何写作、如何口语交际、如何运用语文进行综合性学习。这种认识,是语文教育研究者业已形成的共识,即语文学习不是学习静态的语言学知识、文学知识、文章学知识等,不是学习关于"语言"陈述性知识,而是学习"言语",学习如何运用语言程序性知识、策略性知识。语文课程标准就是把这样的共识固定下来,并以标准的形式加以确认。

问题是研究没有跟进。阅读是怎么回事、写作是怎么回事、口语交际是怎么回事、语文综合性学习是怎么回事,长期以来,似乎并没有说明白过。阅读学习什么、写作学习什么、口语交际学习什么、语文综合性学习要综合什么和学习什么,长期以来,似乎均无着落。现在到了该说清楚的时候了。所积累的研究成果,也具备了基本能说明白的条件。下表是关于"阅读"、"写作"、"口语交际"这三个主要学习领域的论述纲目:

> 【观察者点评】阅读、写作、口语交际与语文综合性学习是什么,学什么,我想过这些问题吗?是怎么想的?

阅读与学习阅读	写作与学习写作	口语交际学习内容
一、阅读的观念 二、阅读活动中的理解 三、阅读取向与阅读方法 四、阅读规则和策略 五、"文学鉴赏"的含义 六、实用文阅读类型举例	一、写作是特定语境中的书面表达 二、写作的语境要素 三、写作活动:在特定语境中构造语篇 四、中学生写作的语篇类型 五、写作过程、步骤与策略	一、口语交际的含义 二、口语交际的类型及其学习内容 三、口语交际中的倾听和非语言交流

语文学习领域的知识,在散文、小说、诗歌、戏剧、实用文章和文言文阅读教学设计,在自叙文、虚构故事、阐释文、论辩文等写作教学设计,在日常的口语交际、组织中的口语交际、特殊场合的口语交际教学设计,在知识性的语文综合性学习、探究性的语文综合性学习、体验性的语文综合性学习等教学设计,可进一步地展开或具体化。这些知识,语文教师需要理性把握,并落实到课堂的教学内容中,在教学中努力转化为学生的语文经验。

3. 语文课程与教学论知识

这一部分是对语文课程、语文教材、语文教学和语文教学评价的认识。对语文教学来说,这部分知识处在上位,它贯通教育学原理、课程论、教学论、教育评价论等知识,也体现着语文课程与教学论研究的智慧,对语文教学起着统摄性的引领和规范作用。

比如在语文课程论中,语文活动与语文学习的关系,语文知识与语文实践的关系,语文课程目标的特点,语文课程目标与课程内容的关系,语文课程内容的构成等。在语文教材论中,语文教材的类型,语文教材内容,语文教材中的选文的功能,语文教材使用的原则等。在语文教学论中,教学方法的含义,教学内容与教学方法的关系,"教的活动"与"学的活动"的关系,"学习状态"与"学习经验"的关系等。正确地理解这些内容,合理地把握上述种种关系,对语文教学至关重要。

语文教学中的种种问题,不仅是因为语文教学内容把握不住,而且往往是因为对语文课程、教材、教学和教学评价的认识不到位。为此,我们专门撰写了语文课程论撮要、语文教材论撮要、语文教学论撮要、语文教学评价论撮要等相关文章,指明语文教师必需知道的语文课程与教学论知识。

知识来源于可靠的研究。在语文教育、教学研究和实践中,尤其要强化尊重知识,尤其要注意分辨研究得出的结论与基于个人立场的观点、主张。区分知识与观点、主张,并不那么困难:当一种认识提出之后,我们只需问"你怎么知道的?"如果所得到的回答是、或事实上是"我这么认为的",那么这就是个人观点、主张。观点、主张可能有真知灼见,因而可供参考,应"姑妄听之"。不同观点、主张或许各有道理,因而可多元共存,应"兼听则明"。如果得到的回答,显然是基于充分的资料分析,包括对书面资料的公正梳理,对教学实践的客观剖析,那么这就是研究。研究得出的结论,在未被证伪之前,就是知识,就是对规律的揭示。除非有证据证明它的资料不可靠、分析不正确、逻辑有错误,否则不管喜欢与否,不管是否与自己的观念相冲突,都不能无视或轻易或反对这一研究结论。尊重知识,是人的美德。按专业知识行事,才是专业工作者。

4. 语文课程资源知识

主要是四个方面:

(1) 对语文课程标准的理解。

(2) 对所使用的语文教科书与教学参考书的把握。

(3) 对优秀语文教师及成功课例的熟悉。

(4) 对信息化语文课程资源和语文教学研究主要杂志的了解。

一名语文教师,如果对语文课程标准不能正确理解,对所使用的语文教科书不能妥善把握,不知道有过哪些语文教学专家,不能从语文教学专家的成功课例中获取行事的准则,不知道语文教学研究的主要杂志,不能利用正规的信息化语文课程资源,就不太可能成为称职的语文教师。

以上是"语文学科知识"的概貌,主要是介绍我们研究团队对语文学科知识上述四个方面的梳理和研究,介绍我们认为称职语文教师必需知道的语文学科知识的具体内容,希望能对语文教学的改善、对语文教师的专业化建设起到积极作用。

语文教师是专业人员,我刚刚说了专业人员要具备专业知识,因为你是凭借专业知识做事情的人,而我们现在这里问题很大。当然,这里的问题不是老师个体的问题,不是某一个老师教错了,某一个老师知识有问题。我们现在的问题是,我用三个词来形容,叫"大面积的,长时期的,集团性的"。所以,语文老师一定要尊重知识。一定要相信知识就是力量。如果我们的知识不对,或者我们教的东西、内容不对,是没有办法教会学生的。谢谢大家。

资源链接

1. 王荣生,等. 初中语文学科知识与教学能力[M]. 北京:高等教育出版社,2011.
2. 王荣生,等. 高中语文学科知识与教学能力[M]. 北京:高等教育出版社,2011.
3. 王荣生. 语感、语识与语文实践活动[J]. 语文教学通讯,2006(29).
4. 王荣生. 完整地理解"语文知识"的问题[J]. 中学语文教学,2007(10).
5. 王荣生. "想教什么"与"实际在教什么"[J]. 江苏教育,2009(13).

后续学习活动

请以您熟悉的一位优秀教师为例,结合讲座中语文学科知识框架,根据他所有的课例或其他文献材料来评价他的语文学科知识情况,在相应处打"√",并写出您的判断依据。

教师名字					
语文学科知识		语文学科基础知识	语文学习领域知识	语文课程与教学论知识	语文课程资源知识
评价等级	好				
	中				
	差				
科学依据					

第 9 讲　从课例中获取语文教学知识

王荣生

专家简介

王荣生,基本情况见前一专题相关内容。

热身活动

阅读本专题之前,请您完成以下任务:
1. 列举至少两堂优秀课例,说一说您学到了什么,或者对您的教学有何启示。
课例1:＿＿＿＿＿＿＿＿＿＿＿＿＿＿＿＿＿＿＿＿＿＿＿＿＿＿＿＿＿＿＿

＿＿＿＿＿＿＿＿＿＿＿＿＿＿＿＿＿＿＿＿＿＿＿＿＿＿＿＿＿＿＿＿＿＿＿

课例2:＿＿＿＿＿＿＿＿＿＿＿＿＿＿＿＿＿＿＿＿＿＿＿＿＿＿＿＿＿＿＿

＿＿＿＿＿＿＿＿＿＿＿＿＿＿＿＿＿＿＿＿＿＿＿＿＿＿＿＿＿＿＿＿＿＿＿

2. 回想一下,您平常写教案时,是否有以下几种情形?
(1) 撰写教学目标时通常是照搬教参或网上教案的说法。
(2) 比较教学目标,更注重设计教学过程中的环节。
(3) 在自己的课堂上会经常尝试优秀课例中的做法。

学习目标

通过本讲座的学习,您能够:
1. 理解语文教学知识的含义。
2. 掌握关于语文教学设计和组织课堂教学的知识。
3. 具有从优秀课例中获取语文教学知识的意识。

讲座正文

今天我要和大家交流的话题,是从课例研究中获取语文教学知识。语文教学知识是语文教师关于课堂教学中教什么和怎么教的知识。语文教师获取这种知识的主要途径之一是优秀的课例。

从优秀课例中我们能学很多东西,其中最主要的就是这位老师在这篇课文中教了什么和怎么教的,以及这位老师为什么要教这个和为什么要这么教。我们把"为什么要教这个和为什么这么教"的知识,称之为语文教学知识,也就是这位老师教这个和这么教背后的理据。

我们对课例研究进行了分类,有名课研习、课例研讨、课例评析、课例兼评、课例综述等。其中以获取语文教学知识为主要目的的课例研究是名课研习,就是从著名语文教师的成功课例当中获取如何选择教学内容、怎么组织课堂教学的知识。

下面通过一些课例具体阐述如何从课例中获取语文教学知识。

一、从优秀课例中看出名堂

我先讲一堂课,王崧舟老师的《长相思》。

长相思

纳兰性德

山一程,水一程,身向榆关那畔行,夜深千帐灯。

风一更,雪一更,聒碎乡心梦不成,故园无此声。

王崧舟老师的教学有三个核心教学环节。第一,借助注释,读懂词意;第二,展开想象,读出词情;第三,互文印证,读透词心。

我们现在从这三个教学环节的组织中能不能看出一些名堂来呢？先横向看。"借助注释"与"读懂词意"，这两部分是什么关系？借助注释是手段、是教学方法、学习方式；读懂词意是目的，是教学目标。这个环节里二者发生着关联的关系，包含手段和目的，学什么和教什么。第二个环节和第三个环节也是如此。"展开想象"是手段，"读出词情"是内容和目的；"互文印证"是手段，"读透词心"是目的。再竖向看。"读懂词意"、"读出词情"、"读透词心"，是什么关系？教学环节一步一步地递进，一步一步地上升。我们现在可以看出，教学设计要有手段和目的，要有学习方式和学习内容。不同的教学环节是一个不断递进的关系。

继续看。"读懂词意"，是谁读懂词意？是学生。"展开想象"，是谁展开想象？是学生。就是说，教学设计时始终是学生的角度。学生借助注释读懂词意，学生展开想象读出词情，学生互文印证读透词心。那么老师做什么呢？老师就是引导、指导、帮助。

【要点提炼】

"看出"就是获取，这里所获取到的语文知识有：①教学环节的设计要明确手段和目的，明确学习方式和学习的内容。②教学环节之间要有递进关系。③_____

下面我们来看看老师是如何引导、指导、帮助。第一个环节，借助注释，读懂词意。老师让学生做了三件事。第一件事，请同学们自己读一读，读对生字，读对多音词，读对停顿。同学们自己读一遍，同学们借助注释再读一遍。"身向榆关那畔行"中的"榆关"是什么意思？教材里有注解。"聒碎乡心梦不成"，也有注解。"风一更，雪一更"，读对字音。诗和词的教学，学生必须要先熟读或者背诵。学生读的时候，就是他对这首诗的初步理解，初步感受的过程。

第二件事，老师让同学们再读几遍，看能不能读出一点味道来，读出一点自己的感觉来。读出味道、读出感觉，是什么意思？这是让学生通过声音的传递，不断地去咀嚼、回味、体会这首词所表达的意思以及所传递的情感。我们小学语文老师很重视学生朗读，其中一个主要理由就是通过朗读感受声音所传递的情感。这样，学生反复读了几遍，差不多会背了。对这首词的表达已经比较熟悉，对这首词的基本意思和它所传递的情感，也有了初步的感受。

第三件事,老师提了一个问题,身在何方？心在哪儿？我刚才的问题,学生借助注释,老师做什么？现在看,老师是促进学生思考。老师问,身在何方？"身向榆关那畔行",身在行军打仗的路上。老师问,心在哪儿？心在故乡,在故园,在亲人身旁。想想看,为什么老师要问这个问题？因为这个问题是理解这首词意的关键。这首词,上阕是讲"身",下阕是讲"心"。整首词所表达的就是身和心的分离,身和心的冲突,身和心的矛盾。这样,学生通过做这三件事,读懂了词意。

【观察者点评】阅读第一环节中的三个活动后,解释你对"教学设计是学生的角度"的理解？

　　第二个环节,展开想象,读出词情。还记得吗？第二环节中学生的理解和感受要在第一个环节基础上有递进和提升。学生展开想象,老师做的事情是要促使学生展开想象。这时老师出示课件,老师朗读。我们知道,朗读既是对一个作品理解的过程,又是对一个作品理解结果的传达。老师的朗读,当然带着他自己的感受和体验。通过老师的朗读,让学生感受词情。

　　老师边朗诵,边问学生"看见了什么"。"看见了什么",就是联想,就是想象。情感是需要有附着物的,情感依附是在学生具体的想象当中。"体会情感"不能抽象地讲"是什么情感"。老师问,"山一程,水一程",你看见了什么？老师问,"风一更,雪一更",你看见了什么？老师边朗诵,边让学生去讨论他们所看到的东西。学生谈论的过程,实际上是将这首词所传递的情感与自己的感受建立了关联。

　　然后,老师请学生写一段想象性的话,或者写对家的感受。对小朋友来说,抛家离别这种情感可能没有,但是对家依恋的感觉是天生俱有的。所以他让学生去谈论对家的感觉,谈论他们可能想象到的家乡的画面,以及家乡的情景。

　　当学生在头脑中形成一个很美好、很温馨的家乡的情境时,老师出示了一个字——"碎"。老师问:"聒碎乡心梦不成",其中"碎"是什么意思？"碎",就是同学们刚刚想象的那些美好画面,刚刚谈论的那些家乡的温馨场景都破碎了。破碎,为什么破碎呢？这是这首词的关键所在。为什么"聒碎乡心梦不成"？理由在上面,"身向榆关那畔行",行军打仗,他没有多少时间想家乡。我们倒过来理解,可能会更深刻一点。行军打仗,一有空隙,词人就在干什么？思念家乡。词人是无时无刻不在思念家乡,思念亲人。

　　第二个教学环节,教师让学生做了这三件事之后,学生对这首词所传递的情感有

专业知识的学习与发展　　173

了更深入的感受和理解。

> 【要点评议】
>
> 　　关于朗读,这部分有两句话很关键。①朗读是让学生感受声音所传递的情感。②朗读既是对作品理解的过程,又是对作品理解结果的传达。这两句话是对朗读的课堂教学功能的描述。
>
> 　　语文教学对学生朗读的整体要求是正确、流利、有感情。语文教师通常的做法,是在课堂上教给学生语气、语调、语速、停顿等知识。这两句话对具体课文的课堂教学意味着,教朗读的知识本身并不是目的,教这些知识的目的,是能够让学生通过声音来理解、感受作品,或借助声音来表达对作品的理解和感受。
>
> 　　学生面对一篇篇作品只有能够实现用声音来理解、感受作品,或者实现能够借助声音来表达对作品的理解和感受,才能逐步具备正确、流利、有感情的朗读能力。

第三个环节,互文印证,读透词心。所谓互文印证,老师给学生提供了一个"支架"——"问君何事轻离别,一年能几团圆月"。老师请同学们设想,假如你是他的妻子,假如你是他的儿女,假如你是他的老父母,假如你是他的兄弟姐妹,你问问作者。再让学生假设,你是作者,你来回答。

他的妻子问,"问夫何事轻离别,一年能几团圆月"? 他的儿女问,"问父何事轻离别,一年能几团圆月"? 他的老父母问,"问儿何事轻离别,一年能几团圆月"? 他的兄弟姐妹也问他,"问弟何事轻离别,一年能几团圆月"? 不断地问,不断地答;有同学问,有同学答;你自己问,你自己答。答案就在这首词里。为什么呢? 身在征途,男儿保家卫国,责任在身,我不得不抛家离别。但是我的心,我的情始终在家乡,始终在亲人。

通过这样一个反复的自问自答,互问互答,学生对这首诗所传递的意蕴,这样一个思想高度,有了初步的理解。

你看,我们从这堂课中可以学到很多东西。比如说,王崧舟老师有没有大讲他自己的理解? 没有。谁在谈谁的理解? 是学生。这样我们就可以看到,课堂里原来不是老师讲自己的感受和理解,是要让学生去讲他们的感受和理解。

再比如,这堂课有三个主要的教学环节。我们对课堂教学的研究也得出一个结论,我们大陆的阅读教学,核心的教学环节就是两到三个。两到三个环节意味着什么?大家可以算一下每个环节占多少时间,大概是每个环节10分钟到20分钟左右。老师们在教案中都会写教学重点。请问,教学重点是什么?教学重点就是课堂里的时间。当你写教学重点在这里,就意味着45分钟里面,这里至少要用25分钟以上。所以我们建议一堂课设计两到三个环节,每个环节充分展开,每个环节的内容要能够让学生充分地落实。很多老师一堂课设计有五个、六个环节。每个环节中的教学内容指向不同,一下子是这个字的读音,这个字的同义词和近义词辨析,这个句子的仿写,这里是反衬等等。一堂课下来,大大小小教学内容加起来大概有30个以上。大家算一算,45分钟除以30,每个教学内容用时是多少时间?一分钟左右。我们看看,我们普通的课堂基本上是这样的,一分钟左右讲这个,一分钟左右讲那个。在老师的教案里这些内容看似是连贯的,但是从学生课堂上的学习活动和内容来看是散乱的。课堂教学设计两到三个环节,等会我讲几堂课,大家可以看到,这几堂课都反映这个规律。因此,优秀课例中我们能够学到很多东西。

> 【观察者点评】请圈划讲座中从王崧舟课例中看出的名堂。说说,你自己又看出了什么?

二、从优秀课例中获取语文教学设计的三个关键点

听一堂好课,重要的不是去看有多少地方好。一堂好课一定是有理由的,我们就是要看这个理由。一堂课可能会出现一些问题,甚至可能非常的糟糕,我们听课不是要去评判,而是要分析失败,它一定有原因。当你知道别人成功的理由是什么,别人失败的原因是什么,就会慢慢知道**教学应该这样,教学原来不应该那样。应该这样和不应该那样,就是我们讲的语文教学知识**。

优秀的老师都各具特色。王崧舟老师和薛法根老师的特色就不同。但应该看优秀课例的共同点。他们之所以是优秀教师,之所以这些课是优秀的课例,一定有共同的元素。这些共同的元素,才是我们可以学到的,而每个老师的个性是学不到的。

> 【要点提炼】
> 语言教学知识就是,

接下来，就以这堂课为例，讲讲我们应该学习的语文教学知识。

课堂其实就是两个点，一个是终点，一个是起点。上课从起点开始，在终点结束。起点和终点是什么关系呢？从起点经过台阶走向终点。也就是说，在起点，学生对课文的理解与我们希望他达到的理解之间有一个落差。学生凭着自己的生活经验和语文经验独立地理解课文，只能到某种程度，在课堂教学中需要老师提升他的程度，他需要跨越这个落差，上到一个更高的台阶。这就是我们讲的教学目标和学习目标，教学起点和学习起点。

一些老师上课开始会让学生读一下教学目标，那么最后结束的时候应该回到哪里？要回到教学目标上。但是我看了一些老师的课，前面读的目标，到后面结束的时候，目标不知道到哪里去了。

两到三个教学环节，在教学起点和教学终点之间的落差上，就形成了阶梯状的台阶。你看刚才这堂课，教师是如何让学生去弥补这个落差？就是通过搭台阶。第一个环节是一个台阶，借助注释、读懂词意，第二个环节是一个台阶，展开想象、读出词情，第三个环节又是一个台阶，互文印证、读透词心。这样学生通过三个环节的学习，经过三个环节比较充分的学习，最后达到了教学目标。

所谓达到教学目标，是学生上课前阅读课文是一种理解和感受，通过 40 分钟或 45 分钟的课，他的理解和感受发生了很大的变化。这就是我们讲的一堂课的成效。现在很多老师讲有效教学，是对谁而言有效？显然讲的是学生。那学生的有效又是什么意思？就是上课之前他不理解的地方，理解了；上课之前他没有感受到的东西，现在有感受了；上课之前他只能理解感受到这个水准，现在通过你的教学，理解到那个水准了。

我们进行培训教师会使用这样一个备课模板（见下图），也就是我们和老师一起备课就用这个模板，备课备三个点。第一是终点，教学目标。这篇课文必须学习的内容是什么？这篇课文学生必须理解和感受到什么，这是终点。第二是起点，教学的起点。这篇课文学生目前能理解和感受到的是什么。第三是台阶，设计两到三个教学环节，让学生能够弥补落差。备课就是要确定这三个点——目标、起点，中间的两三个台阶。

台阶是怎么构成的？还是以王崧舟《长相思》的课例为例，刚才我请老师们横向看，"借助注释"和"读懂词意"是什么关系？是学习方式和学习内容的关系。"展开想象"和"读出词情"是什么关系？"展开想象"是学生的学习方式，教师要做的是促进学

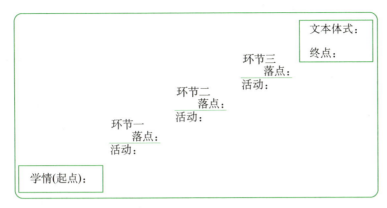

语文教师培训备课模板图

生展开想象,而其内容的落点在读出它的词情。所以,我们老师在设计教学环节或台阶时,必须备两个点,一个是这个环节学习什么内容,第二个是这个环节用什么方法让学生学。

很多优秀的教师都告诉我是这样备课的:我先想学生自己拿到这篇课文会怎么样。这就是我们这里说的"起点"。然后我想通过我的40分钟,或者是45分钟上课,学生应该怎么样。这就是我们这里说的"终点"。之后再想,我先做一件什么事,让学生可能变成这样。我再让学生做件什么事,学生可能会变成那样。我再让学生做件什么事,学生就能成为最后的样子。这就是我们这里说的"教学环节"。"让学生做件什么事"就是"学习方式";"学生变成这样了"就是这个环节里面的"内容"和"目标"。

【要点提炼】

请用自己的话说说,讲座人优秀课例中所获取的关于"有效的教学设计"的语文知识中,有几个关键点?

你备课时,考虑过这些关键点吗?

你看,什么是合宜的教学内容,什么是有效的教学设计?我们优秀教师的课堂教学里面很生动、很直观地告诉我们,关键就是这三个点上。这个道理其实并不复杂。

三、从优秀课例中获取组织教学环节的两个要点

我给大家再看一堂课,支玉恒老师的《只有一个地球》。

支老师先在黑板上写了"地球"两个字,问同学们地球在哪里?同学们一下就傻了,他们在教科书上看过这个地球,在电视上看过,现在老师问地球在哪里?等会儿我

们再来分析老师为什么这么问,老师这样问其实是有道理的。支老师接着问,我们今天坐在哪里?坐在地球上。之后,他解释什么叫"只有一个"。然后让同学们朗读课文。

很多老师都把这篇课文上成说明文,教材也把它编在说明文单元里。我们语文老师都知道,说明文是介绍客观的知识,是和个人情感没有关系的文章。学习说明文其实是不需要、也不应该朗读的。阅读说明文是要获取信息,要用默读的方法、抓要点的方法,或用跳读的方法。但是,这里,支玉恒老师让学生们朗读是对的,我们等会看看支玉恒老师是怎么理解的。

学生读完以后,支老师说:"请同学们再看看课文,等会我要向同学们提一个问题,你们猜猜看,我会提什么问题?"让同学们看课文,想老师要提一个什么问题,这句话其实有点怪哦。大家都知道,支玉恒老师原来是体育老师,敢做敢当。他说:"今天我们这班同学很聪明,大家有可能猜到我要问的问题。如果被大家猜到,我从台上滚下去。"那天他是在舞台上上课的。小朋友们一听,感觉很有趣,就很努力猜。

一个同学说:"老师是不是要问地球有多美丽?"支玉恒老师说,"教材里面写了,我们的地球是一个美丽的地球,我不会问。"这句话虽然很朴素,但是教学的真谛。学生看教材都能看明白的,要不要老师教?又一个学生说:"老师是不是要问地球现在遭到了怎样的摧残?"支玉恒还是这句话,教材已经写得很清楚的,我不会问的。随后一个同学说:"今天是讲保护环境,老师是不是和我们一起讨论怎么保护我们的环境?"支玉恒老师说:"我是小学老师,大家是小学生,我们没有能力讨论这个问题。"看,这句话又是教学的真谛。他说了三句很朴素的话,<u>这三句很朴素的话,其实就是告诉我们教学的基本原理:课文已经讲得很明白了,学生自己都能读得很清楚了,需不需要在课堂里面讨论? 不需要。课文里的内容,我们的能力没有办法解决的问题,需不需要在课堂里面讨论? 不需要。</u>

我听过支老师两次上这堂课,他要问的这个问题,学生都没有猜到。我相信他一定上过无数次这篇课文,没有一次学生能猜到,为什么? 这就是我刚才说的台阶的问题。学生的理解水平、语文能力和生活经验,只是在起点的水平上,而老师要求他的理解达到终点的水平,学生靠自身的力量没有办法跨上去,必须要通过老师的教学环节,一步一步地、一个台阶一个台阶地学习才能上去。

支老师的问题是,<u>读了这篇课文,你是什么感受? 酸甜苦辣是哪一味?</u> 这个问题很值得我们好好想一想,支老师不是问这篇课文说的是什么。他是问这篇课文读了以后,你的感受是什么? 为什么他要问这个问题?

我们来听听支老师自己是怎么说的。支老师的说课很有意思,语文老师一般认为这是有问题的,因为体育老师嘛,用我们语文老师的话来说,就是专业的基础还不那么扎实。他是这么说的课:这是一篇说明文,但不是一篇普通的说明文,它是一篇饱含情感的说明文。语文老师听听看,是不是感觉有问题?"这是一篇说明文",什么是说明文?语文老师告诉我,客观地介绍知识。什么是客观?那就是很少主观。什么是主观?那就是情感。一般而言,说明文不是抒情的,说明文就是客观地讲这是一个什么东西,这是一个什么事。所以,他这个知识好像和我们语文老师的知识不相吻合的。

但是,支老师的语感对的。这确实不是一篇普通的说明文。甚至我认为它根本就不是说明文。大家看说明文是介绍什么样的知识?说明文的作用是要传递、传播知识。当然要介绍我们不知道的东西,才需要写说明文。现在我问大家,我们生活在地球上,学生知道吗?好像没有学生不知道,地球现在环境污染,学生知道吗?好像也知道。要保护地球爱护环境,学生知道吗?知道。好,你看这篇课文讲的内容都是学生知道的事情。知道的事情为什么要讲? 原来课文的目的不是在传播这些知识,是要把我们读者卷进来。我们都知道,我们生活在地球上这个事实,但环境污染、保护地球,好像离我们很远,可能跟我们没有什么关系,对不对?

现在,我们回过去看, 第一个环节支老师问,我们坐在哪里?以及他接下来问的问题,读了这篇课文你心里是什么滋味,酸甜苦辣是哪一味?这些问题其实就是把课文和作为读者的你关联起来。

这堂课接下来的环节是学生谈。我读的是甜味。哪里甜?学生说这些语段。那你读读看,能不能把甜味读出来?这就是用朗读表达理解和情感。有学生说,我读的是苦味。哪里苦?学生说在这部分。怎么个苦法,读读看?我听的那堂课,有一个学生说,读的是涩味。这个是课文里面没有的。他说了说怎么个涩味。还有一个学生说,我开始读的是甜味,后来读的是苦味。 这篇课文所要唤起读者的那种情感,通过学生的这种交流,得到了充分地激发。

接下来的环节, 支老师请同学们就课文的每一段写一句话。课文共五段,写五句抒情的句子。他不是要学生做概括,按道理来说,说明文应该是概括要点,他不是。他给学生举了一个例子,"啊!美丽的一叶扁舟!",学生按照这个例子,每个人去写五句抒情的句子。之后,不同的学生相互交流。

交流的办法,是请四位同学上台,两位在这边,两位在那边,两列分别写。支老师真的很聪明,他把十个句子,有些前后换了一下,有些加了一些关联词语,那些重复的划掉。现在黑板上是什么？由学生创作的十个抒情的句子组成了一篇抒情散文，同时也构成这堂课上同学们共同的学习收获。

你看，这堂课可供我们学习的地方很多。比如，很多老师教《只有一个地球》，教说明文的特点，说明的顺序，说明的方法，说明文的语言。但是支老师根据自己的阅读感受，读来读去，觉得这个不像说明文。语文教师备课的时候要尊重自己的感受，这也是教师文本解读时最基本的。但我们很多老师备课是倒过来，先粗粗地看一下课文，就看教参，根据教参的说法进行备课。因此，很多时候都违反了自己的经验和感受。其实，判断这堂课教对或教错的一个标准，就是自己的阅读经验。当你不那么理解的时候，你去讲应该那样理解，肯定就错了。

还能学到什么？关于教学环节的组织。好的教学环节两个标志。第一个标志，教学环节在纵向上递升或者扩展。支玉恒老师这两个环节，一个是读和交流，一个是写和交流。很多老师把它错误地理解成读写结合。实际上支老师是用两种办法，教的是同一个内容，就是对这篇课文体验到的情感。办法一是，同学们谈对这篇课文的感受，酸甜苦辣是哪一味？办法二是写一个抒情的句子，就是把你的酸甜苦辣用书面语表达出来。这两个办法就是两个教学环节，每个环节差不多20分钟。这里，我们可以印证，优秀的课堂设计两到三个核心教学环节，每个教学环节充分展开。

【要点提炼】

请你解释：这里，将支老师的两个教学环节，分析成"读写结合"，与分析成"用两种方法教同一内容"，有何不同？

第二个标志，教学环节在横向上有关联。很多语文课都有让学生谈论的环节，学生你说我说，各说各的，互不相干，老师说同学们说的都很好。老师们就认为这是讨论。讨论是有条件的。讨论要聚焦一个话题，讨论要相互之间发生关联，讨论最后要形成一个共识。我们看看支玉恒老师让同学们谈谈感受的环节。同学站起来，我读到是苦味，那个没有读到苦味的同学现在读到苦味了。我读到是酸味，那个读到苦味的同学现在也感受到酸味了。我读到的是甜味，那个读到苦味的同学发现这里还有甜的元素。这才是讨论交流。这两条标志我们刚才在

《课堂观察：走向专业的听评课》，沈毅、崔允漷主编，华东师范大学出版社，2008.
《课堂观察Ⅱ：走向专业的听评课》，崔允漷等著，华东师范大学出版社，2013.

王崧舟老师那堂课也能看到。

专业的听评课,要听什么? 不是听这个老师的个人风格和特点,而是**听老师如何确定一篇课文的教学内容,如何组织一篇课文的教学环节,如何组织学生的学习活动等等。**也就是,这个老师为什么这么上课的道理。**换句话说,是他"教这个、这么教"的理据。**

【要点评议】

专业的听评课、课堂教学有效性和教师专业发展,这些在宏观课程与教学层面讨论的热点话题,已经进入到各学科教学的领域中,并成为热点。

这些话题在语文学科层面上的深入,目前停留在对课程与教学论宏观层面的研究成果的搬运。亟待结合学科的特点,回答:适合语文科的专业听评课的标准是什么?评价语文课堂教学有效性的依据是什么?语文教师专业发展的特殊性是什么?

教学内容确定,是语文课程与教学领域中的核心问题之一。专业的听评课中的"专业",课堂教学有效性中的"有效",教师专业发展中的"专业",对语文科而言,在一定程度上,都可以归结到,教学内容确定是否具有"理据"上。

语文教学知识是语文教师关于教什么、怎么教的知识。从优秀课例中获取语文教学知识,就是将语文教学内容确定的理据,从经验状态、缄默状态,试图外化到明言状态、陈述性知识状态的一种努力。

实质上,也是对语文科的专业听课中的"专业"和语文课堂教学有效性中的"有效"的一种回答。同时,语文教师的专业发展过程,就是不断获取、积累语文教学知识的过程。

四、运用从课例中获取的语文教学知识

支玉恒老师刚才讲了他的理据:这篇说明文不是一篇普通的说明文,它是一篇饱含情感的说明文。既然老师认定是"饱含情感的说明文",那么教学的要点就是情感。我们看,这种教学的理据其实不复杂。**教师掌握了教学的理据之后,就可以应用在不同课文的备课中。**

比如,老师们现在拿到一篇课文怎么备课?第一个点,这篇课文最要紧的地方在哪里？支玉恒老师认为这是饱含情感的说明文,最要紧的地方在情感。第二个点,学生自己阅读会怎样地理解和感受？支老师让同学猜猜"我要问什么"？学生说是不是地球很美丽,是不是地球环境很污染？可以看出,学生阅读的状态是停留在表层信息上。那么,教学环节的重点就是将学生从表层信息的关注引导到体会饱含的情感？读了这篇课文,交流"你是什么滋味"？学生先是各自地散谈,之后再上一个台阶,"每一段写一个抒情的句子"。你看,教学环节的台阶很清楚,教学的组织很清楚。

一堂好课,不会是无缘无故的,一定有理由,你要明白的是它的理由。一堂坏课,也不是无缘无故的,也一定有原因,你要找到它的原因。当你对理由明白得越多,当你对原因知道得越多,那么你对教学的理解就会越清晰,自己的教学也才会做得更好,做得更对。因此,我们听课时,其实心里应该想的是自己今后的课堂怎么改善,也就是,要把自己的课和优秀老师的课时时比较。

比如,想一想优秀老师上课都只有两三个环节,我的课堂有几个环节呢？我备课时知道要找到这篇课文最要紧的地方吗？只有明确了课文最要紧的地方才知道学生最终要去到哪里。当你明白了学生在什么地方,要到哪里去,确定了起点和终点。然后你再想如何设计,第一步学生应该怎么走,第二步学生应该怎么走,第三步学生又应该怎么走。这三个点想清楚了,备课就备好了。

【要点评议】

语文教学的实践有名课研习的传统。语文教师都热衷于观摩名师的示范课、展示课,参加各种类型的同课异构、各种级别的比赛课等教学活动。

但是,从名师名课中学习什么？怎样学习？这个问题很少被明确地提出来,甚至可能会被认为这不是个问题。一方面,教师在观摩名师名课中总会学到点什么；另一方面,语文教师普遍认为名师名课中总有一些是学不会、学不到的。因此,名师名课,理论上是语文教学理论研究与实践的重要资源,但实际上,名师名课的研习始终是处于暗自摸索的阶段。

"语文教学知识"这一研究视角触及语文课堂教学的本质。用这一研究视角审视优秀课例,对语文教师而言,可以为其改善自身课堂教学提供明确的建议；对语文教学理论研究而言,是实现专业知识不断累进的重要方式。

老师们看看你们自己的教案,密密麻麻,基本上没有什么用。据我了解,很多老师写教案的时候,最后才写教学目标。你想想,不知道目标怎么确定教学内容?怎么设计教学环节?备课肯定不会是这个顺序。

最后,一句话,语文教师可以从优秀教师的课例中获得学科教学知识,以此学习一篇课文教什么、怎么教、怎么组织有效的课堂。谢谢各位。

资源链接

名师名课丛书:

1. 教育部师范教育司编.教育家成长丛书.北京师范大学出版社.
2. 于漪主编.名师讲语文丛书.语文出版社.

课例评析类:

1. 王荣生主编.语文教育研究大系(1978—2005).上海教育出版社.
2. 大夏书系·名师评课系列丛书.华东师范大学出版社.

后续学习活动

优秀的教师、优秀的课例是语文教师重要的课程与教学资源,了解他们是语文教师应该具有的专业知识,深入分析其课例是语文教师重要的专业知识能力。

任务1:写出讲座中提出的语文教学设计的三个关键点。

任务2:结合自己的备课经验,谈谈您的认识和理解。

教学能力的修炼与提升

第10讲 基于课程标准的教学

崔允漷

专家简介

崔允漷,教授、博士生导师。华东师范大学课程与教学研究所所长。著有《课堂观察Ⅱ:走向专业的听评课》(华东师范大学出版社)、《学校本位教师专业发展》(华东师范大学出版社),主编《有效教学》(华东师范大学出版社)、《基于标准的学生学业成就评价》(华东师范大学出版社)、《校本课程开发:上海经验》(华东师范大学出版社),翻译《学校课程史》(教育科学出版社)等。

热身活动

阅读本专题之前,请您先思考下面几个问题:

1. 当您第一眼看到"基于课程标准的教学",您猜想这会是什么样的课堂教学情形呢?与您现在的常态教学比较可能有哪些差别?请试着把您所想到的要点记录下来。

2. 您觉得"基于课程标准的教学"与教师追求教学个性会有矛盾吗?请把您判断的依据写下来。

学习目标

通过本专题的学习,您应该能够做到:

1. 能够按照本讲座提供的思路,参照学科课程标准,结合自己的教学实践经验,就下个学期的学科教学任务尝试着做一个学期课程纲要设计。

2. 基于学科课程标准的要求,选择一个课时的教学内容,尝试着确定合宜的教学目标,并做到表述规范。

讲座正文

各位老师,早上好,非常高兴有这样一个机会跟大家一起聊聊这个话题。今天上午我是导游,大家是游客,我要带大家玩三个景点。第一个景点,就是必须建立一种观念,要基于课程标准的教学。第二个景点,基于课程标准教学的路径,就是怎样走、怎么做。如何从内容标准、学段标准,把它分解到模块、学级,做一个学级的学科规划。第三个景点,要学一项技能,如何选定目标,因为目标是课程的灵魂,是教学的起点,又是教学的终点。这就是我们今天上午的目标,三件事情:第一,一种观念要建立起来;第二个,路径怎么走;第三个,一项专业技能。

【要点评议】

根据崔允漷教授的研究,我国课程实施或教学主要有三种类型:基于教师经验的课程实施、基于教科书的课程实施和基于课程标准的教学。我国在第八次课程改革出台了国家课程标准之后,正在倡导基于课程标准的教学。教学实践包括四个方面的问题:"教什么"、"怎样教"、"为什么教"、"教到什么程度"。过去教师主要思考"教什么"和"怎样教"的问题,至于"为什么教"和"教到什么程度"的问题,教师不仅关注得不多,而且也没有学理的和权威的依据。有了国家课程标准之后,就要求教师应该"像专家一样"整体地、一致地思考上述四个问题,并作出正确的决定,这就是所谓的基于课程标准的教学。

一、树立基于课程标准教学的观念

先讲第一个问题，课程标准和教学是什么关系？大家先看左边，这个理想课程怎么变成现实，要拷贝一次、两次、三次、四次，任何理想课程要变成事实，都要拷贝四次。大家知道拷贝不走样是永远不可能的。那我就问，新课程的"两张皮"是正常的还是不正常的？显然是正常的。问题是如何做才能减少"两张皮"，这才叫专业问题。所以今天我们讲这个问题，看看新课程怎么运作。

新课程的研制，我在1996年第一次会议就参加了，花了5年时间，起草一个0到18岁的理想课程蓝图，这叫"基础课程表纲要"。那么0到18岁，这个理想课程蓝图描绘好了，要把大概的范围固定下来，固定什么？一个就是分配课时、分配学科，高中就是学分，这个就是纲要。

我们是基础教育，要思考的课程问题是，假如这个小孩将来不从事语文专业工作，需要什么样的语文素养？专业的语文，那是大学中文系学的。语文素养的基础定位"定"在哪里？然后到了什么程度？基本素材是什么？这三个东西，就把这门课程大概的框架划定了。然后再来培训老师，让老师理解新课程。老师培养之后，和学生互动，看看学生身上有没有体现标准，有没有落实课程标准。

现在我们这样问，"两张皮"从哪里出现？"两张皮"有两个地方出现，第一个就是，国家课程计划变了，国家规定语文每星期四课时，到了有的小学开出八课时，那么这另外四课时哪里来的？什么综合实践活动没有了，校外活动没有了，把体育都搞没了。所以这就变样了。第二个变样，每门学科的变样，学科的就是"3-8"（见报告PPT），所以新课程"两张皮"，就是"3-8"的不一致，第三步到第八步不一致，所以两张皮。因为"3-8"至少有四个专家搞出来的，第三个就是标准专家，第四个编写教材专家，五六七就是我们在座的，教学专家，八是命题专家，你想想看，这四个人搞一样东西，搞出来的东西，能不"四张皮"吗？

【要点提炼】

"两张皮"即3-8不一致何以产生？3-8就是讲座PPT所示新课程运作系统中的课程标准、教材（模块）、学期课程纲要、单元/课时计划、课堂教学、纸笔测验/表现性评价。

（二）课程标准与教学有何关系？

课程层级		新课程运作系统
1、理想的课程	1	基础教育课程改革纲要
2、正式的课程	2	课程方案
	3	课程标准
	4	教材（模块）
3、教师理解的课程	5	学期课堂纲要
	6	单元/课时计划
4、师生实际运作的课程	7	课堂教学
5、学生体验到的课程	8	纸笔测验/表现性评价

?："两张皮"即3-8不一致何以产生？

或参看下面表格。

课程标准与教学有何关系？			
	课程层级		新课程运作系统
1	理想的课程	1	基础教育课程改革纲要
2	正式的课程	2	课程方案
		3	课程标准
		4	教材(模块)
3	教师理解的课程	5	学期课程纲要
		6	单元/课时计划
4	师生实际运作的课程	7	课堂教学
5	学生体验到的课程	8	纸笔测验/表现性评价

如何破解这"两张皮"呢？"3-8"不一致怎么破解？只有两条路径，第一条路径，四个专家经常坐在一起讨论，达成最大的共识。这条好不好？这条路径很好，但是实现不了。标准专家、课程专家就那么几号人，教学专家一大堆，命题专家跟老师还是老鼠跟猫一样捉迷藏，所以第一条很理想，根本不现实。那唯一的路径就是第二条，这四个专家分头做标准，每一个人都学会像专家一样思考，实现"3-8"的一致性。这四个专家就像造火箭一样，分工来做，每个人都想着，尽管我做这个部件，但是我想着怎

保证这个火箭上天。每个人都这样想的话,这个火箭上天的可能性就很大了。如每个人都是自己忙自己的,根本不顾别人,你说这个火箭能上天吗?这就是新课程"两张皮"。我认为我想明白了,对于我们每个人来说只有第二条路径是最可行的,所以今天培训大家,就是要学习如何像专家一样思考,实现"3-8"的一致性。

【观察者点评】我的教学与课程标准有"两张皮"现象吗?我的问题主要出在哪些环节?

新课程新在哪里。我再讲备课的问题。新课程高中2003年颁布标准,2004年进入试验区,从2003年到现在已经8年,大家问问自己,你的上课、备课有多大变化。我现在跟大家讲新课程跟旧课程在备课方面有什么差异。

第一个差异,课程标准是学科最高权威,你找不出比课程标准更权威的学科文件。

第二个差异,评价设计先于教学设计。以前没有课程标准的时候,都是教学评价,都是课上了之后,自己评价。现在国家有了课程标准,就可以告诉我们,要把学生带到哪里去,这样我们的评价设计就是专业设计、任务设计。

第三个差异,原来这个旧课程的备课,是教程、教材、教案。新课程背后的产物有两个,第一个是学科纲要、模块纲要,一个学期的学科规划、课程规划。第二个就是单元、主题跟课时的教案。大家以前做教材、教案、教参,其实我们眼光不会远大,老是被一些所谓的专家迷惑。依据教参,我告诉你课标是100个专家搞出来的,教科书就是10个专家搞出来的,教参可能就一个专家,甚至根本不是专家搞出来的。因为与出版社关系好,就叫你给我写这个教

【要点提炼】
减轻"新课程两张皮"的路径:1. 不同的专家需要一起交流,达成最大的共识;2. 每个人都要像专家一样思考3-8的一致性。路径1太理想,不切实际;路径二是唯一的选择。路径二要求老师像专家一样思考,也就是希望教师不要去依赖教参,应像专家一样思考标准、教学与评价的一致性,追求课程标准、教科书、学期课程纲要、单元/课时计划、课堂教学、纸笔测验/表现性评价相互之间的一致性,要求教师依据科学理据来实施教学,发挥教师的专业水准及专业自主,减少课程"两张皮"现象。

参,就是这样搞出来的,教参又没有审过,又没有评过,所以你说它有多大的进步？所以新课程的观念,就是把标准、教学、评价,贯通起来做一致性思考,就是刚才讲的"三到八"一致性思考。

如何规划一门学科。具体来说,学段、学期、课时如何保持一致。学段内容标准,这就是课程标准,语文共四个学段,那我们是高中,那就是第四学段,第四学段的内容标准,好好研究一下。然后再来把握它的教学目标。假如你来定教材的话,比如语文必修一,关键解决什么问题,把关键目标找出来,再来选定教材。我们要淡化教材的权威色彩,把教材当做基本素材、主要的学习材料来思考。语文教材选谁的文章,选多少,总要争来争去,不问用来干什么,没有基于研究来做判断。这个学科老这样子,怎么能发展。千万不要以为懂教育就懂课程,完全是两种不同的思维。一个学科,国家确定了之后,我们怎么把它分成模块来定学期,然后再来分下面的单元、课时怎么落实。我们许多语文教程是按单元编写的,所以按一个单元整体化设计这个教学也可以,这个不矛盾。课程的关键目标,一致性目标链,这个是国家规定的。内容怎么处理,用什么方法,这个就是我们老师的专业。我们老师的专业体现在哪里,就是怎么把这个目标具体化,这是我们的专业。

【要点提炼】

  规划一门学科,需要考虑学段、学期、课时保持一致,通过目标链接学段内容标准、学期/模块课程纲要、单元/主题/课时教案,相互关联,逐层落实。

然后我再讲一堂课怎么设计,一堂课如何保持一致性。首先讲备课。简单地说,我们备课就是要着重解决三个问题,如果你把这三个问题搞明白了,你这堂课就明白了。第一,要清楚我要把学生带到哪里去,这就是目标。特别是我们语文老师,这是一个极大的挑战。第二,我怎么知道他在哪里,设计评价。这有利于老师明白学生到哪里了,这关系到教学环节的安排。第三,我如何安排教学环节,一堂课、学习活动怎么安排,才能有利于学生更好地表现。目标不是制约学生,目标是让学生有更好的表现。所以备课不在乎你写了一千字,还是八百字,备课最主要的就是,你能不能给我回答这三个问题,这三个问题你有没有想明白。这三个问题你想明白了,而且是一致性的,你这个课就备好了,你不写一个字都是没有问题。

按照这三个问题的一致性来上课,边讲、边评,教学和评价是一个过程的两个方面。千万不要说,前面是教学,后面是评价。课程评价就是教学,就是评价,千万不要把教学分两段,这个观点要改变过来。

什么叫评价,提问不是评价吗?发作业让学生做不是评价吗?课堂练习不是评价吗?所以课堂练习、提问、让学生板演都是评价。第一个,我要了解学生的表现;第二个,我要判断,学生是到无锡了,还是到苏州了,还是到常州了。这个叫教学评价,然后再看看必要的作业。必要的作业练习,还是需要的,只是这个作业可以是练习,可以是任务,也可以是活动。作业有三类:练习、任务、活动。而我们现在给学生的作业,绝大多数都是练习,能不能设置任务型的作业,能不能设置活动型的作业。这就是关于一堂课的一致性。

【要点提炼】
　　备课、上课与作业要有一致性。备课方面,目标要清晰,学情要准确,还要安排好教学活动,这都有利于学生更好地表现。在上课过程中,边教边评,逐层推进。作业类型要多样,如练习、任务、活动都属于作业范围。不要把学生全都捆绑在书面作业上面,盲目练习。

下面我总结一下。什么叫基于课程标准的观念? 首先我讲了第一个不是,即它不是要求所有教师教学标准化。这就是我十多年前玩的东西,拿着一张评课表,去套所有的课。我2002年就批判了自己,把老师害了,谁都不愿意上公开课,就是因为那种评课方式。我不知道大家有没有关注,我搞了一个课堂观察,网上讨论了,影响很大。第二,它不是一种具体的教学方法,它是一种观念。第三,它不是教学内容和课程标准的简单对应。如果这样的话,语文课程标准没有内容,那语文老师都没事情做了。它是你的目标,不管学期目标、单元目标、课时目标,一定要依据课程标准。这是第一,目标来源于课标。第二,评价设计先于教学设计。现在是新课程了,不会评价的老师,是肯定

【要点提炼】
　　基于课程标准的教学要求:1. 目标源于课程标准;2. 评价设计先于教学设计(逆向设计);3. 全程指向学生学习结果的质量;4. 体现标准、教学、评价的一致性。它不是要求所有教师的教学标准化,不是一种具体的教学方法,也不是教学内容和课程标准的简单对应。

上不好课的。我们语文老师,说你一张考卷都不会出,你会上好课?打死我都不相信,你都不知道把学生带到哪里去,你说你上课怎么上。第三,从备课到上课,到教学评价,一直到作业,都要关注学生的学习质量。最后一句话,就是体现标准、教学、评价一致性。

二、基于课程标准教学的实施路径

我们接下来转为第二个景点,怎么做。我们先引进一个概念,学习课程纲要。纲要不需要解释,就是大纲、提纲,难在什么地方,什么叫课程?课程就是一致性的回答四个问题:目标、内容、实施、评价。对四个基本问题的一致性回答,这个叫课程。

我们引进日常的经验、教学及目标,为什么不是课程纲要,两个东西有什么差异。教学、教育的思维,往往都是应该怎么样。譬如语文学科,什么大语文,什么生活语文,整个把语文搞虚无化,语文就是语文,不要加生活两个字,把语文搞到哪里去了都不知道。还是要认清自己的自留地在哪里。课程思维是一是一,二是二,不要用文学的语言来描述课程,差异就是这样的。

所以我们做教育的时候,往往都是应该、应该,什么从娃娃抓起,这都属于教育思维。你想我们这个娃娃是什么东西,我们的娃娃是个容器,所以大人认为好的东西,把它拿来扔进去,这个是娃娃嘛。这种是教育思维,不是课程思维。课程回答的是,想他只能做什么,不是应该做什么,这是两种不同的思维。所以我们今天要学课程思维,目标是我要把学生带到哪里去,内容是基本的活动是什么,第三我怎么带他去,第四我怎么样知道他到哪里了。一致性很重要,不要把课程变成"四张皮"。

所以一些教学进度表为什么不是课程纲要。教学进度表,第一只见进度,怎么教、怎么学都没有。第二,只有课文不见课程,课文就是四要素,里面不见课程。第三不见学生,只知道老师第几周干什么,学生根本不知道。整个教学进度表里面就没有学生。学生是课程的第一要素。课程意识,从某种程度上讲,就是学生意识。比如说目标问题,课程不是说,老师在做什么,而是告诉人,要把学生带到哪里去,这不是学生意识吗?最后评价呢,不是说评价老师有没有做过什么事,而是评价学生真的到哪里了。所以这个就是一个很大的区别,所以要换换。

【要点评议】

　　这里特别提出"教育思维"与"课程思维"的区别,对我们落实课程标准,实施有效教学是很有启发的。"教育思维"是应该如何,可是"课程思维"是指向实施过程的,讲究目标、内容、实施、评价的一致性,要让教师知道"我要把学生带到哪里去",知道需要安排什么样的学习活动,以及我怎么样带他去,我怎么知道学生在哪里。我们原来缺乏课程意识、缺乏课程思维,现在要补补课。

　　另外,"教学进度表"也不同于"课程纲要",因为它只见进度,不见教学;只见课文,不见课程;只见教师,不见学生。"课程纲要"要"以提纲的形式一致性地回答一门课程的四个基本问题(即目标、内容、实施与评价)","课程纲要"始终指向学生的学习结果,可以说学生是课程的第一要素,课程意识,就是学生意识;课程实施,需要学情分析。所以,过去多讲"教学进度表",现在要多提倡"课程纲要"。

《课程纲要》的呈现格式。纲要结构如下:

- 一般项目:学校名称;科目名称;开发教师;课程类型;课时;日期。
- 课程元素:
  — 课程目标:源于课标与学生研究;4-6点,每点1-3句;兼顾三维目标;指向关键结果的表现;叙写规范
  — 课程内容:基于目标、学情、条件处理教材,有逻辑地选择与组织相关的知识或活动;课时安排合理等
  — 课程实施:方法与目标匹配;围绕学生的学习表现;创造丰富的、促进的情景;提供多样化的支持等
  — 课程评价:设计基于目标的作业;评价结果的解释与目标相匹配;相关评价政策清晰且可行等
- 所需条件:需要学校提供什么样的条件
- 具体实例如下:

> **《高中数学必修一》课程纲要**
>
> ▶ **课程名称：** 高中数学必修一
> ▶ **课程类型：** 必修课程
> ▶ **教学材料：** 人民教育出版社 2004 年第一版《高中数学必修一》
> ▶ **授课时间：** 36-40 课时
> ▶ **授课教师：** 杭州市余杭高级中学··吴寅静
> ▶ **授课对象：** 杭州市余杭高级中学高一（9）（10）班
>
> **课程目标**
>   1. 集合作为一种基本的数学语言，学会用最基本的集合语言表示有关数学对象，并能在自然语言、图形语言、集合语言之间进行转换，体会用集合语言表达数学内容的简洁性、准确性，发展运用集合语言进行交流的能力。
>   ……
>
> **课程内容**
>   根据《普通高中数学课程标准（实验）》的要求，采用人民教育出版社的《高中数学必修一》课程内容进行教学。其课程内容包括：
>   第一章··集合与函数概念
>   1．1··集合（共 3 课时）
>   1．2．函数及其表示（共 6 课时）
>   ……
>
> **课程实施建议**
>   （一）教学方式：
>   （二）学习方式：
>   （三）课时安排：
>   （四）课外拓展性练习
>
> **课程评价**
>   （一）评价指标：
>   （二）评价方式及结果处理
>   1. 学习评价指标 1-3 统一后按 A、B、C、D 四等作等第评定；学习评价指标 4 则按百分制评分。

"课程纲要"的意义。第一，有助于老师形成大观念，不要一上来就盯着一节课，要有利于促进老师思考：如何从一节课走向一门课程。就类似于我们以前上课，老是围着泰山底下的小山丘兜来兜去，兜了一辈子，也不知道什么是语文。现在有了语文课程标准，就像一个高速缆车，一下子把我们送到泰山顶上。什么叫语文课程，什么叫基础教育中的高中语文课程。这个想明白了，你才知道给学生什么，而不是知识点多了少了或者少了多了。

第二，就是跟教学进度表的功能一样，在学期前就把一个学期的课程都设计好。

第三，写了这个课程纲要之后，新学期第一堂课，就是跟学生分享课程纲要。大家有没有去旅游过,你到海南五日游,导游跟游客第一次见面,他是不是马上把你带到第一个景点,他首先介绍五日游的计划。那我们老师为什么不向导游学习,新学期第一次见面要跟学生分享课程纲要。

第四,有利于学校的课程审议与质量管理。我们都知道国家课程校本化,就是变成我们学校的语文课程纲要。比如语文备课组,每个老师自己写,写好之后坐下来讨论达成共识,变成一份集体稿。然后老师自己各留一份,再交一份给教务处,那教务处要加强学校课程建设,比如说请语文专家来,跟我们备课老师一起讨论。语文必修一,这样的课程纲要介绍行不行,这样国家课程才能校本化,才能打造我们学校自己的课程。所以这是一个课程建设环节,叫审议课程纲要。

还有一个就是质量管理。我们以前的质量管理,基本上有三招,第一招,查教案,其实你根本不知道教案是他自己备的,还是抄人家的,这不是自欺欺人嘛。第二招,推门听课,哪个人喜欢被推门听课呢？第三招,请校外的人命题,以示公平。我以前都不知道这里面的水有多深,今年了解某名校的自主招生考试,才发现有些考题七拼八凑,简直就是整初三的学生。你想想一个老师根本不知道考什么,他怎么知道如何教。一个老师自己连命题机会都没有,他能知道教学的方向吗？一定要加强老师命题能力的培养,老师一定要会命题,如果请校外的人命题,要把这个课程纲要给他。

《课程纲要》研制路径。这个是怎么做出来的呢,我刚才讲了,每个老师翻开这本教科书,看看目录,然后看看课程标准的相关要求,这样的标准要求怎么评价。评价设计,怎么评价,然后这样评价；我该如何处理教材,要根据评价的设计,来处理教材,而不是整天大语文,把这个地方的资源拉过来一大堆,把整个语文变成大肚子。

所以要评价设计好,需要这样处理教材,就是精准的,多余的就不要了。把这些思考,变成四个问题来回答,你可以把评价提前,也可以把内容跟实施合并。这就是课程纲要,老师教书时要把这个保管好,这就是学校课程的文本之一。

【要点提炼】

"课程纲要"的意义有:

1. 有利于教师的思考从"一节课"走向"一门课程",形成学科观或课程意识。

2. 有利于教师审视满足某门课程实施的所有条件。

3. 有利于学生明确某门课程的全貌或相关政策。

4. 有利于学校开展课程纲要的审议与质量管理。

课程纲要的基本要求。 我具体讲讲,四个问题怎么回答。第一,什么叫目标,目标就是课标,源于学生的研究,这个学生就是很具体了,你教哪一班、哪个年级的学生。每个学期、每个模块的目标,四到六条,每条一到三句话,不要写一大堆,多了记不住。还要三维目标,目标主要抓关键结果的表现。内容就依据目标来处理教材,这叫一致性。你备课到底是处理教材,还是澄清目标?先要澄清目标,然后再处理教材。第二,看看怎么组织、安排有逻辑的相关活动,想想这本教材,我怎么排课时,怎么把它安排好。第三,选择什么教学方法,方法与目标要匹配,这就是方法跟目标的一致性。第四,还有一个是具体的评价方案,评价一定是检测目标,不能游离教学,不能游离课程的一致性,要基于目标来设计作业,如果一个学期的话,有许多评价政策,但评价政策一定要讲得很清楚。这样和学生谈,沟通一下,你上课要认真听,上课的课堂表现占多少比例,占百分之多少,这些都是评价政策问题。

附:《标准、测验、教材与课程纲要的联系分析表》

标准、测验、教材与课程纲要的联系分析表

科目:	年级:	讨论时间:	参与人员:			
课程标准中的相关要求	设计怎样的测验/评价来检验目标已经达成?	如何处理教材章节的内容?还需要哪些可利用的资源?	形成(学年/学期课程纲要)			
			目标陈述	主题内容/活动	教学方式	具体评价方案
……	……	……	……	……	……	……

三、关键技能:目标如何具体化

目标的内涵。 目标是指预期的学习结果,它决定教学活动的方向,并确定教学评价的依据。它是课程的起点,也是终点。

目标是最低表现水准,不是最差学生的水准,它是指向一个群体的三分之二人能达标的东西。 你要是教一个班,就是判断一个班最低的表现水准大概是什么样的一个要求,这个叫目标。

目标清楚了,怎么表达?我们很容易犯如下错误:第一是写了目的,而不是目标,目的跟目的地是不一样的,目标就是目的地,目的是方向,往那个方向走,其实走到哪里是不知道的。目标呢,是具体位置,如"东方明珠"。我们语文目的太多,目的地太

【要点提炼】
1. 教学目标源于课程标准;2. 评估设计先于教学设计;3. 指向学生学习结果的质量。

少。第二是含糊其词，难以评价。什么合作精神，什么创新精神，还有培养学生德智体美全面发展，都无法评价。所以写目标，一定要把可观察、可测量的东西写上去。不能评价的不要写上去，写上去也是白写。第三，行为主体是教师，而不是学生。

写目标第一步，要先考虑学习结果，就是我到底给学生什么，我这篇课文到底能给学生什么。从大类来看，教育结果有三个：

第一类，马上要看得见，摸得着的成果，叫成果性目标。比如说这堂课必须要会背这首诗，这堂课至少90%人达到默写五个生字。

第二类，只要过程，结果无所谓的，叫体验性目标。教育有没有这个东西的，我们这个基础教育，就叫学历教育，不叫学位教育，学历教育就是过程，必须要经历九年的义务教育。又比如为什么小学三年级开始就要搞研究性学习，能研究出什么东西。其实我们根本没有指望中小学生研究出什么东西。这门课程的价值，就是要求老师们保护他的好奇心，好奇心不要你培养，天生就有，你整天喊培养培养，却把人家搞没有了。这门课程还有一个价值，就是我们现在所谓的中国人才，以为考上清华、北大、交大、复旦，就是人才。这帮人到国外干什么，有几个人在国外当老板的，都是帮老外生产国外价值。在国内当老板的，绝大多数是小学没有毕业，初中没有毕业的，很少有大学毕业以后在国内当老板的。问题就是我们培养的都是打工型，只会解题，没有问题，这就是我们教育的问题。研究性学习这门课程是干什么，就是要求老师你千万不要给他问题，这个问题必须是学生的，就一定要让他提出自己的问题，他将来才能当老板。

第三类，创造性目标。我再举个例子，女同志逛街，这几天很忙，马上想到逛街；这几天很闲，又想到逛街；这几天很烦，又想到逛街。逛街时这件衣服摸摸，那件衣服摸摸，就算空手而归，也很享受，这就是体验。所以体验目标，就是女人；成果目标，就是

【观察者点评】我平时的教学有上述问题吗？如何改进？

【要点提炼】
目标叙写有四要素：(1)行为主体：是学生，不是老师。(2)行为动词：可观察、可测量。(3)行为条件：特定限制或范围等。主要有辅助手段或工具、提供信息或提示、时间的限制等。(4)表现程度：最低表现水准。即至少2/3学生能达到合格。

男人。男人要买皮鞋,直奔皮鞋店,买好之后回家。我们现在的教育为什么不和谐,就是只有男人,没有女人,没有小孩。所以下面就是小孩,要留白,教育要留白,像画画一样,不能一张纸画得满满的。

【要点提炼】

三大类教育结果分别是:

1. _____

2. _____

3. _____

我举个例子,我在加拿大听了一堂课,画维纳斯像。加拿大老师他是这样教的,他说:同学们,我们今天画维纳斯像,我们的目标有两条,第一条,我们每一幅画都要有自己的主题。第二条,根据自己的主题,画出维纳斯像,并把维纳斯像的两个手加上去。这就是留白,你根本没有办法预设,学生画的结果,你只能预设方向。所以他的评分规则三条,第一有没有主题,第二主题跟表现手法是否一致,第三表现技巧。学生就沿着这样的方向,尽可能表现他最好的一面。这个就是创造性目标,我们"钱学森之问"就是这个。我们没有给学生留白,什么东西都是让学生结果化,所以我刚才讲了,我们现在教育为什么有这么大的问题,就是我们整个教育只有男人,没有女人,没有小孩,这种教育肯定不和谐。你考试只能是这个成果性,像体验性目标、表现性目标等许多的东西,都要在我们每堂课、每个单元里面体现。所以你是应试教育,还是素质教育,你是不是关注了过程,是不是留白,都是有证据来说明的。特别像我们语文课,很多东西都是体验、创造,像阅读就是体验,作文就是创造,你要这样来设计你的目标。

三维目标的阐释。三维目标,首先它是一个立体,所有的目标都是这里面的一个点。三维目标,上层是三类,就是前面的三大类教育结果,我这个活动主要给予学生什么?创造性目标、体验性目标,还是成果性目标?我想军训主要是体验目标,研究性学习主要是体验性目标。你不要整天让他填表格,不要整天评他研究报告写得多好,这样搞你说小孩怎么会喜欢研究性学习呢?就像我们女同志逛街,整天给你购物单,让你去逛街,你拿了三次就讨厌了。

大的目标定位好了之后,千万不要把三维目标分开、单独设定,它是一个整体,所有点跟三面都有关系,它背后的逻辑是什么?什么叫知识与技能?就是关于"是什么";什么是过程与方法?就是"如何学"的知识与技能。什么叫情感和价值观?就是学生学的这个知识与技能,对学生"有什么意义"。这就是三维目标之间的逻辑,所以用什么样的过程方法,就决定了什么样的意义,决定了什么样的情感、价值观,就是这个道理。

这也真正破解了教书和育人的关系,因为许多老师教书根本没有育人,在浅层教学,比如说知识、技能同步操练,没有正确的过程和方法,达成不了学生的意义。当然育人必定要有书,你育人没有这个知识和技能,难道这个东西是天上掉下来的吗?所以这个三维目标,每一件一步一步从知识外到学生内在的东西,这就是一个意义教学的过程。

我们总结一下,怎么把目标具体化?第一步,你要搞什么活动,你要教什么,首先要定位。这个活动给学生的东西,比如说主要是成果性,或主要是体验性,或主要是创造性。定位之后,然后用三维目标来写,写了之后,看看写得规范不规范,就是主题是否可观察、是否可用行为表现,看看要不要加行为条件,不明确就要加行为条件,思考他的表现程度是不是定得太高了,这就是一个目标的具体化过程。

我举一个例子,就是把内容标准具体化为学习目标,一般来说就是四步,第一条,你要找到关键词,什么叫关键词,关键词就是动词和名词,比如说体育练习,各种平衡动作,那关键就是一个是练习,一个是平衡动作。第二条,扩展和剖析关键词,就是什么叫说明,什么叫练习,这个叫行为动词的扩展。然后是聚焦,把两个东西都拓展了,剖析了。第三条,就是具体化的关联,就是条件,这个具体的学生,我知道学生目标怎么定位。最后写出学习目标。大概就是这样四步。

> 【要点提炼】
> 　　教师决定的课堂目标:(1)明确结果;(2)三维表述;(3)规范叙写。

下面以生物课中,说明细胞的分化为例。

1. 内容主题:4.2　细胞的分化〔浙教版必修1《分子与细胞》〕

《国家课程标准》:说明细胞的分化(第13页)

《浙江省教学指导意见》:举例说明细胞分化的概念和生物学意义

2. 如何具体化为便于检测的课堂目标?怎么把它变成学习目标?

这个首先找关键词,一个是说明,一个是分化,然后是什么叫细胞的分化。细胞的分化,实现哪些知识点,这个要看教材了,这个知识点,根据学生有没有经验,来判断他的知识地位。这里分解说明,什么叫说明,那根据学生有没

> 【观察者点评】学习目标的确定,我学会了吗?

有经验,来判断难点,比如说重难点就要阐明。

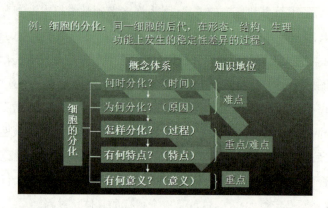

例:说明细胞的分化。

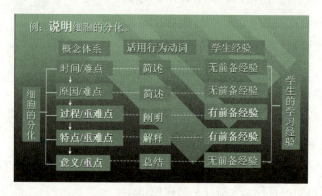

然后就是具体化的关联,确定行为条件,怎样解说,过程与方法,就来了,通过阅读课文,观察情境,那么其实这个就是过程与方法。

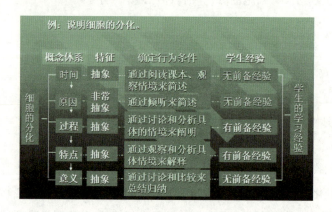

例：说明细胞的分化。

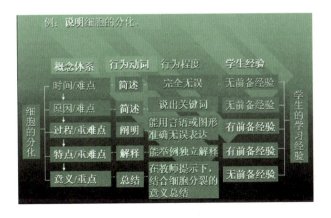

最后表现程度，解释到什么程度，最后就变成这样四条。就是教育课程标准几个字，变成这样四条目标。这四条目标，就是可解释，可评价，可把握的。如果老师上课前，脑子有这样四条的话，他的教学就很有方向感。

然后课备好以后，怎么上课，上课之后，就有了基于标准（目标）的评价任务，所以教学跟评价就是一个过程，通过这些东西来解释目标有没有达成。就是我刚才讲的，判断他是到苏州了，还是到无锡了，根据这种回答表明他到南京了，根据那种回答表明他到常州了。也可以通过课外练习观察来验证这个目标有没有达成。我来检查了，你这个教学是否有效，我就有证据，我就拿这样的目标来分解。你这堂课有效性怎么样？也可以通过课外练习，基于目标的课外练习，作业就是这样的方向。

【要点提炼】

分解之后确定的学习目标：

1. 通过讨论和分析具体的分化情境，自己组织语言或绘制图形准确无误地阐明细胞分化的过程。

2. 通过观察和分析具体情境，准确地解释分化的两个特点。

3. 通过阅读课本，用关键词简述细胞分化的时间和原因。

4. 通过讨论，总结细胞分化与分裂在个体发育中的意义。

通过上述生物课的例子，我学会了如何确定、表述学习目标吗？在教学实践中我要好好练习、掌握……

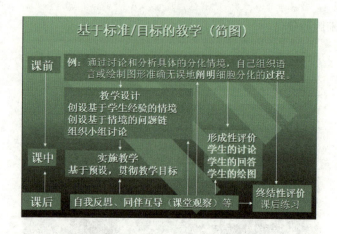

四、小结

最后,我简单总结一下。今天上午,我把大家带到三个景点。第一个景点就是,要建立一种观念,你要上课,要心中必须有课程标准,看看这篇高中阅读课文,目标该怎么定,看看第四学段语文课标对阅读的要求,我怎么把它具体化。要建立一种观念,就是基于课程标准实施教学,如果我们把至少三分之二的学生都教达标了,那么我们就可以心安理得地拿工资。要记住,我们的老板不是教科书,千万不要以为我把教科书教完了,我就可以领工资了。第二个,是确定路径,就是从学段标准到学期标准,高中叫模块、学科规划,然后再到单元教案这个路径,那我们今天主要讲了学期的课程纲要。第三,就是关于目标如何具体化,包括写规划、如何从内容标准变成学习目标。我们今天是不是这样玩了一圈。我就讲到这里,谢谢大家。

【要点评议】

　　基于课程标准的教学,对于保障、提升区域教育质量非常有帮助,对于学校抓课程实施质量管理、教师的课程实施提供了更便捷的"抓手"、路径。正如崔允漷教授特别强调的,"基于课程标准的教学,不是要求所有教师教学标准化,不是一种具体的教学方法,不是教学内容和课程标准的简单对应",教师的个体发展,除了要以课程标准作为教学基准之外,还需要谋求专业的自主发展,锤炼教学风格,避免千人一面,同质发展。事实上,真正优秀的教师总是善于创造性开展教育教学实践活动,他们每个人的教学特征都非常鲜明,差别甚大,而教学效果均属优良,并没有一个"专业教学标准模板"。毕竟学科课程标准,属于共性要求,不可自我束缚。

　　教师的自主发展必然需要从顺应课程标准,走向超越课程标准,逐渐形成自己的教学风格。对于一位热爱教育、热爱孩子的老师,他总会有做不完的事情。不过对于一名学科教师,他要实现教师专业的自主发展,总是需要有所为有所不为。每天的教育教学工作总是要以学科专业为核心,追求精进、追求卓越。因材施教过去多是从学生的角度来阐释教学关系,其实这也启示我们,每位老师同样需要根据自己的教学优势或专长来实施教学,"特级教师"关键是有自己的特色、特长。可见,教师的自主发展必要发挥自身的教学优势,凝练教学个性,练就教学风格。这是基于课程标准,存同求异的过程;也是一个自奋其力,不断体悟、践行的过程。因为真正有风格的教学实践一定是源自内心,不断升华的历程。

资源链接

1. 崔允漷. 课程实施的新取向:基于课程标准的教学[J]. 教育研究,2009(1).
2. 崔允漷,夏雪梅. 试论基于课程标准的学生学业成就评价[J]. 课程. 教材. 教法,2007(1).
3. 崔允漷. 基于课程标准:让教学"回家"[J]. 基础教育课程,2011(12).
4. 崔允漷. 学会专业地思考课程标准的分解[J]. 基础教育课程,2010(4).
5. 崔允漷,邵朝友. 如何基于标准命题:从双向细目表走向测验设计框架[J]. 上海教育科研,2007(8).

后续学习活动

任务1:请回忆讲座内容,写出确定学习目标具体化的主要步骤。

任务2:请仿照文中确定细胞分化学习目标的例子,选择自己熟悉的一个教学内容,分解设计出具体的课堂目标或学习目标,要求表述规范。

第 11 讲　课堂教学与教师教学能力发展

谢利民

专家简介

谢利民,基本情况见前文专题相关内容。

热身活动

阅读本专题之前,请您先思考下面几个问题:

1. 想一想自己平时的课堂教学,请试着梳理一下您主要的教学流程,具体如下:

(1) _____
(2) _____
(3) _____
(4) _____
(5) _____

2. 就您曾经关注过的几位优秀教师,想想他们成功的相似特征有哪些?请尝试列举三条:

(1) _____
(2) _____
(3) _____

学习目标

通过本专题的学习,您应该能够:

1. 请就运用"以人为本"理念、改善自身教学这个主题,围绕备课、教学、评价、管理等环节,分别提出一条具体的改进措施。

(1) 备课方面:_____

(2) 教学方面:_____

(3) 评价方面:_____

(4) 管理方面:_____

2. 根据本讲座内容,请提炼优秀教师成长的阶段特征,然后参照一位您熟悉的名师成长经历,为自己的教师生涯做点设计,并完成下面表格:

优秀教师成长		名师典型案例(姓名)	我的成长
阶段分期	阶段特征	具体案例	成长计划
1. 新任教师的模仿性教学阶段			
2. 胜任型教师的独立性教学阶段			
3. 创造性教学阶段			
4. 形成独特的教学艺术风格			

讲座正文

各位老师,早上好!我今天主要想围绕着课堂教学谈一下教师的专业发展,我主要谈两个方面的问题。第一个问题,课程改革过程当中,我们优秀的骨干教师要关注什么、应该去做什么?第二件事,我要来谈一下关于教师的

【要点提炼】

讲座的关键问题分别是:

1. 教学改革过程中,骨干教师要去关注什么,要做什么。

2. 探讨教师专业成长的一般规律。

专业能力发展。怎样可以从一个新老师成为一个教学名师,我设计了几个阶段,我会把教师在每个阶段的特征做一个描述,然后来跟大家做一个交流。

一、背景介绍

首先来谈谈背景问题。我们国家现在做的教育改革,宏观上讲是素质教育改革,具体地说是课程改革。首先要讨论的一件事,就是课程改革和老师的关系,换句话说课程改革过程中老师们需要关注什么,要做什么事?

最近颁布的《国家中长期教育改革和发展规划纲要(2010—2020年)》说:现在学校教育改革要树立以提高质量为核心的教育发展观,要注重教育内涵的发展,要鼓励学校办出特色和水平,要出名师、育英才。这段话主要是针对我们老师和校长说的,说得很清楚,学校教育是什么?就是质量。课程改革一定会聚焦在学校教育的质量上来。**从我的理解来说,教育质量就是老师的教学质量。**

【观察者点评】先想想新世纪课程改革对我的教学工作产生了哪些主要影响?我该如何理性应对呢?

【要点评议】

学校内涵发展、特色办学归结为一点,就是提高育人质量,培养出更好、更多的人才。这就回到学校的根本,学校就是培养人才的专门场所,培养的关键是课程与教学的实践过程,教学质量的第一责任人是教师,提高教师的能力、水平,直接关系到学生的学习过程及效果,关系到学校的育人本领。

这里还有一个关键点,就是要全面理解学校的育人质量。从课程标准的角度来看,学校质量大体可从三个层面去理解:

1. 学生在学校里面学到了丰富的知识,增强了能力;

2. 在学习知识、培养能力的过程中,学生更有学习兴趣,掌握学习方法,养成好的学习习惯;

3. 学生学会自主学习、合作学习、探究式学习;

4. 学生的情感更丰富、态度更真诚、价值观更科学,他们富有人情味,涵养美好人性。

注重教育内涵发展。我们过去都比较强调外部的客观条件,尤其像我们偏远的地方,就比如我们云南。我大概在 1990 年代的时候就到过我们云南,除昆明那些城市之外,我也到过好多的寨子。在二十年前,像云南、昆明还有一些少数民族寨子里的校舍,可以说是惨不忍睹。但十年、二十年后的今天,我们最重要的问题不再是校舍的问题,不再是有没有老师的问题。国家现在也拿出了许多的钱,在改善我们学校的办学条件、去培训我们的教师。这个时候我们去注重学校教育的内涵发展?我觉得要直接看两种人,一个我们培育出的好校长,还有一个很重要的就是国培计划要造就一大批好的老师。要通过优秀的校长、优秀的老师去培育出一批一批的好学生,我觉得这就是"内涵"。现在全国中小学有 1300 万名教师,基本上可以满足全国中小学教育数量上的需要,也就是从人事编制方面来说,现在我们国家不再缺少教师了。**我们现在最重要的任务,是怎么样让这 1300 万名教师可以变成优秀的教师。**

【要点提炼】
　　背景 1:教育已经从规模发展走向内涵发展。培养校长、培训教师,提升教育教学质量,培育出优秀的学生,这是学校内涵发展的应有之义。

　　在 1990 年代末,课程改革比较关心的是上级决策,接下来就是专家要做的事,专家要去做课程标准,去编写大纲和教材,所以课程改革开始和一线老师的关系不是很大,因为上边有政府和专家在做事。我觉得现在课程改革正在做第二阶段的事情,进入到一个全面实施的阶段。就是把我们新的课程教材、课程大纲,拿到云南、拿到各位老师的手里面,把语文书交给各位老师。而走到这一站的时候,我们发现了一个前所未有的困难,就是专家写到纸上的以学生发展为本、知识技能、过程方法、情感态度、三维教学观的价值目标等,在各位老师的课程里实现得不是太理想。也就是**我们这些观念上主张的东西,怎么可以有效地转化为学校老师的课堂实践行为,这是我们今天最大的困难**。可见,这个课程改革最重要的不是教师教的那课程教材的书,最重要的是教那本课程教材的教师。所以在上海的课程改革,我们现在关注到了两句话,**一句话是"教师是关键"**。教师这个人是干什么的人?**教师就是给学生上课的人**,所以我们就有了**第二句话叫做"聚焦课堂"**。我们这个改革,最后可以看出我们成功的地方,我认为就在我们的课堂里面。

教学能力的修炼与提升　　209

【反思】

今天课程改革已经革新了课程、教学理念,如以人为本、三维目标、倡导自主合作探究式学习、改变学业评价方式等。如何将新的、好的课程理念转化为课堂教学行为,落实到学生的学习过程中去,这必然要依靠学校办学、依靠教师队伍建设。从这个意义上说,没有教师队伍的跟进,再好的课程理念都要落空,所以说教师是育人的关键。从这个意义上说,我该做些什么呢?我该如何推进,如何与时俱进?接着往下读……

【要点提炼】

背景2:课程改革从制定标准、编写教材,到走向教师教学。

教师教学改革两个要点:

(1)教师是关键,提高教学水平;

(2)聚焦课堂,改进课堂教学;

【要点提炼】

背景3:从公开课、观摩课走向常态课建设。

先声明一件事,我说的课堂教学不是指公开课、观摩课,这些就像演戏一样,实际上叫"作秀"。但是我觉得决定一个学校的教学质量,绝对不是公开课、观摩课,一定是我们的常规课。也就是说没有人来听课,一个人来面对几十个小孩子,这个课好不好才会真实,我们的普遍问题都出在常规课堂上。

这个东西和咱们居家过日子一模一样。我到云南去的时候,不论是哪个民族都非常热情,也有很多人请我吃饭,咱们在座的各位,现在的生活水平都高了,一个月、一个礼拜,到外面吃上几餐饭都会觉得非常开心。但是大家有没有发现,决定你健康的关键问题,绝对不是你在饭店的这顿饭,一定是你家常的三顿饭。这三顿饭你吃好了,你就可以得到健康,饭店那餐饭如不吃好就会让你拉肚子。教学上的道理也是一样,学校的教学一定是出在没有人来听你的那堂常规课上。从这个角度来说,教师聚焦的关键是常态课堂,我想对咱们老师说的就一句话,要求每位老师上好自己的每一堂课。

【要点评议】

　　课堂教学,关键是常规课的教学。常规课的教学质量,才直接与人才培养质量挂钩,与孩子每天的健康成长挂钩。要上好每一节常规课,需要依靠教师的责任心,依托教师的真正水平。教学是良心活,来不得假。教学是良心活,不可能每节课都有人跟踪、监督,如何面对学生,上到什么程度全在教师的自觉。常规课的教学,不需要做秀,最珍视的是师生真实人格的交融、互动。常规课的教学,回到教学的本质,是人对人教与学的相互影响,这正是各种教育技术难以取代教师的原因。

　　作为一个普通老师,这意味着什么呢?意味着学生是教学的起点,我们的教学要对得住学生的生命成长;意味着教师即课程,我们要锤炼自己、修炼人格,要努力言传身教。

这个话说起来容易,做起来难。一个老师上一堂好课不难,堂堂课上得都好这叫做工夫。今天在座的老师都是骨干教师,骨干教师就应该是好教师。那么,什么样的教师是好教师?专家们写的书上都有很多的标准,不过我觉得这个问题很简单,上课上得好的教师,他就是好教师。什么样的课算是好课?学生们喜欢的课,就是一堂好课。

国培计划在各地做培训的形式、方法会有差异,但都是一个目标,就是要去培养出好教师,要教师把课上好。从这个角度来说,我们今天去促进教师专业发展,就是要提高教师的教学素质,提高课堂的有效性,最终目的是促进孩子的健康成长。

【要点提炼】

　　回到朴素的观点,好老师就是能上好课、学生喜欢的老师。

　　教师要转变思考问题的角度,改变自我中心倾向,提高教学要从关注学生、分析学情开始。

【要点提炼】

　　上文主要在谈常规课的问题比较突出,课程改革、教师培训主要是想通过提高教师的教学水平,改进常规课的教学质量,下面转入以语文学科为例来探讨如何帮助教师把常规课教好,要点包括更新教学理念、课堂教学改进等。

二、课程理念与教师课堂改进

(一) 理解"以学生发展为本"

今天大家作为骨干教师,要想给普通教师作一个示范,大家首先要把路给引好,要把方向给搞明白。在这个过程里面,第一件事就是要理解清楚改革的基本主张或者叫基本理念,叫做"学生发展为本"。

今天我们做了一件比较成功的事情,就是对于"以学生发展为本"这个基本理念,通过我们的宣传,现在大家都有一个非常好的认同度,大家普遍都认为应该这样做。现在的问题是我们认同的东西做得却不好。

【要点提炼】
　　课程改革的基本理念是要以学生发展为本,努力培养学生的创新精神和实践能力。

【要点评议】
　　这是基本理念与教学实践的矛盾,属于应然与实然的矛盾。如何处理这个矛盾关系,方法是多样的,其中包括要反思我们对应然的东西,对课程改革的基本理念是否真的理解清楚了。如果真正明白了"以学生发展为本",我们的教学实践将会焕然一新。

其中非常重要的原因,就是我们认同的这个东西,我们不太清楚它是什么意思。所以首先一件事,我们要去理解什么是"以学生发展为本",有这么几层意思:

第一层意思,说得通俗一点,就是一个都不能少。我们法律规定,每个人都有受教育的权利。咱们作为校长、老师,没有权利去剥夺学生受教育的权利。就比如说我在你们班学习不好,你就把我给赶走了,如果严格地说你就是犯法了。我们现在强调的依法办学、依法治学的灵魂,就是保障人的权利。

【要点提炼】
　　受教育权是人的基本权利,保障每个人的受教育权,这是提高民族素质的基础。

另外,中国家庭的小孩越来越少了,很多家庭就只有一个小孩,孩子的教育是所有的家长都输不起的。如果谁家小孩教育失败了，那么这家明天的天不就坍塌下来了？望子成龙、望女成凤，包括你我在内都是这样的一个想法，这是中国今天最大的一个特点。

【要点提炼】
孩子的教育关系到家庭的明天，关系到国家的未来，尊师重教是我们的优良传统。

第二层意思，就是关注学生的个性化。我们的教育越普及，学生越来越多，越不整齐，这个我们就叫做差异。怎么把有差异的学生教好，这是最困难的事情。因此我们要讲个性化。个性化是什么意思？我们教育界做了一件事，是我们多少年都没有做好的事情，这个事情叫因材施教。我在东北的时候，那些老师跟我说，谢老师讲的因材施教我懂了，这个叫做"分槽饲养"。现在面对着七长八短的学生，如果你要做到因材施教，你就必须要做到"分槽饲养"。从这个角度来说，对于我们老师来说，今天有一个核心的概念，这个概念就叫做尊重学生，最重要的一个就是尊重学生的差异。

我觉得今天的学校，如果学生没有差异、非常整齐，这是不正常的事，不整齐才是正常的事。当我们今天的教育越来越普及的时候，你不能指望咱们班级里的小孩，可以像体育老师吹口哨就能齐步走。因为现在的小孩他不可能齐步走，所以你要尊重孩子的人格，也就是说你要把他当做一个人去看，不要把他简单当做一个一个"桶"。把孩子当做人去看，你就会发现他有自己的兴趣爱好，他有自己的选择。我们学校今天为什么要强调活动课程？为什么要开发建设校本课程？就是为了满足孩子他自己的兴趣，也就是孩子自己的选择权。所以我相信咱们的云南，甚至包括云南的乡村学校，也会逐渐地实现课程多样化。今天我们云南许多的乡村学校里面，我们还没有能力去开发那么多的校本课程，但请各位老师记住一件事，开发这些课程肯定是一个趋势。

【要点评议】
1. 开发校本课程是促进学生个性发展的有力措施，建设好校本课程是学校特色发展的必然需要，这二者的关键就是教师的教育教学能力发展，就是教师的专长、特长发展。想想自己能够开设出几门校本选修课程，想想自己的教学专长在哪里？一个有特色的老师，一定是实现了特长发展的老师，"宽口径"、"一专多能"正是我们中小学现在需要的老师。

2. 从教育价值层面来说，新课程改革确定"以学生发展为本"的根本理念，预示着我国课程教学方向大调整，开始回归教育本义。"以学生发展为本"，意味着学校开始回到教育的原点与根本，开始在新的基点上重建学校教育。过去以阶级斗争为纲等时代，可以归并为"社本主义"教育时代，"社本主义教育是指在教育实践中以社会（国家或政府）为本位，将社会（国家或政府）的功能和地位极端化。认为社会（国家或政府）的利益高于一切，教育的唯一目的是为了社会发展，人的本性即社会性。在某种意义上社本主义与国家主义、国家社会主义、社会沙文主义是同义词。它包括政治本位、经济本位、文化本位等。"基于社本主义的学校教育，奉行社会性即人的本性，学校充当工具性价值，强调为政治、经济、文化等服务功能，忘记了学校教育自身也是主体性存在，有育人的独立价值，政治、经济、文化等也理应为学校育人创造更好的办学条件。

"以学生发展为本"理念的确立，对学校教育的影响极其深远，必将推进我国现代教育的进程。接受教育是现代人的基本权利，终身学习是时代发展的客观需要。现代社会每个公民都是独立、平等的主体，都有发展自我的价值诉求；现代教育就是要努力促进每一位公民的自主发展、个性健全发展。所以说，"以学生发展为本"就是教育要面向每个孩子，要尊重孩子的个性差异，维护孩子的主体地位，为孩子自由、全面发展服务。

为此，学校教育要做出根本性的调整，改变精英教育模式，实施学校特色化、课程多样化、教学个性化。从孩子差异出发，实施差异教学，因材施教。要改变一切围绕考试转，教师围绕优等生转的老观念，尊重每个孩子，为每个孩子的潜力发展服务。生命本没有名字，为每个孩子而教，应成为现代教师的价值底线。教师头脑里对教育的根本信仰、看法，必将深刻、长久地影响到他每天的教学实践，所以教师的课堂教学改进，首先的的确确需要反思自己的"教育信仰"，更新教育理念，才可能以新的精神面貌建设新的教育生活，创造新的教育意义。

（二）课堂教学改进

我们今天的语文教学包括外语教学，所有的语言教学受到的批评比较多，语言教学的问题到底出在哪里？我认为在语文教学里面，也和其他学科的教学一样，有三件事是学好语文比较紧要的事。

第一，培养学生的学习兴趣。所有的人都知道，兴趣是孩子最好的老师，但今天的教学偏偏缺的就是兴趣，我真的请各位好好去研究一下，孩子们不喜欢学语文，这到底是怎么回事？是因为老师讲得不好？还是我们语文字、词、句、篇选的不灵？还是我们学校里的小孩，他们没有一个学习语文的好环境？这些事咱们各位一定要清楚。我觉得咱们的骨干老师，今天都有一个责任，就是你要给咱们其他的老师开创一条路出来，这条路就是怎么让孩子喜欢语文。

第二，帮助学生养成良好的语文学习习惯。让学生有自己学习语文的方法。这句话的意思就叫做学会学习，我们在过去比较强调要学会知识。大家看看今天的这些孩子，将来有出息的人，不仅仅是记住知识的人，他一定是会学的人，所以学会学习就是会学。我做了这么多年的老师，我发现真正有出息的孩子，当年基本上都是会学的孩子。

第三，帮助孩子养成自信心。讲得通俗一点就是语文老师，把语文教完以后，孩子都可以说"没问题，我可以把语文给学好"，这就叫自信心。我觉得一个老师，如果可以把学生培养得都非常有自信心，可以说这个老师是一个功德无量的老师。因为自信心就好比是人的那条脊梁骨，人有了它才能站立。

【观察者点评】认识到兴趣、习惯、自信心这三者的重要性并不难，难就难在如何落实到学生成长过程中去，化为学生的生命素质。对此，我该如何去做呢？

兴趣、习惯、自信心这三样老的东西，如果学生没有，他学任何一门学科基本都学不好。我们今天作为骨干教师、作为优秀教师，不再玩虚的东西，来就要来真的东西。你作为一个好的教师，作为一个骨干教师，要让别人对你口服心服，你就必须要有真本事。那么你怎么在这三个方面有所突破呢？

总之，昨天我们学校教育关注的是学生所学的知识，主要看老师是不是把知识讲清楚了，学生是不是记住了，考试能不能考好。今天我们关注的是学习知识的学生。由昨天到今天，知识是永恒不变的东西，学校这个地方永远都是教人学知识的地方。可是，我们过去是以知识论输赢，而今

【要点提炼】

教学不仅是教知识，还要教人，从教知识转到教人，这就是"以人为本"。

天到这还没完，我们要去看学习知识的孩子，他们在学知识的时候是否开心、快乐，他们长得是否结实，这些就叫做以人为本，我们最后关注的是人。中国社会今天走向了关注人，绝对是说明中国社会今天真的开始走向了现代化。所以咱们今天做老师的这些人，都要做到目中有人、心中有人。

上海有一位非常出名的特级教师，于漪老师，这位老太太今年八十多岁了。于漪老师总结自己一生的语文教学，就只有四个字"用心教学"。我今天不关注在座各位老师的语文知识，我关注的是大家追求的是什么东西。如果你把这些东西都弄清楚了，那么你就会发现，你跟昨天肯定会有一个不同，因为你知道你应该干什么了。

【观察者点评】我知道自己应该干什么了吗？

三、优秀教师专业素质的提升

我们说好的教师，就是上课好的老师。那么你的工夫，就是要看你的课堂教学水平。我们现在评审上海的高级教师，看一个教师的教学质量，我们就会采取随堂听课的方式。因为课堂当中，体现的就是教师的综合能力水平。我觉得老师课堂水平的能力大概会有这样两个层次：

首先就是基本功。教师课堂教学的基本功一定要过硬，一定要非常扎实，基本功不扎实的人，将来如果想成为好教师，这基本上是不可能的事。第一，教师对语文学科的知识一定要精通。什么叫做精通？你不仅要知道它是什么，你还要知道知识的来龙去脉，以及知识之间的相互联系。这个世界上没有孤立的知识，我认为所有的知识都可以互通。我学理科出身，而我现在研究教育，但我发现我比他们学教育的人，有两个长处的地方，就是我的观察能力和思维品质。所以我就发现，文理都是相通的学科。第二，一定要非常的宽厚，语文老师如果只精通语言学，这样你就成不了好的教师，你只能是个语文老师，你的知识越开阔、越宽，你讲课的时候才能广征博引、随心所欲，其他学科也是一样的道理。语文教师的知识，除了语言学等本体知识，还包括条件性知识，如教育学的知识、心理学的知识、语文教材教法的知识、教育研究方法的知识。还有实践性的知识，包括教师在教学实践中提炼的知识，我们也把它叫做教师的智慧。

有些基本功，是语文老师必须具备的基本功，就比如说写字，我们现在有很多的年轻老师，他们都不会写字，他们用的都是PPT。大家有没有发现咱们的小孩，现在看PPT都会产生视觉疲劳。我就在想一个语文老师，如果会写一手非常漂亮的字，那么小孩子会是一个什么感觉？

提高教学艺术水平。今天在座的各位，都是在云南百里挑一挑出的好老师，要往前继续走，在基本功的要求上，很重要的就是你的教学艺术水平。我有专门的讲座去讲课堂教学艺术，就比如说教师的语言艺术，为什么一样的课文、一样的文章，在张老师讲的时候，大家听得都兴趣盎然，但到了谢老师讲的时候，大家一看表都说：为什么现在还不下课。这就是语言表达的能力。真正语言表达功底好的老师，他的第一特征是他说话能入心，这叫做心通。此外，还有导入的艺术、启发的艺术、评价的艺术等。这些都是一个老师的常规问题，我们的目的只有一个，就是怎么让学生去喜欢我们的课。因此，今天对各位来说，**一个是你要去培植课堂，去营造精致化的课堂。**

我听过许多好老师的课，一堂真正好的课，真正是充满许多的感慨，在听他们课的时候不亚于艺术享受。所以我就感觉人一辈子读书的时候，可以遇到一个好学校、可以遇到一位好老师，这是人一生的福分。

"磨课磨人"这四个字，是我们浦东洋泾中学上一任校长胡雨芳总结出的。**就是要磨出一堂好课，磨出一位好教师，**我保证这个经验会非常有道理。我自己也有这样的经验，一堂课你多去磨几回，同事之间多去交流一下，你的课肯定会越上越好。

在这个过程当中，我希望我们老师可以善于发现自己，用别人的好东西，来弥补我们的短处。我们第一步叫做扬长避短，第二步叫做扬长补短，看看你现在做到了哪一步？

在这个过程当中，我希望我们老师走的路一定要扎实。**我给大家六个字的建议，叫做"小步走，不停步"。**我觉得优秀教师的成长不可以速成，如果你不教十年的书，你就很难成为一个教学上的名师，你想一步跨越是不行的。

教师最忌讳的一件事，就是浮躁、急躁心态。特别是我们今天的年轻教师，你千万不要太看中那些包装的东西。年轻教师千万不要太过于看中那些虚的东西。人都有名利思想，但这些都不可以看得太重。如果看得太重，就像过去的一句话，叫作物极必反。教师的成长一定要稳扎稳打，逐层地进行深入，所以还是那句老话，**优秀教师不能速成。**而且我也实话实说，你越往前走你就会越觉得难受，因为我们越往前走，标杆的至点就会越高。

【要点评议】

"冰冻三尺,非一日之寒",优秀教师不可能速成,谢利民先生多次说道:你不去教十年书,就不可能成为真正好的教师;真正的教学名师,一定要经历千锤百炼。想要成为名师的年轻教师,的确需要戒骄戒躁,沉浸在知识的海洋,夯实能力的根基。人的成长是极其复杂的,作为培养人的教育事业,也绝不可简单化之。名师不能速成,可是也不意味着"慢"便可成,其间还有很多道理有待去领悟。

1. 除了学习知识,还要学习掌握知识的方法,领悟知识背后的思想、原理。唯有如此,才可以将知识内化为财富、修养,外化为眼光、识见。

2. 教师的教学能力不是普通能力,单靠闭门修炼便可自成,一定要研究学生,分析学情,知己知彼,方可百战不殆。我了解到很多优秀教师,其实一开始并不喜欢做老师,"是学生让我喜欢上教师职业。与学生交往,让我体会到人与人之间纯净关系,美好情感,向上力量。我想应该是学生的纯真、纯情、好学、热情,活泼的生命唤醒了我对教育工作的喜欢"。所以我认为,好的老师需要师法自然,也需要师法学生,参透学生,就不会感到"皆若空游无所依"。

3. 除了知识、能力,还不能成为优秀教师。优秀教师需要富有"人情味",需要善与人合作,有团队精神。教师不仅仅教书,更重要的是要培养人,缺乏深厚的人文底蕴,如何去培养有"人情味"的学生,如何去培养好公民。真正的好老师,并不非要学生考取"清华""北大",真正好的老师是以自己的人格魅力、人格力量,影响孩子一辈子的老师。正如谢利民先生在后面所说:"等过了二十年以后,大家去问一下这个学生,他很少可以记住当年老师给我讲过什么知识,但他就记住了四个字'张老师好',像这样的就叫做人格力量"。

四、教师对课程与教材的再开发

把课上得好,提高学生的学习兴趣,其中有一个很重要的工夫,就是教师的课程与教材研究。我们现在一般来说,不太喜欢把老师叫教书先生,更不能把老师叫做教书匠。换句话说教师不应该是个教书的人。老师备课就是要去研究教材,要重新去整合教材。

第一，课堂上教师讲给学生的知识，不应该是书本上的知识，一定是要讲教师自己的知识。我在生活当中观察一般的人，他们好像都不太喜欢看教科书，尤其是理科的教科书。因为编书的人把生活当中活泼、生动的东西，进行了一个抽象的加工，就变成了很抽象的字、词、句、章、概念、原理。所以教师在研究教材的时候，你必须要学会内化知识，就是要把别人的东西，变成自己的东西。这叫做激活知识，或者叫知识的活化。

各位当年都学过化学，化学里面有一个非常重要的法则，叫做还原反应。你在研究教材里枯燥、乏味的字、词、句、章时候，你要把它们还原成生活里丰富多彩的知识，这叫做激活知识、活化知识。这个过程我有的时候，把它叫做教师对课程的二次开发，第一次开发是专家编书，专家把生活当中生动的东西，经过加工编写到书里面，变成抽象的知识。而教师在备课的时候，就要把教材当中枯燥的内容知识，还原成生活当中丰富、多彩的东西。

教师的知识一定是生动活泼的知识。教师储备的知识越多，你激活知识、活化知识的本领也就越大。从这点上来讲，激活知识、活化知识，要求教师一定要有生活，尤其是语文教师。我给大家八个字的建议，叫做"观察生活、体验生活"，在这里最重要的是学会提炼生活。你把生活当中那些生动、活泼、有趣的东西，经过你的提炼加工变成教学内容，如果这样学生不喜欢语文，我觉得这是一件不可能的事。

【要点提炼】
　　学生听活化知识的时候，会感觉到老师讲的知识看得见、摸得着，这样的知识学生理解起来会更加深刻。

因此语文教师一定要去观察和体验，老师看世界的角度跟老百姓看世界的角度是不一样的。老百姓看个热闹就完了，而老师的这双眼睛要入木三分，能通过现象看本质的就叫做老师。所以教师不是在用本子教书，而是在用脑子上课。

从某种意义说，教学应该是一个生活的过程，生活是多彩的，教学也一定应该是生动活泼的。从这个角度来说教师难做吗？也不是很难做，你要有心就可以去做好教师，因为我就希望各位可以多多地去总结自己的东西，多去提炼自己的东西，要提炼你自己的经典案例。我发现有的老师，他教了十年的书，但他却在平地上转上十圈。为什么说老师要学会用脑筋？用现在时尚的话叫做学会反思。我觉得今天教师的成长，它应该是一个螺旋上升的过程。这个过程别人不能帮忙，需要你自己去动脑筋，这对老师来说就是一个最重要的工夫。所以如果你仅仅会教书,那么你就不能成为一个好的教师。**优秀教师的课,一定是个性化的课程,绝对不能重复。**

从这个角度来说,提炼、加工自己才是最重要的事。教师越往前发展,别人可以给帮助的可能性就越少,包括大家今天到上海来学习,今天谢老师说的这些东西,顶多就是给大家做一个参考,明天怎么做才能做好,这个就要看你自己了。

【要点评议】

教师属于知识分子,可是教师不是一般意义的知识分子,而是转化型的知识分子。自然学科的科学性探求中,研究者是原创型知识分子,以发现新的知识为己任,而在教学科学性的发展、进化过程中,教师及研究者不是以发现新的知识为目标,而是以如何更好地实现新的知识从社会形态向教学形态转化、供学生掌握为己任,属于转化型知识分子。教师作为转化型知识分子,主要是围绕着如何更好实现"转化"目标来研究新的教学方法、策略、原理,以此来实现教育教学的发展。从这个意义上说,作为教师除了要积累知识,体验生活,还需要研究课程与教材,凭借自己的学问基础和生活体验,去激活知识、活化知识,转化生成合宜的教学内容知识,为教学实践服务。如果忘记自己作为"转化型知识分子"身份,关起门来"做学问",恐怕也会贻误学生更好的发展。教师如何来转化知识呢?对此,余闻婧博士认为:"这种转化需经历三个阶段:学科知识的教师个体化,教师知识的学生学习化,教学知识的言语化","教师作为知识转化者的价值在于:教师以直面生命的方式存在,从体验和实践维度认识教师知识的形成,以探究循环的方式构建教学生活"。

五、教师教学能力的发展

大概是在20世纪80年代末、90年代初,我做了一个重点研究项目,**就是研究一个优秀教师的成长历程。**这个项目做了四年,当时研究的是长春市一个中级教师。四年以后我得出了一个结论,就是我们现在的这个问题——教师教学能力的发展。**我发现从一个新老师开始,成为一个教学名师大概要经历四个阶段。**

第一个阶段:新任教师的模仿性教学阶段

所有新手老师,必须要经历模仿型教学。这个阶段是老师职业生涯的起点,真正的老师要从这个时候才算开始。严格意义上说,实习老师他不是一个真正的老师。实习教师和真正的老师,两者之间最大的区别在于,实习教师可以不承担责任,但一个真正的老师,从站在讲堂上讲语文课开始,就要准备承担责任。

观察新老师有一个特征,就是他们的依赖性。他们会依赖我们周围的老师,依赖咱们在座的各位,所以在上海有一个习惯,新老师来到学校以后,就要给他配备一个师傅。第二个依赖的就是教学参考书。我个人认为参考书对教师而言,是一个利弊共存的东西。好处在于里面有好多建议,老师心里不太清楚的时候,就可以看看,不至于把课上偏了。可是,我认为当老师的人,千万不可以按照参考书去上课,否则他永远成不了好教师。优秀教师的课程需要个性化,咱们说句实在话,编书的那些人基本都是城里或大城市里的人。那些编书的人,他们对农村学生的体验,了解得并不是那么细致。所以它叫做参考书,不叫参照书,它是参考的坐标,只要不把方向走偏就可以了。现在年轻教师里有一个不好的倾向,就是抄参考书上课。今天我们在座的师傅们,要尽早教导年轻教师,摆脱参考书的束缚。

新老师由于没有主意,所以他就要去看大家,这个就叫做随从心理,按北方人的说法就是随大流。大家有没有发现,在教研组活动的时候,最认真的人一般都是新老师。有人说新老师认真,是因为他虚心,但我后来琢磨了一下,不是因为他虚心,是因为他心虚,就是说他没有分析、判断、选择的能力。不过这也没有办法,因为人都要经历这个阶段。

新老师上课没有教学方法。新老师上课的时候,他们语速一般都会很快。有时候20分钟就把课给讲完了。新老师上课,眼睛里面没有东西,我们说的教学步骤,一定是有教有学,教和学的结合,才可以叫做教学步骤。新老师的课,一般都会是有教无学。我十几岁就开始当老师,我当初想得最多的事,就是怎么把自己嘴巴里的东西给说明白、说清楚、不说错这样就可以了。严格地说,新老师还不能称之为合格的教师。判断合不合格,一个最简单的技巧,就是新老师的眼睛里不聚光,新老师上课的时候,眼睛里都是虚光,因为他不敢去看。

我们希望新老师在这个阶段停留的时间是越短越好,据我观察,最快的在三个月以后他不再东张西望,但也有的老师到了一年以后还是没有什么主意,这就和他的模仿态度有关系。如果是消极模仿,就是不去想事,凡是别人说东就是东,说西就是西,这样的老师过了一年之后,还是分不清东南西北。积极模仿是,他刚开始看师傅的时候非常敬佩师傅,等师傅讲解完了之后,他就会去想师傅的这个做法,我想应该怎么办会更好。然后他会把他的想法,拿到课堂里偷偷摸摸地去试。像这种人,相对来说在这个阶段停留的时候会比较短。

所以我们做师傅的人都要去注意一件事,你最好希望你的徒弟,可以尽早摆脱你的控制,你不要对他控制得太严,这样才能独立。

第二个阶段:胜任型教师的独立性教学阶段

这个阶段是一个老师成长的关键阶段,标志着他可以胜任教师的这个职位,可以叫做合格教师。在模仿阶段,新教师要不断地去积累、思考,比如能够独立设计教学目标、教学过程,像布置新课、巩固练习、布置作业这些都比较清楚。而独立性阶段的老师上课,会开始重点突出、难点突破、抓住关键,也就是说教学开始有了一个节奏。

【要点评议】
这里道出了新手教师向胜任型教师转化的真实感受,最初的时候总是缺乏自信心,受别人左右,慢慢地开始用自己的脚走路,开始张扬主观能动性,开始独立成长。作为一名胜任型教师,他总会有所为有所不为,善于抓关键,抓重点,教学有节奏,有张力。回想一下自己当初是否也是这么一个过程?

人一旦独立了、能站直了,这样人的视野就会不一样,看看周围的老师们,能把张三、李四的七长八短看明白,而且这个阶段的老师,他也会有一种本领,就要把别人好的东西,逐渐地拿到自己的教学当中,这个我们叫做成功吸收别人好的经验。

这个时候的老师,他开始想的事情和前面那个阶段不一样,比如说我怎么去讲,你们才会喜欢去听;我怎么讲才可以讲得更清楚。我认为教师对教学艺术的探讨,严格说都是从这个阶段开始。模仿阶段的新教师,还谈不到教学艺术,因为他没有那个水平,也没有那个精力去探讨这些。

我们发现,教师对这种教学艺术的探讨都是从研究语言开始,我们认为,语言艺术是作为教师最重要、最基本的一门艺术,语言能力是教师最重要的基本功。还要去探讨教学组织有效性,比如说教学环境之间怎样去衔接,可以保证教学的连续流畅性。比如说他要去探讨教学的技巧性,这个教学什么时候拿出来用,它的效果会最好,这就叫做教学技巧。

这个阶段和第一个阶段相比,最重要的本质区别就在于关注学生。这个阶段进入到常态的教学结合,有教有学的阶段。教师在这个阶段越往前面走,他的教学经验越丰富。这个时候的老师,他会出现和别人不一样的东西,我们把这个叫做开始外显他的个性,就比如说有的老师他以教学语言见长,有的老师他对课文的分析真是头头是道,像这些就是教师的特性发展。

但是到了这里就会出现一个非常值得关注的问题,模仿型阶段教师几乎100%都会成为一个合格教师。但很多老师到了这里就不动了,不再往前发展了。我当年在长春观察的时候,我认为有60%的教师,他们就是一个合格的教师,后来我到上海去参与初中、高中建设,去看老师们的课,我认为在我们上海包括那些顶级的重点中学,大概也有接近50%的教师,他们就是一个合格的教师。我把这个阶段,叫做教师成长的高原期现象,或者是叫做一个困难期。学校教师队伍的培养,到了这个时候是一个非常难的阶段,我观察下来之后发现,有的老师教了十年书,甚至有个别的老师教了二十年的书,到头来看看他们也不过就是一个教书先生。

如果你说他不努力,他也不敢,因为后面还有新的老师,如果你说他努力,他也不想,因为他也追不上了,这批老师再也不能往前走了。我后来分析了一下,到这个阶段的老师,严格地说别人帮不了你,你自己的追求才是最重要的。

所以我要很多的老师来回答,你想做一个什么样教师的问题,我们把这个叫做教师的职业追求,一般停滞不前的教师,他们多数都是职业追求动力不足的教师。所以今天在座的各位老师,你们必须说清楚,你想做一个什么样的老师。

我们这里面有一批老师,看到张老师真的感觉他很好,也对他非常地敬佩,但是他们却心中不服。他们觉得我今天不行,但到了明天我未必就不行,像这样的老师,他就会走向我们的第三个阶段,叫做创造性阶段。

第三个阶段:创造性教学阶段

这个阶段对一个学校教师队伍来说,是一个最重要的阶段。一个学校的教师队伍好不好,首先不是看你有多少名教师,最重要的是第三个阶段的老师,他们在教师队伍里占的比例有多大。

大家会发现,越好的学校在这个阶段的老师就会越多,就是我们说的骨干教师、学科带头人。这个阶段的教师,他最明显的特征在哪里?就在于自信心。我们前面讲要培养学生的自信心,其实自信心对所有的人都一样的非常重要。在自信心的主导下,这个阶段的老师,他就要不断地去创新,不断地去突破自己。这个阶段的老师,他会有很多的不满足,他觉得今天要比昨天好,明天应该超过今天。这就叫做赶超、突破他人。

形象点说，就是外面有400米跑道，他的前面有五个人，他在最开始的时候就盯住了第五个人，就要超越这第五个人，他每超越一个人，他就会把别人的长处拿到自己的教学里来。每一个长处进入他的教学，他就会有一个创新，所以你看这个老师，教学方法的改革，教学观点的设计，教学节奏的调控，都会不断出现新颖独特的创新。

独立性教学在于关注学生，到了这个阶段的老师，他就需要去研究孩子，他要去寻求语文学科教学的规律。 比如说在咱们云南、咱们昆明，我们的小孩子，他学语文时的问题在哪里，什么时候用什么方式，可以让孩子们容易产生对语文的学习兴趣，少数民族的孩子，他们在学习汉语的时候，可能会碰到的障碍是什么，要看出少数民族孩子，他们在母语学习和汉语学习时，这中间的相互影响是什么，这就叫探索学科教学的规律。

而且这个阶段越往后发展，教师自己的学科教学特色，就会逐渐地出现颜色，就比如说红的颜色，或者是蓝的颜色。这个阶段的教师应该是学校教师队伍建设里面最重要、最关键的一批人。如果说一个学校，语文学科教学质量怎么样？他们这批人就是代表。他们到了什么样的水平，咱们这个语文学科就会到什么水平。所以我有的时候到一个学校去听一堂老师的讲课，我就可以知道这个学校，它语文教学水平是怎样的。

我仔细去观察学校里面的学生，他们最喜欢的教师，基本上都出在这批人上。**这个阶段的老师，可以给他们总结出四个特点，叫做常教常新。** 学生喜欢的课，他就一定可以把这种课给学好。学生喜欢的课堂，如果没有成绩，这是一件不可能的事。所以为什么好教师教的班级比别人好，为什么好教师教的班级里面，升学率要比别人高，就是因为常教常新。

我们为什么和校长建议，你在抓教师队伍建设的时候，中心要抓这个阶段？我观察之后发现，这批人有这样的几个特点。从年龄的角度来说，中学的老师都在37—40岁左右，小学的老师都在30—35岁左右。大家有没有发现，37—38岁这个阶段，是一个教师职业上的黄金期。这是什么意思？就是说这个教师已经有十年左右的教学经验。我曾经做过一个总结，如果一个真正好的教师，他不去教十年的书，就想成为一个名师，我感觉这个太难。这个年龄从生理学角度来说，人才刚刚步入壮年时期，他的这种欲望是最强的时候，所以我们在这个年龄段，上升的空间会是一个最好的时候。再年轻一些的老师，它的上升空间会更大，但是他们却没有相应的教学经验。

这样大家就可以体验到，我们为什么要把改革的重点放在中青年身上，所以在这里我再捎带说一下一个题外话,各位千万要珍惜这个机会。因为中国人有句话,叫做过了这个村没这个店,你错过了就再也没有机会了。

第四个阶段:形成独特的教学艺术风格

处在创造性教学阶段的老师,还不能称之为名师,名师必须有自己的教学风格。我是一个北方人,比较喜欢听京剧,京剧四大名旦之首就是梅兰芳,梅兰芳这一派的京剧,最明显的特征就是雍容华贵,代表作就是《贵妃醉酒》。像他的这种流派,我就把它叫做风格。一个优秀教师有自己的教学风格是什么意思?就是一听就知道上课的人是谁,这就叫做教学风格。

当我们这个人赶上第五个、超过四个,赶上第三个,当他把第一个人也超过了,走在队伍最前面的时候,这时他又要去突破谁?那个时候他就会走到教学发展的顶点,形成自己独特的教学艺术风格。这个阶段的老师,才可以被称之教学名师。真正教学名师,我认为一定是经过千锤百炼,才可以做到炉火纯青的老师。名师的本事是什么呢?我认为就是教学最优化的追求和实践。创造性阶段,叫做赶超突破他人,到这个阶段,人生就要去做最艰难的一件事,叫做突破自己。我认为突破自己是一种境界,不是每一位老师都可以做到,所以每个老师不一定都可以成为名师,这种教学是个性色彩的教学,或者是个性风格的色彩。

教学风格的特征包括:一个方面就是它的独特性、与众不同。一个真正好的老师上课,这堂课就是一个艺术品,你也只能作为欣赏,因为你拿也拿不走。第二个方面,是相对的稳定性。这个阶段的老师,他不会像前面创造性阶段,有那么大的一个变化。第三个方面,就是发展性。这种发展性我认为,就是在一个稳定过

> 《教学风格论》,李如密,人民教育出版社,2002年。

程当中一个完美人生的发展。完美人生就是在孩子的当中,去塑造一个名家、名师的形象,我们去解释一下应该怎么去理解。换句话说,名师影响到学生最主要的是什么东西?我们有些年轻的老师去听名师课,特别是非常普通的家常课,人家没有经过修饰加工、平平常常的课。有的时候年轻的老师嘴上不敢说,但心里就会想,好像也不过如此,因为没有听出什么东西来。我过去跟我们年轻的老师去讨论问题,我给他们一个建议,你在听名师上课的时候,千万不要简单地去看他讲知识。讲一篇课文、讲一首文言文的古诗,绝大多数老师在讲这些的时候,在本质上不会有太大的差异。我认为名师影响学生,最重要的方面是教师的人格魅力和人格力量,学生服了这位老师,服了

这位老师就一定会服了他的课。大家仔细去体验一下,为什么好教师的课,孩子可以记住一辈子,等过了二十年以后,大家去问一下这个学生,他很少可以记住当年老师给我讲过什么知识,但他就记住了四个字"张老师好",像这样的就叫做人格力量,学生是彻底服了这位老师。在中小学生里面,学生服了这位老师,就一定服了他的课,学生服的课,就没有学不好的课。这就验证了中国古人说的一句话,叫做"亲其老,而信其道",这就是人格魅力。

所以我们有好多有心的家长都希望自己的小孩能进到某个好老师的班里,因为他知道他的孩子即使不能成为第一名,但在这个好老师班里对孩子的机会是最好的。这是什么机会?就是我们说的这个教学最优化。**教学最优化**,我总结了一下,大概就是这么一句话,**就是使每一个学生得到自己的最好发展**,请大家揣摩一下这句话。大家觉得这句话说明什么,这个老师他有什么本事?这个老师的本事,就是可以让每个孩子最大限度地发挥自己的潜力。

名师厉害在哪里?就厉害在他可以看清楚人的潜力,能发挥出人的潜力,所以名师要有两个本事,一个是能看明白人,我们把这个叫做判断。不过这还不算工夫,厉害的是名师他看出人的潜力以后,还可以把人给教出来,能把学生教到他最好的水平上,做到这些才能叫名师。

从这个角度来说,名师是一个学校的高地、一个招牌。大学也是同样的道理,大学也会有一个大师,这个大师就是在一个学科里高举大旗的那个人,最起码现在还没有人能超过他。

所以我就觉得一个老师,他去培养一个优秀的学生,这一般来说不太困难,你选好一个孩子,你好好教他就可以了。但真正可以让每一个孩子得到自己的最优化,这绝对是一个名师。我看过一个高中老师,他在给学生讲双曲线,他可以用两只手拿着两根粉笔,画出一个对称的双曲线。我们一个生物老师,他的简笔画画得绝对漂亮,小孩对这位老师说,请老师帮我们布置一下黑板报,他拖着粉笔盒到黑板面,不到3分钟的时间,黑板上立马百花齐放。他在讲生物课的时候,画的那些动物就是惟妙惟肖,下课以后学生和老师开玩笑说,老师您上的生物课我太喜欢,我就喜欢看您画画。什么叫震撼心灵?像这样的东西,如果呈现在学生的面前,学生就只会有一个想法,就是学生他服了,他就会认准这一个老师,因为学生跟他走绝对没错,这个就叫做人格魅力。**所以真正的好教师,他可以影响孩子的不是知识本身,而是通过知识本身体现出的那股人格魅力。**这种老师的课就可以刻入到学生的脑海里,可以让学生记忆终身。我前面说过,人这一辈子读书的时候,可以遇到一个好老师,可以遇到一个好学校,这就是人一生的福分。

大家觉得这四个阶段有没有道理?再看看你目前在什么位置上。我实话实说这条路,你越往前走就会越难走,但肯定的一点是,这条路你越往前走,就会越灿烂,这条路你不走白不走,走了绝不白走。

今天各位在往前走的时候,缺少的是什么?我真的希望各位可以好好地反思,因为我们每个人都不太一样,比如说我们的领域修养,我们的专业知识,生活体验,但我觉得对所有的老师,大家都肯定会去关注,这个东西就是意志品质。我这半辈子观察了许多人,很多人往往就差在一口气上,往前走的时候,许多都只差在一步之遥,因为人的这一步非常的艰难,你走过了这一步就会柳暗花明。

【观察者点评】在专业成长路上,我缺的是什么呢?

我希望今天在座的各位老师,可以成为让学生一辈子不忘的老师,如果你能做到这点,你就会变得功德无量。说不定还有机会,让我带着我的学生到云南去拜访各位。好了,今天到这,谢谢大家!

【要点评议】

从胜任型教师向创造性教学跃迁、到形成教学艺术风格,对大多数老师来说都是很有难度的,是教师职业生涯的陡坡。这需要有职业理想、教育信念,需要磨砺人格魅力、挖掘自己最大潜能。据《名师讲语文》系列丛书可知,这20位名师"出身农家的约占2/3,第一学历为高中、师范、专科的与第一学历为本科的比例约为2∶1,从乡村中学开始任教的与从重点中学开始任教的比例也约为2∶1。换句话说,大多数名师是在教学岗位上边教学边进修而逐渐成长的。起点低,起步早,长期坚持,孜孜不倦,忽获机遇,一朝脱颖而出,似乎是他们共同的成名旅程"。

透过这些学历不高而功勋卓著的名师崛起现象,我发现这些名师都有一个共同特征:他们具有强烈的研究意识,并能够结合课堂教学改革坚持不懈地进行自我修炼,这种名师成长模式我概括为"研究意识+自我修炼"。

1. 研究意识是打开教育奥妙世界的大门。康德说,教育是一门很难的艺术,离开了专门的研究,就会变成"机械的"东西。每位学生都有各自的成长背景、性格特征、知识水平,都需要教师逐个去了解、去琢磨;在教学过程中还有许多不确定、偶然的因素,更需要教师以研究者的姿态处处留心,时时观察,细心体会,学会发现,捕捉教育进程中的关键细节,从而才可能摸索出适合于自己的教育教学规律,形成自己对教育问题的"真知灼见"。缺乏研究意识的教师,很难发现独特的教育现象,常常只会痛感教育生活的平淡、乏味,长久彷徨、游走在教育奥妙世界之外。

2. 自我修炼是解决教育问题的关键。每天的教育生活包孕着无数的教育问题,正是这些教育问题无形中制约着孩子们的健康成长。研究意识会带给教师一颗敏感的心,一双敏锐的眼睛,帮助他们"于无疑处生疑",随时可能发现一些很有价值的研究线索。而只有自我修炼才是解决教育问题的关键所在。在教育问题的驱动下,通过自我修炼,多读书厚养气,同学访友,切磋琢磨,慢慢地就能找到解决问题的方法,提高自己教书育人的本领。不断发现问题,研究问题,解决问题,就可以在自我修炼的过程中永远保持一种探索求真的生命状态,永远用一双好奇的眼睛打量自己的教育生活,从而涵养教育热情,培植教育信念。读书,读社会,读人生,是文科教师自我修炼的基本途径。结合自我修炼,不断提升自己解决教育问题的能力,及时总结成功经验,这是各学科共通的经验。

3. 专业成长是体验教育幸福生活的必要条件。教师是普通的职业,教育是清贫的事业,没有研究意识的教师,难以发现新的教育问题;不会自我修炼的教师,不可能有效解决教育问题。长期如此,曾经的教育热情会日渐降温;曾经的教育理想,将渐行渐远。具有研究意识的教师,他能够把自己的教育生活营造得新鲜可爱,生机勃勃;通过自我修炼,不断解决教育问题,不仅可以获得学生们的爱戴,而且还将自己牵引到博学深思的路上,不断收获专业成长,从而赢得师者的尊严。这样的教育生活正是培育优秀教师的沃土,这样的教育人生可谓繁忙并快乐着!

如何培养研究意识,进行自我修炼?

1. 从培养"教育之爱"做起。教育是心与心的接触，人格与人格的融贯，没有真挚、充沛的情感，没有高尚的人性修养，是做不好教育工作的。热爱虽然从属于情感领域，可是她会深深地影响着我们深层的认知过程，无形地指挥着我们关注什么、思考什么。离开了热爱教育的价值情怀，研究意识、自我修炼就难以在自己的教育生活中萌芽、生根。热爱是最好的老师，爱孩子，爱知识，爱真理，这是培养研究意识、自我修炼的沃土。热爱常常赐给我们以灵感，帮助我们获得教育智慧。任何优秀的教师首先都是热爱教育的人，正是热爱启迪、点燃了他们的教育研究意识。

2. 始终保持对教育现象的好奇心。好奇心是研究意识形成的助推器，是自我修炼的动力源泉。一位优秀的教师，他总会不断尝试着用新的眼光去打量自己的教育生活，不断尝试着转换思维方式去发现孩子们新的成长变化，他总是敏锐地体验着教育生活、不懈地追求着宁静、自由的教育境界。是好奇心，帮助教师找到了一个崭新的生命世界，引诱着教师在其间不倦地耕耘；是好奇心，不断地激励着教师长期坚持自我修炼，通过对教育问题的不断解决，逐渐步入教育世界的胜境。

3. 养成随时思考问题的习惯，培养自己的教育研究力。与自身教育生涯相切合的教育研究力，是所有优秀教师的根底，是形成自己独特教学风格的底蕴。因为教学有法，但无定法，有效教学往往需要合理处理各种复杂、灵动的教育关系。不同的教学场域，不同时代有不同的教学需要，每位老师也有各自的成长经历、知识背景、价值倾向、行为习惯等个性特征，这些诸多因素如何调整关联，需要教师在教学体验、研究的基础上加以理顺、优化。优秀的教师往往能够以"开放的心灵，批判的眼光"来看待自己的教育人生，具有随时思考教育问题、随时调整教育关系的习惯，提高自己的教育直觉水平。这类具有研究意识、思考习惯的老师，教学过程中才不会处处局限于教师本位看待问题，不会极力试图去控制、限制学生的思维活动，而是注重引导学生积极参与到整个教学过程中来，鼓励他们大胆地表现自己的独特思考，这样师生互动、教学相长的教育生活世界才会涌动着生命的活力，闪现出智慧的光芒。

4. 自觉承担教书育人的神圣使命。教育是事业,事业需要承担社会使命;教育是育人,育人需要具有担当意识、奉献精神。研究求索、自我修炼的道路是漫长而艰辛的,除了好奇心等内部动机之外,还需要具有教育使命感,这是教师成长进程中不可或缺的外部动机,也是优秀教师不断获得专业成长的坚实后盾。于漪、钱梦龙、魏书生等名师,他们正是为了祖国的教育事业,几十年来不懈追求,将研究意识与自我修炼完美结合,创造了自己的人生价值,熔铸了不朽的教育人格。

资源链接

1. 谢利民.要树立现代课堂教学理念[J].中小学校长,2003(5).
2. 谢利民.论有效课堂教学的教师素质[J].课程·教材·教法,2009(5).
3. 谢利民,等.教学机智:跳荡在教学情境中的燧火[J].今日教育,2005(6).
4. 谢利民,等.影响课程执行的因素探析[J].现代基础教育研究,2011(3).
5. 谢利民,等.以学生为本:现代课堂教学设计的基本理念[J].教育理论与实践,2002(8).

后续学习活动

请参照报告第五部分"教师教学能力的发展"内容,完成下面的表格:

序号	阶段名称	主要特征	我现处的发展阶段(√)	我的提升计划具体措施
阶段一	模仿性教学阶段	依赖性、没主意、缺乏教学方法等。		办法1:
阶段二				办法2:
阶段三				办法3:
阶段四				办法4:

第 12 讲　来自教研员的课堂观察

谭轶斌

专家简介

谭轶斌,特级教师,上海市教委教研室副主任,教育部"国培计划"专家库专家,上海市青语会会长。著有《阅读教学田野研究》(上海教育出版社)、《让语文课堂更精彩:兼评 12 个教学案例》(上海教育出版社)、《教师的语言修养》(东北师范大学出版社)等。

热身活动

阅读本专题之前,请您先思考下面几个问题:

1. 新课程改革以来,您关注过"泛语文现象"吗?如关注过,请列举"泛语文现象"的几种主要表现?并尝试分析其原因。

(1) _____
(2) _____
(3) _____

2. 您觉得文章体式对阅读教学目标选择、教学内容确定会产生重要影响吗?您的依据是什么?请试着用笔写下来。

> 学习目标

通过本专题的学习,您应该能够:

1. 在阅读教学设计时,您觉得可以从哪些方面来凸显语文的元素?

(1) _____

(2) _____

(3) _____

2. 请选择一篇文学类散文如《故都的秋》,根据其文章体式特征来设计教学目标,要求准确,表述规范。

> 讲座正文

非常高兴能有这样的机会和老师们做一个面对面的交流和沟通。因为要谈课堂观察,我又是一个教研员,所以是"来自教研员的课堂观察"。

一、剖析"泛语文"现象

说实在的,我从事教研员职位是目前我从事教学生涯时间的三分之一,我有12年时间是在教学一线度过的,所以深知做老师的辛苦。我也牢记一句话叫做:**医生的真本领是在病床,教师的真本领是在课堂**。所以我觉得和老师们交流课堂观察这样的一个话题还是很有意思的。

近些年的语文课堂,应该说自新课程拉开帷幕,我们全国的教改也好,上海的教改也好,都已经有10多年了,我们语文课堂也出现了很多很好的现象,我们的课堂变得活泼,变得丰富起来。当然,今天我们好的方面就少谈一点,多谈一点问题,以利改进。

比如说我们在上《藏羚羊跪拜》的时候,我不知道我们老师对这篇文章熟不熟,不熟没有关系。就是在上这样的课文时,我们的老师会列出许许多多的关于藏羚羊生活习性的图片,然后放一下陆川的电影《可可西里》片断,然后介绍一本书,诸如《我的野生动物朋友》之类。这样的教学内容可以占据40分钟教学时间的三分之一左右。

比如说上《云雀》。《云雀》是我们教材当中的一篇散文。讲到云雀有一个特点,这种鸟是很快乐的。老师就会问同学们:大家想一想,在你们的生活当中有没有很快乐的例子?一位同学说:有的,我原来不会骑自行车,现在会了,所以很快乐。另外一位同学说:我爸爸最近不高兴,我给他讲了一个笑话,他笑了,所以我很快乐。就在这样的地方,花费的时间很长。那么这种快乐跟我们上的课文有多大的联系?

再比如说《统筹方法》。这是一篇非常经典的说明文,说明文的教学相对来说是比较枯燥一点,但是我们老师把这节课上得很生动,学生们的积极性很高。怎么上呢?给学生一个生活情境。小明早晨起来先刷牙,然后学生们用统筹方法来解决,看看大概要多长时间。那个小组说5分钟,这个小组说7分钟,就表扬5分钟的小组。接下来再给出一个更加复杂的生活情景,这个小组说15分钟,那个小组说20分钟,就表扬15分钟的小组。那么这样的课堂背后到底是什么呢?课堂是很热闹的,但是热闹的背后又是什么?

讲《两小儿辨日》,字词句疏通完了之后,接下来就开始讨论太阳和地球之间的距离。让我们六年级的孩子参与这样的讨论,可能要花上大半节课的时间。

再比如说《小石潭记》。我去杭州参加了一次全国的中语会年会,请了全国得过一等奖的老师来上课。这个老师的意图非常好,让这个初中的文言文教学更加能够贴近初中学生的心理特征,能够激发他们学习文言文的兴趣。所以一开始,他放了一段周杰伦《菊花台》音乐作为背景铺垫,然后导入新课。接下来就提了这节课的核心问题,或者是主问题,那就是假如我给你哈利波特魔法石,你愿意变成柳宗元笔下的小石头,还是树?我觉得这样一个核心问题的提出,也无可厚非。他给学生很大的思维空间,也很好。接下来我们就看它怎么来解决这个问题。这时候学生回答,我很喜欢柳宗元的树。老师就开始说了,树,我想起裴多菲曾经写过一首诗,里面有关于树的诗句,在PPT上开始投影。第二个学生说:我很喜欢柳宗元笔下的石头,老师马上就说:同学们你们读过《石头记》吗?同学们你们看过今年暑假张艺谋导演的奥运会开幕式吗?是以卷轴来承载中华民族的这种浪漫文化。如果说用石头作为一个基本的载体,或许可以更好地体现中华民族的文化。大概类似的过程都是这样的。当时会场可以坐1000多人。我发现我身旁,前后左右,很多的青年教师都拿起了相机,拼命地拍这个老师做的PPT。还有的老师在啧啧地称赞。她说:我怎么没有想到文言文可以上得这样生动呢?课堂上学生的积极性确实是很高,但是我跟我同区的几位老师在下面交流,我说这个课上偏了,已经属于剑走偏锋了,语文课不是这样上的。如果说于丹她在《百家讲堂》上讲论语,那是于丹心中的论语,她想怎么讲就怎么讲。但是我们的教学是不可以这么率性,这么随意的,你想怎么处理,就怎么处理。你这样处理的背后,还有没有语文的特质在呢?你已经忘记了语文的根本,语文的特质在什么地方?

【要点评议】

　　上面列举的诸多现象,在我的课堂上有吗?谭老师目光锐利,她的话抓住了语文教学的根本所在。俗话说:外行看热闹,内行看门道。有些课上得热热闹闹的,可是偏离了语文教育的基本特质,不利于学生语文能力培养、语文素养提升,就不能算合格的课,更不必说好课了。出现这类作秀的课,根本原因是对"语文课"认识太肤浅,追求外表华丽。所以深刻理解语文课程,把握其根本属性,从教课文到教语文,这是语文教师成长的必要条件。

　　其实老师们也可以看到,近些年来,我们有许多专家非常关注"语文味"这个问题,这是一个老问题,也是一个新问题。我首先要谈的一个问题是,今天我们的课堂上为什么会产生"泛语文"乃至于"非语文"现象?下面我从三个层面来做一个思考。

　　首先从课程层面看,是不是今天我们对课程性质的理解仍然存在一定的偏差。我们快速地做一个回顾,语文学科正式设科是在1902年,中间跳过一些时间段,到1949年叶圣陶提出,"语"就是口头语言,"文"就是书面语言,两者合在一起就是语文。**那个时候他就提出听说读写并重,提倡培养形式感,培养文体感,培养文感。其实我们反过来想一想,六七十年了,我们今天在强调的是不是仍然还是这样一些问题?** 1956年,语文教学领域又出现了一次重大的改革,主要是引发对语言训练和对文学教育的重视。1958年,当时全国有一场大讨论,那场大讨论是关于文道关系,以及怎样教好语文课的讨论。讨论到最后,基本上达成这样一个共识,语文课总是语文课,不能教成政治课,也不要把语文课教成文学课。之后到1963年,当时是新中国第二部小学语文教学大纲的出台,这一部大纲明确提出语文学科具有工具性。当时就提出要加强"双基",即语文基础知识的教学,语文基本技能的训练。1978年,第三部教学大纲颁布,那个时候就强调:语文学科的性质,不但具有工具性,而且还具有很强的思想性,那时候提的是思想性的概念。到了1997年,我想在座的老师一定都不会陌生,是来自语文教育外部引发的一场教育大讨论。北京的王丽女士首先向语文教学开炮,那时候就引发了一场大讨论,全国有很多学者(不一定是语文教育的专家)都参与了这样的讨论。**那次讨论最后有一个很好的东西形成,那就是大家越来越鲜明地认识到语文学科是具有人文性的。**

差不多就在 1997 年前后，其实我们整个的课改就拉开帷幕了。我们上海课改起草文件是从 1997 年开始的，或许比教育部的还早了一年。今天我们在教育部文件当中给语文定位，工具性和人文性的统一是中小学语文课程的主要特征。

其实我们看到，语文学科的性质几十年来一直在发生变化。今天我们课程标准上是这样定位了，但是这样一种对语文学科性质的认识，也不是说所有专家都认可的。还是会不断地有一些争议、讨论。但是我想不管怎么说，对我们一线老师来说，我们教学依据，我们的准绳就是课程标准，我们在教学当中怎么样让我们的课达成工具性与人文性的统一，这是非常重要的。

【要点评议】

课程标准将语文课程的基本特征定位为工具性和人文性的统一。这是新中国成立以来我们反复实践、反复讨论的结果。1949 年，叶圣陶认为语文属于掌握口头语言和书面语言的实践活动。经过讨论，到 1963 年，语文教学大纲特别强调语文学科的工具性。到 1978 年，第三部语文教学大纲不仅强调工具性，还提出思想性。经过 1997 年大讨论，大家越来越认识到语文学科具有鲜明的人文属性。新课程标准得出工具性与人文性相统一的观点，也就是顺其自然的结果。关键是如何准确理解这个统一，如何落实到自己的教学实践中去。

一节课如果说只讲人文性，我教《胡同文化》，那我从文化谈到文化，不管你是从文化的存在谈到文化的缺失，你只有人文性，而不是从语言去切入的。这样你这堂课一定是虚的，一定是不实的。那么如果说这堂课，你只有工具性，离开了思想和情感的挖掘，这个课一定是死的。所以这两者是不可偏废的。如果说我们对这种性质在把握上有偏差，那么我们的课堂就可能会产生"泛语文"、"非语文"的现象。

第二个从教材层面来看。可能也是受到我们今天教材组元方式的一种变化，然后也影响到我们今天课堂上会产生"泛语文"和"非语文"的现象。以前我们教材组元主要是两种方式：一种是文体组元，一种是能力组元。这方面我们有专家进行过非常系统的研究，文体组元最大的好处就在于，用这样的教材来教学，它的文体知识比较系统，老师会比较关注不同文体的读写方法，但是很多的时候做得不好，也会走入文体知识教学的死胡同。第二个，我们能力组元也是这样分开的。就是通过这样一个一个的技能点来组元，每个单元都有比较明确的能力训练题，也是有好处的，对指正知识的教学是有好处的，但也有问题，在一个单元里面，不同的文章在教学的时候只是围绕某一个技能点延展开，既浪费了文本资源，又限制了教学资源。况且再退一步说，到目前为止，还没有建立起一套明确的又具有操作性的语文能力体系。

今天我们上海的教材，我关注到我们今天除了一部分实验教材之外，全国90%的语文教材，都采用了主题组元的方式。主题组元最好、最大的优点在于它贴近我们的生活，贴近青少年的身心发展。像我们的教材《春天来了》、《两代人的心灵对话》、《温馨的家》、《有家真好》等等，比如说《春天来了》是放在上学期的教材好、还是下学期的好，都是有考虑的。其实任何一种编写方式总是有利有弊的，没有一种编写方式是万能的。这样一种编写方式，可能比较多地关注了教材选择的人文性，当然对于言语的形式不是说不关注。同样是《有家真好》这个单元，在选择的时候可能会考虑这个文体，也会考虑那个文体，但是首要的出发点还是由这个主题来选。

问题是什么？根源在哪里？就是这个主题本来是我们今天这个单元的聚焦点，比如说"我的动物世界"，都是从与动物有关的角度去编一组课文。但是在教学的时候，不能所有的时间只聚焦在内容上，不能把这个主题成为我们语文教学的立足点和关注点。如果是这样做的话，就很容易产生"泛语文"、"非语文"的现象。

第三个从教学侧面来看。新课程以后，专家们提出这样一个概念，"用教材来教"，以前我们是"教教材"。老师们回想一下，我们自己在做学生的时候，我们的语文老师是怎么给我们上语文课的，先是主题，然后是作者介绍，背景介绍，接下来分段，概括段意，分析写作特色，基本上是这样来教的，主要是受到当时苏联的教学影响。今天我们更强调的是用教材的意识，我们不再是按部就班地教教材，我们是用教材，这个意识，这个理念是非常好的，是从以课本为本，转变到以学生的发展为本。原来是以课本，以教材为本，我就是教教材，今天我是用教材来教。但是我们老师可能也片面地理解了这个理念，你既然要我用这个教材来教，那这个教材怎么用，就是很率性，很随意的，乃至于对这个教材就是走马观花，轻描淡写，随意处置，甚至于这个教材是可有可无的，从根本上忽视了学生对文本的浸润，对文本的理解。

《语文教育的自我放逐——评当前语文教学改革中的几种倾向》，李海林，《语文学习》，2005年第4、5期。

【要点评议】

  产生"泛语文"乃至于"非语文"现象的主要原因,从课程层面来看,没有辩证把握工具性与人文性的有机联系,滑向人文性;从教材层面来看,今天语文教材有不少采用主题组元编排,一些老师只聚焦内容、主题,忽视言语形式;从教学层面来看,在用教材教的过程中,一些老师太随意,"从根本上忽视了学生对文本的浸润,对文本的理解",这其实将阅读教学给架空了。所以从课程、教材、教学多个层面,全面渗透语文的元素,凸显语文的元素,就显得尤为必要、重要了。

二、凸显语文的元素

  前面我们从课程、从教材、从教学三个方面对产生"泛语文"、"非语文"现象进行了分析。现在关键是我们怎么来面对这个问题,怎么样让我们的语文课凸显语文的元素。

  首先,我觉得字词句总是我们语文学习当中必不可少的。你说是"细胞"也好,其他的东西也好,我只是用"细胞"来强调它的一个重要性,也是最基本的东西。我们在解释字词句的时候,你抓住一个字、抓住一个词,乃至于抓住一个句子,首先注意的是表层意思,其次你要立足于全篇,根据文章前后之间的联系,对字词所包含的情感、寓意进行深入理解。

  比如说我们来看一个例子。鲁迅先生的《祝福》,尽管是我们高中教材当中的,但是在座的老师都学过。你看怎么来解释这个"剩"字,首先是字面意义,"剩"就是余下,然后放在语境当中来看前后之间的联系。有一种说不出来的孤寂、无聊之感,仿佛被世界所遗弃似的。而且连四叔何时离去,也都没有察觉。可见四叔既不以鲁迅为意,鲁迅也对四叔并不挽留,确实不投机。四叔似乎已经走了一会,鲁迅方才发现只有自己一个人"剩"在那里,这不是鲁迅的世界,鲁迅只有走。

  当然这个里头,我不知道老师怎么看,我并不认同"我"就是鲁迅,这个里头并不能划等号,只不过鲁迅用了第一人称来写这篇小说。这个问题另当别论,我们抛开不谈。首先是怎么来解释这个"剩"字,首先是它的基本意义、辞典意义、普遍意义,然后放在语境当中去考察,前面联系之后,结合整篇文章来理解这个"剩"字是什么意思。当这样理解之后,通过一个词,学生就对一段内容,乃至于对全篇的内容都有了把握。

有的时候我们就觉得,你说这堂语文课,有老师觉得这个老师上的课也没有拓展很多的内容,就是从文本到文本,甚至于可能只讲这个文本当中的两大段内容,怎么这堂课就上得这么厚重呢?有的时候我们会感觉到这样的一种厚重才是真正的厚重,而不是伪厚重,假厚重。从一个字或者是一个句子入手,就可以体会文章的内容,文章的思想情感。

比如说《祖父和我》,我们教材当中是选了《呼兰河传》里头的一部分。这是我们课文上第一段的两句话,"我生的时候,祖父已经六十多岁了,我长到四五岁,祖父就快七十了"。很多老师在教学的时候就把这两句话忽略过去了。因为她觉得这两句话很普通,学生都懂。但是也有老师处理得非常好,整节课是从这两句话开始,让学生读,读了以后问学生,你们觉得这句话在表述上有问题吗?有一个学生就说了,写得这么啰嗦干什么呢?"我生的时候,祖父已经六十多岁了",后面一句话是废话了,"我长到四五岁,祖父就快七十了",做一做加法谁都会做,你写前面的一句也可以,后面一句也可以,语言表述上太啰嗦了。这时候老师就抓住学生的这个问题,开始做文章。那么是真的啰嗦,还是故意要这么写的,萧红为什么要这样反复地强调我和祖父之间的年龄差距呢?然后老师来引导同学们来看一看萧红的生平简介,她的童年是不幸的,不可能从她的父母那里得到家庭的关爱,她的祖母对她也不怎么好,唯有她的祖父给予了她很多的亲情。所以萧红非常珍惜和祖父之间的这段感情。但是她和祖父之间有着巨大的年龄差异,她的祖父不可能陪伴她走过更长的人生道路。在她三十多岁客居香港写下这篇小自传的时候,她愈发珍惜她和祖父共同度过的这段时光。

所以在我们这篇课文所节选的这1000字篇幅当中,那段时光是特别美好的,它的基调是明朗的,文章字里行间是一种明亮的色彩,是一种温暖。接下来这位老师就引申说了一句话,他说:同学们,老师已经看过整部小说,在小说的结尾部分,还有那么一段话,那段话是这样写的:"呼兰河这个小城里面,以前住着我的祖父,现在埋着我的祖父。我生的时候,祖父已经六十多岁了,我长到四五岁,祖父就快七十了。我还没有长到二十岁,祖父就七八十岁了。祖父一过了八十,祖父就死了。"那段话当中,同学们你们感受到怎样的情感基调?"同学们抓住两个字,有两个字已经鲜明地传递了,《祖父和我》这个节选完全不相同的一种基调。这个时候是一种冷色调,是一种灰暗的基调,一个是"埋"字,一个是"死"字。毫不避讳,不是说我的祖父离我而去,而是用"死"、"埋"这两个字。可见后来萧红的人生道路都是艰辛的,但是她和祖父待在一起的童年时光是非常快乐。我们再从字里行间来感受这样的幸福、快乐。他就是从这样一句话入手,把整堂课给串联起来。

因此，我们在教学当中如果能抓住一些关键字词或一个句子入手，从最基本的"细胞"入手，语文课就可以体现出语文的味道来。其实你是从一些语言的顺序来入手的，就很自然地浮现到精神的层面。

第二个，形式是语文的根基。我们在教学的时候做得最极端的一个例子是我们忘记了它的文体。有一个老师在上《春》的时候，居然在上面画了一个表格，让同学们概括春草图、春花图、春风图、春雨图、迎春的风筝图，在概括了这五幅画面之后，就让同学们把春草图用了哪些手法等等都把它填进去，这样的一张表格填满，40分钟就到了，下课了。我说这个课我给你一个成语，很不客气，叫做"焚琴煮鹤"。把这么好的材料给白白地糟蹋了。

这样一篇文字兼美的散文，你居然就让学生筛选几个信息，把它当作一篇说明文来讲。我说散文是用来干什么的？散文最基本的就是用来审美的，审它的思想之美，审它的语言文字之美。你今天把它作为说明文字来教，白白糟蹋了这么好的一个文本。这个当然是很极端的例子。回过头来我要说，我们是不是都能关注到文本的结构。我们可能会关注到朱自清的一些语言特点。当我们把五幅画面都引导同学们体会完了之后，我们有没有让学生去思考这样一个类似的问题。这五幅画面的顺序是不是可以调换？你当然同样可以体现出春天的一派勃勃生机。

【反思】

上文提及的将散文教成说明文的例子，我曾发生过吗？我在阅读教学时意识到文本体式与教学目标的内在关联吗？"依据文本体式确定教学目标"，散文就要按散文来教，说明文要按说明文来教，这样阅读教学才可以教对！忽视文本体式，将散文教成说明文，这是阅读教学的大忌。

我看过一个语文老师，对这篇文章的结构打过一个非常经典的比喻。他说《春》的结构就像一株垂柳，它的主干是由下而上的，先写的是最低的春草图，然后是春花图，再是春风图春雨图，最后是写人，迎春的风筝图，是由低到高的，主干由下而上，而它的枝条又是由上而下。在写每一幅画面的时候，无论是写春草图还是春花图，每一幅画面之后，都是先写高一点的景物再写低一点的景物。我们还可以回去研究一下是不是这样的。他让学生体会到这篇文章的思路结构是怎么样的？这样一方面我们能够更突出语文的味道,另一方面,他对我们学生写作教学的指导也是非常好的。

再比如说《从百草园到三味书屋》,一般教来没有什么大问题,在我们一般看来,这个百草园是学生们很快乐的,到了三味书屋,这个读书生活是很枯燥、乏味的。所以从"百草园"到"三味书屋"这个步子不是很轻快的,大部分的学生都能认同这个观点。但是有一个同学就说了,他说:老师你为什么要强调,"我"从"百草园"走向"三味书屋"的步子不是轻快的。"我"觉得"百草园"也不怎么好,不就是稀稀拉拉的几株小野草,还有几只小动物,"我"觉得一点都不好玩。"我"觉得"三味书屋"挺好的,教他们的老师还是镇上最好的老师,有什么不好呢?当时这个学生一问之后,讲台上的老师也愣住了,确实是这么一回事情,当时在课堂上他被学生牵着鼻子走了,狠狠地表扬了这个学生的新发现,然后就把整个的逻辑转到这位同学的立场上来,他就觉得"百草园"确实不怎么有乐趣,"三味书屋"确实也是有乐趣的。这个课就发生了偏差了,跟鲁迅的用意就离得很远了。

为什么会有这种偏差?那是因为这个老师在备课的时候,他没有关注到文本的叙述视角问题。尽管是选自鲁迅的《朝花夕拾》,他在人到中年之后写回忆童年的这样一篇散文。但是这篇散文还是以儿童世界来看"百草园"、看"三味书屋"。对于绝大部分的儿童来说,"百草园"当然是一个乐园,孩子的天性就是玩,至于玩什么东西是不重要的,和伙伴们一起玩就是很快乐的。课堂上举手的那个同学,那个孩子相对是很成熟,他已经是大人的视角,用大人的一种眼光来看这个问题。所以在我们教学的过程当中忽视了,文本的叙述视角也是形式之一,这个形式很广义的,包括结构、叙述视角,也包括语言。

再比如说《古诗二首》,这个是我们上海一期课改当中的两首古诗,一首是曹操的《观沧海》,一首是陶渊明的《饮酒》。那么我们先看一个教学片断。前面老师说:刚才我们已经朗读了这两首诗,并且对诗歌内容做了合乎情理的想象。接下来我们来思考这样的一个问题:为什么我们读这样的两首诗会有不同的感觉呢?学生说:因为诗歌所描写的景物不一样。能够说得更加具体一些吗?第一个《观沧海》当中,曹操北征乌桓,胜利归来,他想统一中国的雄心勃勃正和大海的磅礴气势相一致。说得非常好,他已经理解了景和情之间的一种关系。第二个学生补充更加巧妙,如果写他打了胜仗回来,像陶渊明一样悠然采菊东篱下,那就显得英雄气短,确实是这么一回事情,很有道理,同学们都明白了:曹操赞颂大海,实际上是在书写自己的壮烈情怀。

那么《饮酒》呢?写的是陶渊明告别了争名逐利的官场,在飞鸟相与还的夕阳余晖中,采菊东篱之下,既表现出闲适宁静的心情,又表现出他坚守节操的品格。陶渊明对菊花自有眷恋之情,他爱菊、采菊,菊花是他精神品格的象征。反过来,陶渊明写归隐之后,怎么样东陵碣石以观沧海,那岂不是很可笑的事情。

大家对诗歌的理解非常到位,可见景是为了表现情服务的,情是融于景之中的,然后在黑板上写一句,"一切景语皆情语"。回家后,各自朗读这两首诗,进一步体会这两首诗"情与景"的不同。对初中的教学来说,课上到这个份上我觉得应该是不错的。我们最忌讳的是一上来就告诉同学们说,"一切景语皆情语"。我们语文教学当中是很反对演绎教材的方式。你先告诉他一个概念,然后通过这篇文章来验证,很反对这种演绎的方式。我们应该是到最后很自然的一种归纳,归纳是很自然的一个特点。老师是一步步地引导,因为是后半部分的内容了,上到这个层面,这节课应该是很成功的。

这个课堂的片断也是我十几年之前上的一堂课,当时专家们也是给予了很高的评价,我自己也很满意。若干年之后,我听了华东师大一个教授的报告,他在谈形式的重要性,说到所有的形式都是有意味的,这是我们文艺理论当中非常有影响的观点,所有的形式都是有观点的。我当时忽然就想起了当时这篇文章还差了一口气,差在什么地方?编者把这样的两首诗放在一篇文章当中来呈现,一定是有它的编写意图,现在这样的两首诗所表达的感情正好是相反的,而这种感情的背后,因为和景物之间的联系是非常紧密的,怎么样的景物表现怎么样的情感。我只做到了这一点,差了一口气,差在什么地方?还是对这两首诗在形式上的不同没有做更深入的比较。

我后来曾经想过,如果说我做一个大胆的尝试,我把《饮酒》这样的五言诗,我做一个改动,我把每句当中我认为不太重要的字减掉,让它变成四言诗,让同学们来读一读,你读得出陶渊明那种闲适恬淡的心情吗?四言诗在读的时候,是二二停顿的,你读起来速度显然就是会加快的,而五言诗在读的时候,是"二二一"的停顿或"二一二"的停顿,根据你的意思来调整,因为有了两次的停顿,节奏就慢下来了。一种慢的节奏是比较适合于表现作者闲适、恬淡、从容这样一种心情。

反过来曹操的《观沧海》,把观沧海每一句四言加一个字,让它成为五言,还能表现曹操那种面对沧海的那种磅礴气势吗?也表现不来。后来我为了印证我自己的这样一个观点,我去查了锺嵘的《诗品》,在他的《诗品》当中,也不过把他的诗归在中品之列,但是对曹操的诗有一个评价叫做"曹公古直",我觉得这样的一种评价,更加印证了曹操用四个字来表现他这种磅礴的气势。所以当时我想,我们不妨做一做这样的尝试,不是说所有的诗歌都要给它篡改,这样也没有必要。我们的诗歌教学当中需要朗读。朗读的过程当中,如果我们让学生这样来读一读,让他来体会一下所有的形式也是都有意会的,通过这样的一种形式让他来感受情感的变化。

所以我们说理解文中的人物形象,包括了解写作的时代特点、体会作者的情感,固然是很重要的,但是如果忽略了对形式的把握,把一些具有借鉴价值的表现手法、写作思路等弃置不顾,也就会失去语文的特质。就是表现手法、写作思路这些在我们的教学当中也一定要引起重视。

【要点评议】
  简单而论,选文作为言语作品,可分为言语内容与言语形式,其中言语形式既包括文本结构、文本语言、叙述视角、写作方法等等。社会意义上的阅读过程,是以把握言语内容为总归;语文课程的学习,是通过言语内容来理解,掌握言语形式,从而提升阅读能力,实现通过语文课程学"语文"的目的。所以语文教师要善于引导学生走进文本,通过明白写了什么,体会是如何写的,从而实现能力锻炼与精神提升的共生、统一。

第三个,文体是体现语文的元素。我们台湾有一个诗人,有一次和几个朋友在宾馆里面散步,他们几个人走到池塘边的时候,看见有一块牌子,上面写了这四个字"禁止勾鱼",顿时觉得宾馆这一块牌子上这样的一个语言表述真是一种诗性的表述,这就是诗人的敏感。如果我们走在上海师范大学的学思湖边可能不会有这样的一种反应。但是他们往前走,仔细一看,发现还是因为年代久远,油漆剥落了,是"禁止钓鱼"这4个字,一下子就觉得索然寡味了。就是说很多东西的背后,不同文体的背后就有很多不同的东西。我们的阅读也好,写作也好,都离不开文章体式。

今天我们可能受到"淡化文体"这样一种说法的影响,其实我们也是片面地去理解这个观点,所谓"淡化文体"不是说不要文体、更不是说不要文体意识。文体意识一定是要有的,今天像王荣生教授他们搞很多的研究,现在甚至都细分散文这种文体,散文教学应该是怎么样的?小说这种文体,它的教学内容确立应该是怎么样的?背后都有特定的文体意识。

【观察者点评】不同文体的背后会有哪些东西呢?

前面我提到过《云雀》,我们是把这两篇文章,一篇是法国的博物学家《松鼠》,还有这篇《云雀》放在同一个单元,这个单元主题叫做"动物世界"。《松鼠》是放在前面的,《云雀》放在后面,后面有我刚才提到的《藏羚羊跪拜》。《松鼠》是一篇文艺性的说明文,老师在教的时候找出说明对象、说明顺序,以及这个对象有哪些特点等等。教了《松鼠》之后可能还在同一条思维惯性上,接下来让同学们学习《云雀》,生搬硬套地找云雀的特点,学生们找得很累,变成了这篇文章说明对象是云雀,云雀有三个特点:勇敢、浪漫、快乐。其实他搞错了,我们老师缺少一种最基本的意识。

首先要说这篇文章是一篇散文。儒勒·米什莱是法国的一个大历史学家,只不过是大家写小文,写得非常高明,老师们可能不太熟悉这篇文章,写的是这样一种名不见经传的鸟为什么会成为法国的国鸟。然后就说了云雀是怎么样勇敢,然后又说怎么样快乐,最后点得很含蓄,就是要点到这种特质,浪漫、快乐、勇敢就是法兰西民族的特质,所以才成为法国的一张名片。当然后面的话说得非常地虚,非常婉转,以至于我们老师也没有看出来。

《松鼠》与《云雀》不一样。这背后是有根本性的区别。后来我写了一篇文章,就是谈科学文本和文学文本的区别。对科学文本来说,松鼠这一个能指与所指来看,完全是一对一的关系,松鼠到最后有什么特征都是很清楚的,对文学文本来说,它的能指和所指之间完全是若即若离的。云雀和他能指和所指关系不是完全一样的,你说这个地方是很勇敢,可能不同学生看到的东西不完全一样。在科学文本当中,语言词汇的对应物是概念,而文学文本的概念,语言词汇的对应物通常是意味。

就诗歌教学来说,我觉得诗歌最基本的文体意识,你是要有的,诗歌有强烈的情感,有丰富的想象,有跳跃性的思维。为此,我就要让同学们展开合理的想象。诗歌的语言是凝练的,又是陌生化。这些陌生化的地方,我就要引导同学们来思考、揣摩。它的节奏感、韵律感很强,既然很强就要引导同学们来朗读。有特殊的表现手法和技巧,起兴的手法,象征的手法,隐喻的手法等等,这些地方能不能抓一些?

【观察者点评】科学文本与文学文本的区别体会到了吗?有哪些不同?

【反思】

　　我原来教诗歌的时候,是否有文体意识,能否从诗歌的文本体式出发来确定教学内容呢? 诗歌有丰富的想象,就要求学生展开大胆的想象;诗歌有很强的节奏感、韵律感,有强烈的情感,就需要引导学生来朗读、体会;诗歌有特殊的表现手法、技巧,就需要补充相关的写作知识。从诗歌文体特征的角度,结合学情分析,就可以比较顺畅地来确定教学内容,从而将诗歌教对,将语文特色彰显出来。以后我在教诗歌的时候,在确定要教什么的时候,一定要有理据意识,不可以拍脑袋、简单处理。

　　余光中的《乡愁》为什么会有那么大的影响? 席慕容也写过很多关于乡愁的诗,但没有产生很大的影响,她写的是像树的年轮一样,一圈又一圈。因为这个意象本身不具有个性,缺少一种独特性、独创性。余光中的《乡愁》也好,《乡愁四韵》也好,在这两首诗歌当中所采用邮票的意象等等,这样一些语句具有陌生化的特点,所以具有很好的诗歌特性。

　　关于散文,我们不要一说到散文就跟同学们说,散文就是形散而神不散。其实对散文我们专家有许许多多的看法。我是觉得这样一种说法是挺有意思的,我们一个青年学者叫谢有顺,他写了一本书叫《从俗世中来,到灵魂里去》,还是很通俗的。他就提到散文的两个重要维度,一个是它的物质元素,一个是它的精神发现。除却那种文化大散文之外,我们一般选入初中语文教材的散文,都是有物质元素的。第二个我觉得朱光潜先生的这句话也是蛮有意思的,他说最上层的散文是自言自语,其次是向一个人说话,再其次是向许多的人说话。这句话挺值得咀嚼的。上海初中教材当中选了史铁生的《秋天的怀念》,高中教材选的是他的《合欢树》,我关注到人教版教材选的是《我与地坛》。我们说史铁生当然是不幸的,他遭遇了这样一个高位截瘫,但是生活在这个年代,他又是幸运的。他写这样的文章,完全把自我内心最真实的一面展现给大家。这样的文章在今天有市场,可以引起我们读者的共鸣,如果说他早生二三十年一定是没有市场。

　　我们在阅读教学过程中,我们怎么给学生正确的引导。我曾经给我的同事开玩笑,我说:我们一千个孩子去北京登长城,要写登上长城以后的感受,有500个孩子可能会说"不到长城非好汉",有 300 个孩子可能会感叹,"这个是中国古代劳动人民勤劳和智慧的结晶"。可能会有几十个孩子,当时真不会这样去想,但是有更多的孩子,他当时一定不是这样的想法,他已经形成了一种公共话语思维模式。这个是很可怕的。

【观察者点评】公共话语思维模式,对我的阅读、我的阅读教学有影响吗?是什么样的影响呢?请尝试着与其他老师交流。

法国有一个思想家叫福柯,我很喜欢看他写的东西,就是说你"现有的一些公共话语是可以障蔽人的思维。"如果说我们孩子都处在这样一种公共话语之下,不是说我们杞人忧天,我们民族、我们未来一定会发生大的问题。所以为什么我们今天会反复地强调要来培养孩子的创新精神、创新意识。"钱学森之问"为什么会引起那么多人的反响?这个真的是我们教育该去关注的。

我们在座的都是语文老师,在学校里面做领导也好、做教师也好,我们学校永远是"语数外",语文永远排在老大哥的位置,听起来是很好听的,但是我们的语文受到重视了吗?没有。用于漪老师的话来说,今天语文的地位已经下到小四、小五的地位了。但是我想不管怎么样,还是要坚持一种正确的方向,该怎么做就怎么做。

《孔乙己》可能老师们都很熟,在教学的时候,很多老师会抓住最后一句做文章,因为小说的结尾确实是可以作为一个教学重点来抓的。不是说欧·亨利的小说,他的结尾具有情理之中、意料之外的特点,我们可以抓一抓他的结尾,其实我个人觉得,所有的小说结尾都可以作为我们教学的一个抓手。因为我们生活是可以不断往前的,但是小说,无论是再长的小说,你写到某一点上,也肯定要戛然而止。在哪一个点上停下来,作者都是很有讲究、很有意味的。所以它的这个结尾一定是一个很好的抓手。

第二个小说的话语系统。我们经常搞一些教学案例的征集评比活动。某一篇小说,老师在写教学目标的时候,把握这篇小说怎么样的语言特点,其实我们有时候会觉得不是很清楚,你到底要把握的是小说当中的人物特点,还是要把握小说作者叙述的语言特点。小说的话语系统有两大类,一类是作者叙述的话语,一类是小说当中人物的话语。那么40 分钟的教学时间是很有限的,今天这节课我们聚焦点在什么地方,你必须很明确。从我们的教学聚焦点来说,必须是科学、明确、集中、可以测量的。

【观察者点评】你同意上述说法吗?为什么?

教学能力的修炼与提升　　245

【反思】

　　教学时间是很有限的，在有限的教学时间内，我是否具有"教学聚焦"的意识？我的教学聚焦点是不是清晰、明确？有效教学，必然需要教学有所聚焦。从教学内容的选择来看，就是要考虑合宜的教学内容。合宜的教学内容，需要综合把握文本体式、学情分析，还可以参考经典的教学案例。我们常说要尊重教学传统、要学习名师的教学案例，其中一个学习方面就是思考、学习他们是如何确定教学聚焦点的，而不是照搬照抄。这方面我们还有很多事情要做。

另外一个小说的叙述角度。就像刚才提到鲁迅的《祝福》一样，如果大部分的小说都是用第三人称来叙述的，如果说这里是用第一人称来叙述，这就是很好的。你不一定要给学生这样的概念，但是你的教学可以从这些角度去思考。不要一讲小说就跟同学们说，小说有三要素，情节、人物、环境。每次教小说都这样讲的话，学生就会很厌烦。

【要点评议】

　　阅读教学一定要有文体意识，不同的文章体式，意味着不同的阅读教学指向。如文学性的散文，总是蕴涵着作者主观、独特的情感；诗歌"有强烈的情感，有丰富的想象，有跳跃性的思维"；小说的结尾总是"很有讲究，很有意味的"，都可以作为教学的抓手；小说的叙述视角、叙述话语也是富有特点。可见，不同的文章体式往往意味着不同的阅读取向及阅读方法，"好的阅读教学，往往基于合适的文本解读。不那么好的阅读教学，其原因往往是不顾文本体式，采用了莫名其妙的解读方式、阅读方法"。所以把握文本体式特征，是确定合宜教学内容的重要途径之一。

　　刚才我说了，语言也是属于形式当中的一类，包括文体的问题。我想总的这些都是要关注语文的味道，凸现语文的元素。

　　叶老曾经谈到，在讲解的时候一定要靠讲明语言的运用和作者的思路，从思维的**发展来讲内容。不能把这两者分开来讲**，这堂课讲思想内容，另一堂课讲语言，**只有把两者结合起来**，这堂课才叫成功。换句话说，这个背后还是统一的问题，工具性和人文性的统一问题。语文学习就是带领学生从文章里边走一个来回,从语言进入,然后会很自然地上升到精神层面,然后再回到这些形式问题。

于漪老师尽管是弘扬人文的名师,但是她从来也没有否定过语言文字的重要性。既要读懂字面,又要读懂内涵,还要读懂字面和内涵如胶似漆的关系。字面和内涵之间是怎么样的一种关系呢?换句话说,你是从怎么样的一种文字进入的,它的背后和内涵、思想情感之间是怎么样的一种关系?这些都值得思考。

语文阅读的目的,在于弄清楚为什么要用这样的语文形式表达这样的内容。你不能说光搞清楚表达了什么感情就可以了,还要去搞清楚它是怎么来表达这种思想感情的。说得更通俗一点,你不仅仅要关注他写了什么,你还要关注他怎么写的,乃至于他为什么这么写。

> 【观察者点评】写了什么?怎么写的?为什么这么写?我平时会关注这些吗?

王尚文先生一直在关注中学的语文教学,提出了一个"语感论","要紧紧抓住语文的缰绳",语文教学就是从一个一个标点,一个一个词语,一个一个开始构建或者是更新学生的人文世界。语文之外的其他课程诚然不能跳过形式而把握内容,但是往往是把形式当作掌握内容的跳板,你可以得鱼而忘荃,但是语文教学,你得了鱼还不能忘了荃。你在品味形式的同时也在理解内容,但是主要的目的在于怎么样表达特定的内容。当然在这两者之间,一定要把握好这个度,不能只突出一个方面。

【反思】
品味形式与理解内容,更主要的在于通过形式如何表现内容,这些值得我好好咀嚼、反思。在语文教学过程中,我正确处理了言语形式与言语内容的辩证关系吗?如果还没有,我以后该怎么来做呢?

根据我前面讲到的一些东西,这里做一点小结。一个是在语文教学中,你要突出语文的因素,就是要在"语文"当中穿行,要善于发现语言的特征。比如说刚才举的"剩"字,你要善于发现它,然后你要抓住这个特征,深入地去品味它。包括你要关注文本的用词造句、句型结构等等。另外一个也是很重要的,就是要改变公式化的阅读习惯。我们很多时候觉得这地方的语言很好,作者采用了一个比喻的修辞手法,然后就

教学能力的修炼与提升

问:同学们,你们看这个地方为什么好呢？同学就会说:因为用了比喻的修辞手法,所以很好,形象生动地写出了什么什么。这个就是一种公式化的阅读习惯,这种习惯是很糟糕的。因为他们不是从文本本身出发去思考,而是因为用了公式化的思考行为,这个一定要纠正过来,改变这种公式化的思维。你要通过具体的语言,透过语言的外衣,去挖掘文本的内涵。

【要点提炼】

透过语言的外衣去挖掘文本的内涵。

我刚才举了那么多的例子,你只要能从语言层面沉下去,自然会从情感的层面浮上来。阅读文本不仅要知其然,还要知其所以然,就是作者怎么写的,为什么要这么写,不同的文本特征,问题意识具体与否,是阅读教学能否体现语文特质的关键,一定要有语文的特质。

【要点评议】

"你只要能从语言层面沉下去,自然会从情感的层面浮上来",文本的语言与情感、意蕴,是一枚硬币的两面,不可分割,辩证统一。语文教学就是要善于走一个来回。

最后一点其实要强调的是,用古典文论当中的一些词语来说,在于把几者统一起来,也就是关注内容和形式的统一。这个背后关注的其实也就是工具性和人文性的统一。

三、正确处理语文关系——回归语文本位

以上是我从近些年语文课堂出发,主要谈的是一个"泛语文"和"非语文"现象。接下来我要谈的这个话题,是今天的语文课堂应该继续处理好哪些关系？当然我这里说的这个语文课堂,是来自我作为教研员的一个观察,我更多的是从疑难的分析。我觉得我们的语文课堂与四五年前相比,还有一种不一样的改观。应该说老师对语言文字的一种品味能力是越来越强,做得比以前要好了。但是我发现,有的时候,有的老师把握不了这个度,又从一个极端滑向了另外一个极端。

接下来我要谈四个方面的内容。从教学目的层面来讲,我觉得工具性和人文性的关系还是要继续处理好。从教学内容来看,在确定教学内容的时候,我既要考虑内部

东西,还要考虑外部的东西。从教学设计来看,结构与重组依然是我们要考虑的。从教学过程来看,要处理好认知和体验的关系。

第一,从教学目标的层面,要继续处理好工具和人文的关系。我想起余光中说过的一句话,"当你的情人已改名玛丽,你怎能送她一首《菩萨蛮》",这个话背后,我觉得就是强调语言的背后是有一个民族的集体意识,藏着一种文化的深层编码,语言背后就是文化。有的时候我们就觉得,现在外语课排得过多了。

其实学生在学一种语言的时候,一定是用我们相关的内容来学,如"我爱北京天安门"、"我爱我伟大的祖国"。这个语言的背后就是一种文化,是没有办法分割开来的。所以我们上语文课,今天光强调进行语言训练,背后不涉及人文,这个语文课并不是成功的语文课。

在所有的学科当中,我们说语文确实是最扑朔迷离的,刚才说语文是气体。世界上各个国家,对自然科学的评价大体是一致的。社会科学在理论研究方法方面也是比较容易达成一致的,但是各个国家的人文学就很难有共同的趋向和标准,观念和论述都和自己的国家历史文化传统有紧密的联系。就像我们在座的,我们要重新修订课程标准,提高课程标准描述的精度,这个事情是很难做的,任何一句话的背后可能要去做许许多多的研究。

第二,继续处理好内部和外部的关系。其实我也是为了讲的方便,用了英美新批评的概念,叫内部和外部的概念。所谓外部包含传统的批评内容,比如说社会思想、社会心理。内部是指传统作品当中的形式部分,比如说它的文体、叙述模式、语言特征等等。他们认为要重视内部的研究,这是文学研究合情合理的出发点。我只不过是借用外部和内部这两个概念,我想说在语文教学当中,既要透过语言的外衣去挖掘文本的内涵,关注外部的东西,又要关注文本的内部,文体结构、叙述模式和语言模式。

第三,要继续处理好结构和重组的关系。前面我讲到"用教材教"的问题。我们很怕语文课上成一种复现文本内容。这样的教学是毫无意义的。其实你可以把文本拿去解剖,然后根据学生的情况,根据你自己对文本的一种理解,你对它进行重组。

有一篇散文叫《外婆的手纹》,老师在教的时候,就抓住一个核心词是"复制"。提出两个主问题,一个是我为什么要复制这双鞋垫,第二个我能复制吗？我想要"复制"的到底是什么？这节课思路就是很清楚的,就是从"复制"来进行展开。这是一篇散文,也是很清楚要强调作者对这样一件事情的看法,不是说外婆的人生态度是怎么样的。就跟朱自清的《背影》一样,在若干年之后,是不是看出有一种回忆和愧疚在里面。

第四，处理好认知和体验的关系。上一次我看了一位娄山中学的老师上《核舟记》，中间有"舟首尾长约八分有奇，高可二黍许"这么一句话，这时候他就问学生"八分"究竟有多长，"二黍"究竟有多大？学生讲不清楚。他就拿出一个核桃出来，让学生可以具体感受一下，这么小的核桃上面能够刻出这么多的内容，一定能体会到中国古代工艺品的精巧。你不是用语言来讲的，而是这个背后怎么样让学生真正去体验。我们初中语文教学一定要更多地让他去体会、去感悟，而不是抽象地给他讲一些认知的东西，你必须要让他思考景和情的关系。不管怎么说，内容的构建也好，教学方式也好，都要针对我们学生的实际情况来讲。

【要点评议】
　　语言、文学不仅是社会现象，还是人文现象，二者都既需要认知，也需要体验。所以一味抽象地讲解，不会是契合语文的学习方式。在语文教学中确实需要处理好认知与体验的关系。

我们很多时候口头上能够说出学生主体，或许实际上很多时候还是一种被主体。十多年之前，我去香港听课，他们说观课，后来想想还是很有道理的。我们今天看这个课，不仅仅要看教师的教，更要关注学生的学。在我们老祖宗的书籍里面，教就是学。但是我们今天对"教"关注比较多，对学生的"学"关注得比较少。现在我们提到一个概念，叫"以学定教"，这个概念的明确提出，我印象当中是在 20 世纪 90 年代末期。但之前，其实我们已经有，我们老祖宗其实早就提出了这些东西，"学"当中有很多的东西。回过头来说，我们怎么来关注体验式教学，你关注学习的教、学习的学，你也一定会关注怎么样让学生来更好地体验。

【要点提炼】
　　现代语文既不能走极端，也不要"打太极"，需要中西合璧，全面育人。

最后，我想放两个图案留给老师们回去思考。一个是西方的十字架，一个是东方的阴阳太极图。可能在西方，"是"就是"是"，"非"就是"非"，它的文化和我们不太一样。在我们中国的文化当中，其实更强调的是一种融合。阴阳八卦图中间，就是你中有我，我中有你。我们的课程改革，从某种意义上来说就是在寻求关系，在平衡当中求得突破、发展。我们的老祖宗是很聪明的,叫"极高明而道中庸"。我觉得中庸之道不是一种折中主义,恰恰是一种非常理性的表现。所以从语文教学来说,再小到我们每一堂语文课,我觉得我们都不要走向极端。今天就跟大家交流到这里,说得不对的,欢迎大家批评指正。

资源链接

1. 谭轶斌.文本不同　教法有异[J].中学语文教学,2008(4).
2. 谭轶斌."沉潜式"与"田野式"——谈对课程标准的深入把握[J].上海教育,2008(11).
3. 谭轶斌.实事求是　辩证处理——中学语文课堂教学现状、反思与对策[J].现代教学,2007(6).
4. 谭轶斌.上海市中小学语文学科课程与教学改革综述[J].语文教学研究,2011(1).
5. 谭轶斌.语文教师的成长需要他力与自力[J].语文教学通讯:高中(A),2007(10).

后续学习活动

请根据报告内容,再查阅相关资料,围绕文本体式与教学内容的角度来完成下面表格:

文本样式	体式特征	教学内容设计要点	典型课例举例
诗歌			
散文			
小说			
备注			

第 13 讲　启思与导疑：发展学生思维的方法

王栋生

> **专家简介**

王栋生，特级教师，江苏省首批教授级中学高级教师。著名杂文作家，笔名吴非。著有《不跪着教书》（华东师范大学出版社）、《致青年教师》（教育科学出版社）、《现代教师读本：人文卷》（广西教育出版社）、《王栋生作文教学笔记》（江苏教育出版社）等。

> **热身活动**

阅读本专题之前，请您先思考下面几个问题：

1. 根据您的教学体会，您觉得什么样的教师可以称为有思想的老师？请列出至少三点特征。

　　(1) _____
　　(2) _____
　　(3) _____

2. 根据您的教学经验，您所了解到发展学生思维的方法主要有哪些？

　　(1) _____
　　(2) _____
　　(3) _____

学习目标

通过本专题的学习,您应该能够:
1. 用自己的话复述教师作为思想者的主要意义,培养自己的批判反思意识。
2. 在教学实际中,有意识地运用适当方法、启迪学生思维,培养学生的质疑精神。

讲座正文

老师们,下午好!上午我在隔壁班上课时说了,教师成长的四要素,首先一个是思想者,二是学习者,三是实践家,四是优秀的表达者。一个老师要善于思考,老师的思考应该是没有边界、没有限度的,你可以无限度地朝深度发展,这样的老师才可能有发展潜质。今天我想从启思和导疑来谈发展学生思维的方法。

一、教师成为优秀的思想者

教育本来是为了教会学生思考。为了教会学生思考,教师本来就应是一个优秀的思想者。

首先,教学中的"问题意识"。有一个很著名的事例,就是某一个国家的教育访问团在考察一所学校教学。最后提的问题是,你这节课怎么把所有的问题都解决了,那还叫课吗?按照这个标准,我们的教学评价就要打一个问号了。我们现在经常是把学生搞得没有问题了。没有问题了,我们认为我们的教学任务完成了。其实没有问题,就是最大的问题。我们学生提不出有价值的问题,就意味着我们的教学停留在一个很低的水平上。在九年义务教育阶段受到的教育,形成的习惯和教养,会一直带到永久。远的不说,就说高中,问题就很大。我在高一上课问学生,我们今天上的这篇课文看没看过?大家都说看过了。问有没有问题啊?没有人说了。他是在等待,等老师说,他是在重教轻学,这样的主动性就没有了,所以我认为没有问题的教学是最大的问题。

【要点评议】
不管是现在热衷的"以学定教",还是过去所谓以教为中心,都培养出一批批优秀的学生,这些优秀学生的一个共同特点就是自己积极主动地去学,求知欲望非常旺盛,学习动机非常强,非常自觉。想想看很多贫困家庭走出来的孩子,每天要干很多家务活,学习环境也不好,父母忙于生计,没有闲工夫管他们,如果自己不用心,怎么可能学好。现在比较麻烦的就是,随着社会发展,生活条件越来越优越,越来越多的小孩子不思进取,他们就等着老师、家长来催、来逼。现在思想多元,各种诱惑也比较多,相对而言,读书学习比较来得枯燥、单调,于是特别热爱学习、特别主动求知的孩子比较少见。在这种情况之下,"以学定教"该怎么教呢?过去一味灌输,肯定不对,现在如果一味顺着学生,"喂饭"式的教学,肯定也不对。需要激发学生的学习动机,引导学生发现疑难点,然后再来以学定教,就好办了。理想的教学状态,是教师、学生都被充分调动起来,教与学积极互动,通过解决一个个疑难点,学生一步步获得提升。如同《学记》里面描绘的"从游式"教学,大鱼带小鱼,在知识的海洋里面遨游。

其次,教师发现问题的能力。教师是一个学习者,是一个思想者,教师能不能发现问题?有一年高考结束,我班上有一个学生,150分的试卷,考了138分,是江苏省的最高分,按照他们的说法叫"状元",我是不喜欢用这个词。那么记者就来采访了,王老师您教的江苏省"语文状元"是谁?请您讲讲您是怎么教他的,您有什么体会、经验啊?我就跟他说,这个138分的同学,他进校的时候语文修养就是同学当中最高的,我还记得写开班第一篇作业的时候,他是标点都没有错一个。我三年来所做的工作,就是没有使他的语文水平下降。

这个班上还有另外一个同学,我一直认为他语文很好,学习能力很强,这一次考了师大附中倒数第一,比前一个差了70分。我这两天在考虑这个事,我很想说一说。两个同学,一样都是我教了三年,一个是考了138分,一个是68分。我说:一个老师要善于发现问题,考了138分的同学,以他的经验,肯定是会考出这样的分数,考这个68分的是什么回事呢?这个小男孩每次进我的办公室,每次都会拿出两本书给我,叫我帮他讲解,怎么会考68呢?

过了没两天,我碰到这个考138分的学生,我说:某某,干嘛啊?他说:有点事,要到前面去。我说:要到上海去了,第一次出远门,要注意安全,经常给家里面打一个电话。回答说:谢谢老师!再见!

又过了半个月,这个学生写了一封信,到底是语文底子好,这信写了七八页。最后两页写的是:他在师大高中得到老师的教诲,读了好多的书,一直很感激老师,但是他觉得自己也是不太会说话的人。记住他说了自己是不太会说话的人。他说:"那天是想到您家,又没有您家的电话号码,一个是跟老师告别,感谢老师,第二个是想看老师家里面有一些什么书。然后走到门口,刚好您出宿舍门,您问我到哪里去,我就一下子记不住事,就说我到前面有点事。其实您走了,我也朝另外的一个方向走了。原来我在这方面还是不行。"这个引起了我的注意。

又过了几天,门铃响了,我一开门,考 68 分的那位同学来了。在我的潜意识里他是最不敢来的,因为他只考 68 分,他难过,我也难过。我们一开,我说:你怎么来了?这学生有板有眼地说:小子不才,有辱老师门风,我来谢罪!我就问他:你考试前不是还经常来问我问题吗?你还是认真复习的。他说:"其实我是问物理去的,进办公室,你坐在门口,每次要从你身边过,我看你蛮寂寞的。我就没话找话,问了两个问题。"我说:"如是坐里面,就不跟语文老师谈话?"他说:"王老师不至于这么敏感吧,这个是人情面子啊。"

这引起了我的思考,就是我们用现在的检测方法,能不能够客观地测量出学生的语文素养? 这个考 138 分的同学,文章写得很漂亮,这个考 68 分的同学人情面大,知道抚慰老师那颗孤独的心。我的问题是,当这两个同学都接受了高等教育走上社会的时候,他们当中哪一个人更善长与人一道工作。很可能是考 68 分的这位同学。从这个教育细节中发现的问题,就影响了我的教学。我以后在教学中就特别注意那些不爱说话的人。为什么呢? 因为我担心他们哪一天走向社会,就像我们有一些干部,讲话不行。你要知道,承担国家重要工作的人,如果他的表达能力不好,没有魅力,号召力不强,在我们这样的集权国家要靠个人魅力,他是不行的。我们未来社会是一种更加民主的社会,可能更需要这种能力。

【要点评议】

教师的发展离不开反思,离不开发现问题、解决问题的过程,如果每天熟视无睹,按部就班,怎么可能获得心灵的提升呢?

发现问题，需要始终保持对教育现象的好奇心，培养自己的教育敏感。好奇心是研究意识形成的助推器，是自我修炼的动力源泉。一位优秀的教师，他总会不断尝试用新的眼光去打量自己的教育生活，不断尝试转换思维方式去发现孩子们新的成长变化，他总是敏锐地体验着教育生活，不懈地追求着宁静、自由的教育境界。是好奇心，帮助教师找到一个崭新的生命世界，不断地激励教师自我修炼、不断学习。

发现问题，需要教师养成随时思考问题的习惯。教学有法，但无定法，有效教学往往需要合理处理各种复杂、灵动的教育关系。不同的教学场域，不同时代有不同的教学需要，每位老师也有各自的成长经历、知识背景、价值倾向、行为习惯等各自特征，这些诸多因素如何调整、关联，需要教师在教学体验、研究的基础上加以理顺、优化。优秀的教师往往能够以"开放的心灵，批判的眼光"来看待自己的教育人生，具有随时思考教育问题，随时调整教育关系的习惯，从而提高自己的教育直觉水平。

"发现问题一般有两种情况：一种情况是，发现现实生活中有些现象根据现有的文献资料无法加以解释，促使我们去进行研究和思考……另一种情况是，发现前人的研究成果与实际相对照，存在着不完善、不全面，甚至不正确的地方，这也促使我们去进行研究和思考。"而培养发现问题的能力，重要的有两条："一是不要盲从，不要迷信，特别是不要以为书上特别是权威的书上讲的都是对的；一是在学习过程中不要死读书，要勤于思考，在读书的过程中要自觉地联系实际进行思索'为什么'、'怎么样'、'行不行'、'这样合适吗'等问题。这样才能把书本上的东西真正变成自己的知识，才有可能发现问题。"

二、尊重儿童思维发展特点

江苏卫视有一个节目叫做《非诚勿扰》，据说火得不得了，我以前是不看的。但是有一个同事，因为他跟这个节目有密切的关系，我就去看。我看的是什么呢？是表达，这是我们观察社会的一个窗口，我们语文老师可以通过这个去观察，可以告诉学生，什么是好的语文，什么是错误的。同样我们在考察儿童的时候也是这样。你比如说一个有名的例子。"雪化了之后是什么?"这个学生回答:"雪化了之后是春天。"老师说"错"。这个反映的是两种思维。不要小看儿童,儿童在很多的方面是比成人正确的,很多成年人的创造力有限,想象力也是有限的。

我为什么讲儿童的思维是正确的? 前不久我们江苏省有一所幼儿园邀请我去跟老师们谈话。我不敢去,为什么呢? 因为学前教育我没有研究过。可是我有经验,跟儿童交往的经验,我还是冒险去了。去了以后,老师们都热烈欢迎我,希望我再去。为什么呢?因为我们找到了一个共同点,就是那句话,儿童永远正确。为什么说是儿童永远正确呢? 儿童的思维永远是最简单的,成人的思维往往是很复杂的。

【观察者点评】儿童思维还有哪些特点呢?
1. _____
2. _____
3. _____

有人告诉我,学校里面某一个职工的儿子是呆子,是笨蛋。他说发育不好,我说真的吗? 他说:你不知道啊,我也试过了。我说:你怎么试的。他说:毛毛你有 3 个苹果,我再给你 2 个苹果,你有几个苹果? 那个小孩说:根本没有苹果。你怎么和 3 岁的小孩玩抽象,你说哪个笨? 所以成人的想法就是很复杂。

我们今天为什么要从儿童说起呢? 我们现在高中面临的教学对象,你要知道他的思维是怎么发展起来的,这个问题是很重要的。我要从幼儿园到大学都能有所了解,知道是怎么回事,否则永远停留在你的高中阶段或初中阶段,你就会搞不清楚的。

思维科学是很难的,儿童从少年一直到成年思维的发展,简直是太丰富了。我是可能没有这个能力了,但我有这个经验。我在观察这个经验的时候,我会想我们可能要去做更多的事情,就是培育儿童的想象力、好奇心、求知欲。因为儿童有了思维,就有了自己的世界。如果我们教学没有能够遵循常识,那我们儿童这些天生的禀赋就会逐渐消失。儿童在参加各种各样的兴趣班、特长班的时候,是否遵循了儿童的本意,有没有把他真正感兴趣的东西忽略了呢?

怎么样让孩子们过正常人的生活,正常人的思维。特别是应试教育,儿童对很多的问题不思考,少年不思考,青年也不思考。好多大学生都不知道自己要干嘛,已经是大学毕业的人,仍旧是很被动的,叫"三从四德",在家从父母,在校从老师,到社会从领导,这个是"三从",因为没有个人的主体意识。没有独立思想的民族,就是没有创造力的民族。我们从小学到高中毕业这一段时间里面很难有一段自由思想。

我认为,一个取得一定成绩的学生,很可能是一路受到保护。保护了什么? 保护

教学能力的修炼与提升　　257

了他正常的思维,保护了他正常的情感。在这点上,我们老师有没有自己各方面的问题呢? 我认为有,第一个是我刚才说的,关注学生思维的过程。了解一个学生对一个具体问题的思维过程,他是怎么想的,你要知道。

我们语文教育注意一个文本,同样一个班,50 多个人,为什么我们对教师同样的一个问题,或者是文本里面同样的一个表达现象,作出了不同的反应。当然我们的课堂不可能照顾每一个学生,但是每一个教师对每一个学生的思维关注,会促进学生检讨、反思自己的思维过程。

有一个数学老师,他自己记不得了,他的学生说过一件事,这个学生有点结巴,表达不太好,有点自卑。但是在上数学课的时候,这个老师讲完两堂课。老师讲:这个问题就这几种解法。老师说完在全班扫一眼,看到这位学生是那种表情。老师说:陈××,你好像不太理解我的话? 陈××就说了:我刚才想的好像跟你说的不一样。那个老师请他说,因为他结巴,说不清。老师就请他上来写。有一些学习好的学生不耐烦,可是这个教师想一想,一定要让他表达,为什么呢? 因为这个老师发现了他的思维有特别的地方。最后板演了一黑板,他们开始晕了,最后那个老师说了一句话,虽然繁琐了一点,的的确确不同于那几种,也是可以成立的。

这个事例说的是什么呢? 这个学生是浙江温州人,来自一个很贫困的家庭,他会一下子觉得我行,我的思维得到了老师的肯定。从此这个学生非常热爱数学,而且积极地发表自己的见解。这个学生后来在社会上真是经历了好多坎坷。那么一个贫困家庭出来的学生,很可能是追逐利益去的,可是这个学生却勇敢地一直在选择最困难的事情去做。我问这位老师,他说:我记不得了。这件事我是那年在学生的周记里面看到的,当时老师忘掉了,学生自己也几乎忘掉了,我一个语文老师、班主任记得这件事,我觉得这是一个很有价值的东西。数学老师是进入自觉状态去做这件事,不是刻意在做这件事。旁边的观察者受到启发,我也受到启发。

【观察者点评】基础教育对人生、社会影响的长远效应,是什么呢? 举例说明。

我跟一些已经 30 多岁的过去的学生接触,也经常发现,他们遇到的一些问题可能跟我们基础教育有关系。我们往往给学生的不是鼓励他创造,更多的是一种规训。

1989 年有一个编辑给我看了 3 篇儿童作文。我看到了这个作文以后,我就问他:为什么要给我看,这 3 篇作文里面有 2 篇是我印象深刻的。小学 1 年级的,叫《写画》。

他说:昨天我到浮桥公园去玩了。我"吃了"两杯咖啡,吃了两根冰棒,一根豆子的,一根橘子的。我小了一泡便,后来我就回家了。第2篇是:昨天我到中山陵去玩了了,看到3个孙中山,下面的一个黑的,站着;爬啊爬啊,爬到上面有一个白的,坐着;后面有一个小房子,上面有一个黄的,躺着。后来我就回家了。我说这2篇作文都很好,一看老师都打了不及格。我就看老师打不及格的理由是什么?他说,第一个是"小了一泡便"怎么能写上去呢?我觉得文章好,为什么呢?因为这个儿童的表达思路很清楚,知道总分关系,"我吃两根冰棒,一根豆子的,一根橘子的",是总分的,先总后分写的,这个写得很好,顺序写得很好,归纳很好。而且"小了一泡便",没有说两泡。第二篇写了3个孙中山,又说明了顺序,又抓住了特色,而且又简练,黑的,站着;白的,坐着;黄的,躺着。我觉得很简练,很好。老师打不及格,说孙中山只有一个,你写三个。为什么不用儿童的语言对儿童来进行教育呢?

我要说的是什么呢?我们没有注意儿童在想什么,你去给儿童灌输,那他就成为了一个接收器,你告诉他什么就是什么。各位都有一个经历,小学课本有一个很糟糕的事情,当对所学的文本发生怀疑的时候,老师应该是什么态度?小学教材里面好多的东西我们忽略了。办公室有一个老师跟我说,儿子作业被老师骂了一顿。是小青蛙怎么看见大海的,这个课文是这样编的:小青蛙想看大海,要爬山,怎么克服困难,经过千辛万苦到了山顶,看见了大海了。他儿子就觉得青蛙太苦不好,为什么不去跟孙悟空学学,一个跟头翻过去就可以了。那个老师就批他了,这课的内涵是勤学苦练,你这个小孩怎么能这样回答呢?我就这个思路发表感想。干嘛要叫青蛙看大海啊?青蛙就是青蛙,在池塘里面呱呱叫蛮好的,你非要逼他去看大海干嘛呢?你今天就是逼着所有的少年儿童要成功,考上清华、北大就是成功,考取大学就是成功。其实我要做一个自由的青蛙,我干嘛要考大学。第二个凭什么要一步一步在那爬。这个是什么教育?这个是启蒙教育。当我们的少年儿童,读完了小学进入了初中,然后进入到我们高中,思维固化了以后,老实说,有一部分学生真的来不及了。所以我们现在必须要做的两件事,就是第一深入地思考问题,不要浅尝辄止;第二个换个角度看问题,不要停留在一个固定的方向上。

【要点评议】

人的思维发展具有阶段性,不同阶段的思维具有各自的独特价值。孩童

> 的思维相比成人，来得更直接、更单纯、更可爱。童年的价值，常常被成人世界忽视或破坏。"我们往往给学生的不是鼓动他创造，更多的是一种规训"，"我们没有注意儿童在想什么，就去给儿童灌输，那他就成了一个接收器"。童年的消逝，需要引起社会的关注。孩童富有想象力、好奇心、求知欲。他们"有了思维，就有了自己的世界"。我们需要给以他们独立思考、自由思想的机会，要鼓励他们深入思索，勇于质疑；要引导他们换角度思考，启迪智慧，防止思维过早的固化。

三、发展学生思维的方法（启思、导疑）

我上课的时候，给学生出过一个题目，叫做《滴水穿石的启示》。我讲完以后，停下来几分钟，我就问学生，你们怎么写呢？我说，你们一般会写持之以恒吧？学生说：有的。那么这个是什么呢？这个是一种正常的反映，这个蕴含的是持之以恒。那怎么去诱导呢？谁告诉你只有一个启示呢？全班都一样，这个有什么意思啊，这个问题就不需要回答了。学生就开始想，这个时候我们就做一个实验，每个教学班最后都会有一个人，只有1‰的学生是善于思考的。这个题目我是从20世纪80年代一直用到前几年，20年间，我大概在50—60个教学班做过这个实验，几乎百发百中。持之以恒都会说，可是下面就不知道了。他们都觉得有一个启示就够了。你说"滴水穿石"这个东西的时候，可能就一个学生会想起来说，目标要专一。

那就有两个启示了，总比一个启示好。这就是我们引导学生深入思考一个问题的时候，可能形成的一个结果。根据我的经验，一个班会有一个人先想到，至少每一个班会有这样一人。然后问还有吗？没有了。然后学生会乱说，需要有石头，需要有地球引力什么的。

能不能换一个角度看问题呢？ 学生几乎在老师的启思、引导里面，如果是在启思阶段，教师有时候要退后一步反思。比如我说，滴水穿石精神是可嘉的，然而……你说一个然而，就会有了，这个效率太低了，这个一百年，一千年的时间，现代的科技，给水加压能切割金属板，已经到了这个阶段了。所以经常引导学生不断思考，换一个角度看问题，丰富他的思维，可能对语文教学有点好处。

【要点评议】

"反思",即避免成人思维对孩童造成过多的束缚,鼓励年轻的思绪自由飞翔,鼓励发散思维。经常引导学生换角度思考问题,有助于培养他们思维的灵活性,应变能力。关键是在教学过程中如何去做?老师需要常教常反思,需要常教常新。

比如说我们的经典文本总有很多的资源。"大家仍然喊她祥林嫂",这个是《祝福》中的。我上课的时候跟学生说,这句话什么意思?实际上可深、可浅,一个是习惯,祥林嫂没有名字,以前喊祥林嫂,现在就喊祥林嫂。我们在课堂上讨论的时候,学生说了一个很有意思的,镇上的人不承认祥林嫂的第二次婚姻,这个就深刻了,这个习惯就是这样了,不管你嫁多少,你就是祥林嫂。

我上课的时候也拿这个文本说过事,说我们的教学参考资料上说到《祝福》的时候,教学思路用了好多年,一个经典文本的解说,就没有什么新的发现,这个就没有什么意思了。对于在文本中找到属于自己的发现,教师也有自己的一些新想法,远远高于教材的要求,高于教学参考资料的要求,那这个成功的课堂,就是从中间获得的东西,不是原来教材所能涵盖的。

有老师要教这个《林黛玉进贾府》,他们说:王老师,您有什么点子啊?因为他们知道我有一个习惯,我习惯是每节课上要有一个亮点,这个亮点最好是在 25 分钟到 35 分钟的时间出现,为什么呢?因为青少年的持续注意力不会超过 30 分钟,所以我一定会在 25 钟左右开始打岔。然后我也会有办法回到文本来,这时候就要靠自己的智慧了。要在 25 分钟到 35 分钟的时候,要让学生集体思维一下,要让学生注意力转移一下,都是好的办法。

很多的名师在议论这一段。他们说《荷花淀》里面,女人没有说话,过了一会,她才说:"你走,我不拦你。家里怎么办?"问题是句号能改逗号吗?"你走,我不拦你,家里怎么办?"一口气说下来,这样是两回事。几位专家都认为这个作家用句号用得准确。可是 2005 年,我参加编写百年百篇经典课文的时候,我编的是《荷花淀》,实际上原文是逗号,后来改成句号的。是谁改呢?应该是叶圣陶那一辈改的。现在就有意思了,也就是说逗号、句号在课堂上可以拿来讨论,我们老师从中就可以看到这个文本的区别了。

同样《劝学》也是经典课文。我们在教《劝学》的时候，我们教后天的学习所起的作用，"糅以为轮，虽有槁暴，不复挺者，糅使之然也"。可能那个老师说的是，读书学习的作用，但如果是在培养人上也这样做的话，那就太可怕了。当时有人反对我说这样的话。虽是正确的经典，有时候恰恰是有毒的东西。

最近有一些人在一些场合批评我，有的也攻击我，骂我。因为我写了一篇文章，叫《我为什么反对儿童读经》，读经不要紧，你只给儿童一味灌输经文可能不好。我的理由很简单，就两句话，我多说一句也不想争论，你只让他相信，不让他思考，这个不是教育。英国教育家、哲学家罗素，有人跟他说一件事，说德国的教科书上说：拿破仑是德国人打败的，英国人的教科书上说：拿破仑是英国人打败的。怎么办？罗素说：把两种观点都合在一个上面去就可以了。那有人说：学生会怀疑书，不相信书了。罗素说：学生学会怀疑了，就是教育。你怎么能不让学生去思考呢？我们 20 世纪 60 年代就是这样的一个教育，做一颗永不生锈的螺丝钉。所以说，既要读经典，也要还原经典。

作为教师来讲，设计一个有意思的问题，激发、培养探究兴趣是很重要的。作为学生来说，能否提出一个有价值的问题，这个显得更为重要。

【观察者点评】我是不是常常能够提出有价值的问题呢？

为什么古代的送别诗写得好呢？讨论讨论。这个时候，一个教师用自身的知识背景去启发学生的思路，应该是挺好的。学生会说：现代社会交通工具太发达了，交通发达，通信发达。不像古代，古代一离别，就意味着生离死别，李白这会在哪儿，杜甫根本不知道。不像现在，不知道李白在哪儿，我们发短信，"你在哪，我在四川"，我们就知道了。然后"你过来一下"，坐飞机是很方便的。在古代的话，根本没有这些的，要靠驿站。古代分别的时候就是生离死别，所以分别的时候，就不知道重逢是什么时候，交通工具又不发达，所以写得好。看到古代送别诗我就想，随着现代文明的发展，好多美好的东西，再也不会有了，有这种感慨。

同样的道理，古代的闺怨诗为什么写得特别好呢？学生也有现代意识。学生说：古代出去科考，多少少年，从军贬职什么的，都可能离开家。没有办法，去的时候刚结的婚，回来的时候孩子已经好大好大了，这个是常见的。不像现在，3 年不在一起，就可以申请离婚了。所以古代的闺怨诗写得很好。

教书是用书教方法，这一点，我个人认为，一个教师的学习，不仅是在这个课堂，一个教师在整个社会活动中形成的各种经验，都有他的学习资源和科研资源。在许多社会问题上，我们很多老师都有自己的思考。比如说一个老师的思维品格，一个老师的社会质疑能力，都会诱发更多的学生去思考。没有思想，我觉得不是教育。

【反思】

"没有思想，我觉得不是教育"，思想是教育的必要元素。思想的孕育、生成，需要一个教师动用他"在整个社会活动中形成的各种经验"，所以说一个有思想的老师，他是用自己整个人生积淀来教育孩子。老师的学识、眼光，往往决定了孩子思考问题的平台和视野。老师的质疑、批判，常常启发学生更多样的思考。这方面我做得如何？怎么进一步提升、改进呢？

你说"春蚕到死丝方尽"是一奉献精神，我觉得有一种悲悯，我觉得这是一种讽刺，是"作茧自缚"。第二个是一辈子只做一件事，吞桑叶，吐丝，作茧自缚。再说我从小就不喜欢没有骨头的动物。举烛光好吗？我也不喜欢。有一年电视台请我做嘉宾，前面有一群美丽的姑娘穿着白色的拖地长裙，每个人手上两个蜡烛，在那跳舞，我看了特别不喜欢。然后记者问：王老师，这个节目您喜欢吗？我说：不喜欢！我是有话直说的。记者说：您为什么不喜欢？我说：你看这个蜡烛就这么短短的，象征着老教师，再摇两下就没有了。然后主持人说：您不懂，那个长蜡烛跳的会倒的，这个短的不会倒。记者又问：那您认为教师应该是什么？我说：是太阳，可以照耀人的一身，或者是一盏灯。我喜欢这样的表达。他说：王老师，我对园丁的印象很好。我说：那我问你，园丁的主要工具是什么？就是大剪刀，你愿意吗？他回答：我不愿意。那你干嘛要"诬蔑"我们老师。

很多老师的课堂是充满智慧的，无用的教师才会把教科书奉为经藏。为什么要把一本教材作为圭臬呢？教师工作最大的灾难是什么？我跟江苏兴化的一位教育局长说了一句话，学校里面最可怕的一个事是什么呢？是一群"愚蠢"的教师在辛勤地工作。因为我们现在的考评什么，不一定有价值，我们今天所教的语文，要在很久的将来起作用，不是说你教得怎样，就看这个分数。所以我说，我们现在课堂的智慧不足，跟我们目前整体的教学文化是相应的，这是一个不鼓励思考的教学时代。

人们经常会用一些有挑战性的问题来跟学生对话。比如说我们教师中间有一个环节,不知道大家还有没有印象,就是经常有一类课堂讨论的问题。比如说高考语文里面有一个考点,就是表达,准确地表达。他们就建议了,让你出题目你怎么考,我就说了一个,这个是随便出一个的,想知道一位女士的年龄有多少种办法?这个问题一出来,整个教室里面就讨论起来了。有学生说:阿姨你属牛吧,阿姨说不对,我属虎,一算就算出来了。然后有人说:阿姨你比我妈妈年轻。她就说了:你妈妈几岁了?我说43岁。她还会说再加2岁。还有学生说:阿姨你大学毕业哪一年?然后说完加一个22岁,这样就解决了。学生说:王老师,你有什么办法?我说:我不告诉你们,告诉你们也不会。我就问:你高考的时候考什么作文?因为我们语文老师基本上能举出历届的高考作文题。18岁那年,就算出来了。现在不行了。

应该说,这些都是很有意思的问题,你把它拿到课堂,很好解决。最近有一家报纸约我写该不该给教师送礼?我就提出来,这个问题应该放到课堂上来提。为什么要在课堂讨论呢?因为这个是老师与学生之间的事。所以我说有一点复杂,有一点挑战的问题能刺激学生。

另外,我跟学生说过一件事情。那是20年以前,我在上海的报纸上看了一个回忆故事,叫《留学海外的奇遇》,是连载的,这个给我留下了太深刻的印象。我现在每一年都会把它讲给新生听,启发学生思考。一个老师启发学生思考,怎么带着学生产生更多的疑问,这个事例是最好的。里面讲到一个留学生选课,准备选一门课,美国同学跟他讲,你不能选,这个老师外号叫做"鳄鱼",你不能选的。中国朋友说选他的课合算,8个星期能得4分。然后他就见"鳄鱼"了,原来"鳄鱼"是一个老头,然后"鳄鱼"告诉这位中国学生:我的课很简单,只要交8次作业就可以了。中国学生一听大喜,为什么呢?因为我们中国学生做作业的时间是最多的。临走前"鳄鱼"就说:你把这本书拿去,从这里面找点毛病出来,这个星期作业就是这个。这个学生拿着书腿发软。我的天啊!《世界经济法》经典著作,他叫我找到毛病出来,怪不得人家喊他"鳄鱼"。一个下马威就是这个。他没有办法,只好硬着头皮去做。老师都知道,要从这里面找一点毛病出来,我们一般都是找同类的书,做比较阅读。这个同学于是去图书馆找,在很多书中间找了一本,跟它做比较阅读,发现《世界经济法》这本书里面说得不够完整,这本书的数据比较陈旧等。然后就交上去了,说他作业做好了。教师一看,很好,怪不得人家说中国学生勤奋。下面的话不要我说了,没完没了的。现在我们知道了,读博士的第一年,一定要大量地阅读和浏览本研究方向的所有文献。这个"鳄鱼"教师实际上是用这个办法逼这个学生快速读这些书。他就熬到了第 7 个星期,发现"鳄鱼"教师还不错。最后一个星期"鳄鱼"老师说:很好,我的课上完了,我的教学秘书会把分数通知你的,很好,再见!这个教师有没有上课?没有上课!但是他把这个质疑探究的精神已经传给这个学生了。

这个回忆录的结尾写得非常好,"我"走出"鳄鱼"的办公室,"我"不知道该到哪里去,"我"不由自主又到了图书馆。这个时候,"我"看见满架子的书,满天堂的书,"我"忽然发现自己开始流口水了。这个回忆录最后一句:"我"最后变成"鳄鱼"了。我每带一届新生,我都会把这个"鳄鱼"的事说一遍,中间提醒他一下:在读书的期间,你有没有对自己做出挑战,有没有去思考。我们现在的教育很少能达到这样的境界,很少能向学生提出在语文教学的范围内,或者是边缘的有价值的问题。

另外还要学会迁移。我讲究的是语文课堂必须联系社会生活,以及人的社会实践。在语文课上,如果我们能够联系一下社会语文,会有什么反应呢?上午的时候我举了两个例子,一个是"5·12"大地震。镜头使我感到不安,我两次看到伤员从废墟中挖出来,历经千辛万苦,在里面坚持几十个小时,甚至是几天几夜被挖出来,记者一见就把话筒递上去了。他问的是:你被挖出来高兴不高兴?我当时就跟学生开玩笑:我要是伤员,你把我埋回去得了。这个提问就没有意思了。这个电视新闻既然播了,小朋友看见了,中学生也看见了,大家都看见了。这不但是考语文,也考你的思维方式。我经常想,如果我们在语文教育中间,让学生去接触这种表达,这种社会的思维,就麻烦了,就出问题了。那不是我们的问题,是社会的问题。

我们生活中很多问题不一定非要有答案,而我们现在的教育问题就是一定要有一个标准答案,要有一个结果。我是这么想的,当我们一个教学活动结束的时候,学生能够产生更多的疑问,或者是带着疑问回家的时候,我倒觉得恰恰是教学的成功。我们去听一节课,这个老师在课堂上把所有的问题全解决了。那你再去看学生的反应,往往是老师所提的问题没有挑战性,问题没有价值。问题的答案都是既定的,都是预设的。如果我们看到学生积极思维,尽管是有疑惑的一课,这个课往往是正确的。

形成良好的思维习惯,独立思考是最重要的禀赋。各位老师,我们在高中阶段改同学作文的时候,经常有老师

> 【观察者点评】没有独立思考,就不是真正意义上的思考。思考,需要直面问题,需要有科学精神、批判意识。看问题、想问题,总是需要"开放的精神,批判的眼光"。读书,不思考,毋宁不读。

会觉得学生连自己的观点都没有说,但是全篇没有发现一句毛病。为什么呢?按标准,没有一句话是有毛病的。然而有好多的话却没有自己的个人见解,在分析中没有个人的观点,没有来自世界的鲜活的思想。

从小学直到离开大学,一个年轻人只能死记硬背书本,那么他的判断力和个人的主动性从来派不上用场。既然派不上用场,那这种人就会逐渐弱化。这就是教育造成的。我的时间到了,我的讲话就到这里,谢谢!

资源链接

1. 王栋生.学校的一切都在影响学生思维[J].作文与考试:高中版,2009(11).
2. 王栋生.让思想在"自由发表"中建树[J].中华活页文选(教师),2012(11).
3. 王栋生.批判思维能力从何而来[J].中学语文教学,2012(12).
4. 王栋生.没有自由的思想就不会有创造精神[J].中学语文教学,2010(10).
5. 王栋生.预设的精确与生成的精彩——关键在于能否调动学生的思维[J].语文教学通讯:高中(A),2006(11).

后续学习活动

请认真查阅儿童发展心理学等相关资料,完成下面表格:

儿童发展阶段	思维发展阶段特征	思维培育方法	具体教育案例
婴儿期(0—3岁)			
幼儿期(3—6岁)			
童年期(6—12岁)			
少年期(12—15岁)			
青年早期(15—18岁)			

第14讲 语文教师如何有效反思

王荣生

专家简介

王荣生,基本情况见前文专题相关内容。

热身活动

阅读本讲座之前,请您先回答下面几个问题:

1. 您曾做过教学反思吗?您教学反思的聚焦点往往涉及哪些方面的内容?与教学行为对应的理据是什么?请结合具体课例完成下面的表格。

序号	课例名称	教学反思的主聚焦点	教学行为的理据
1			
2			
3			

2. 您觉得影响教师反思效果的主要因素有哪些?并试着列出几个主要的反思形式:

(1)

(2) _____

(3) _____

> **学习目标**

通过本讲座的学习,您应该能够运用两种路径对自己的常态课例进行有效反思,从这个角度出发完成下面的表格:

第一条路径是带着问题,以成功课例为参照进行反思。

课例	课例分析	反思	启示
自己课例			
经典课例			

第二条路径是自我诊断,以理论知识为支架进行反思。

课例	呈现各自内容		课例理据比较	启示
备课模板知识	依体式定终点;缘学情明起点;中间搭 2—3 个台阶			
自己课例	终点			
	起点			
	中间环节			
	理据			

> **讲座正文**

各位老师,我今天给大家讲的**题目是**:语文教师如何进行有效的反思。准备讲三个方面的问题,第一,语文教学反思什么?教学反思核心是对学科教学知识的反思,这个我等会再展开，第二、第三是如何进行反思。如何进行反思，我们设立两条路径，第一条路径是带着问题，以成功课例为参照进行反思。第二条路径是自我诊断，以理论知识为支架进行反思。下面我就从这三个话题里面展开。

【要点提炼】
1. 教学反思：核心是对学科教学知识的反思；
2. 带着问题：以成功课例为参照进行反思；
3. 自我诊断：以理论知识为支架进行反思。

一、语文教学反思什么？

应该说教学反思是我们教师日常工作的一个部分。在教学过程中，包括备课、上课，包括上课之后，我们老师的教学反思应该贯穿始终。比如说上课的时候，某一个环节没有处理好，你会有感觉；某一个学生的发言，你没有顾及到，你下课以后会去想。这个想就是反思，就是把以前做过的事情再回过来想一想。其实我们很多学校要求老师，每次课后都需要反思，在备课纸下面有一栏是反思部分。那么现在要问我们反思什么？

【观察者点评】我平时会反思什么呢？

日常的教学反思具有很强的随机性，我们所讲的教学反思或者有效的教学反思，是希望能够做得比较系统、深入，还要做得比较自觉。

教学反思与有效的教学反思的区别

教学反思	有效的教学反思
自发	自觉
浅表	深度
随机	系统

我们讲教学反思的第一个含义，就是对你的教学过程进行反思。有的时候我们会建议老师采用技术手段，把自己的课完整地记录下来，然后据此进行反思，从而改变偶发、随意的日常反思状况。很多时候，我们随意想的东西和实际的教学

【要点提炼】
教学反思就是把自己的教学"对象化"。

教学能力的修炼与提升　　269

情况未必能够相对应。

我随便举一个例子,我有一次听了一个老师的一堂课,我说:你今天的教学目的达到了吗?他说:基本上达到了。那么前几天课的教学目的达到了吗?他很肯定地说:达到了。但是下一堂课你现在没有上,根据你的教学目标经验,你觉得会怎么样呢?他回答说:我觉得也基本上会达到的。那我说:这就奇怪了,你每堂课教学目的都达到了,那你高三搞一年的总复习是为什么呢?其实我们搞复习,就是因为前面有一些漏洞,学生没有真正地掌握。可见,我们老师的教学回顾往往就是凭印象、凭感觉,甚至是一种愿望。其实我们老师可以做这样一件事,你带着一个录音笔,或者是录音机,或者是摄像机,把自己两堂课完完整整地记录下来,然后把你们上课的话转化为文字,再来看看我们自己的课堂,老师在做什么?学生在做什么?到底我们有没有效果?这样的话我们才会真正地看清楚自己的教学行为。

教学反思就是一个教学的过程,教学的行为。当然我们讲的教学反思不仅仅是指我们的教师,还有要放到学生身上,学生真的学会了吗?这就是我要讲的一点,反思我们的教学过程,反思我们的教学行为。

我们讲教学反思主要讲的是教学理据。比如今天我们上阅读课,要教这篇课文,为什么要教这篇呢?教这篇的话,我为什么要教这些内容,不教那些内容呢?然后教学的流程开始这样,然后那样,这又是为什么呢?你这样去教学,一定是有道理的,否则你不会做这个决策。但是这个道理很大程度上我们并没有经过很好地去反思、去审议。

我再举一个案例,就是我和老师们一起去备课,是备初中课文《永远执著的美丽》。这篇课文老师们可能不熟悉,因为初高中的差异,还有就是版本的问题。但这个人肯定大家都知道的,就是"水稻之父"袁隆平。这篇课文是一篇人物通讯,主要讲了三个方面,第一个方面是袁隆平的梦想很美丽,他小时候到农村,一看农村真美,所以他立志自己的事业最后就放到农业上。袁隆平现在的梦想也很美丽,希望我们的稻谷长得像葡萄那么大,能够解决全世界人的温饱。第二个方面,袁隆平所创造的成就很美丽,我们现在都看到了,很大程度上,中国人解决温饱问题与粮食稻谷的品种改良是直接相关的。课文还讲到袁隆平追求理想的过程即使是艰难、艰苦的,但是这个过程还是很美丽的。那么老师的教学过程放在哪里呢?主要就是让学生明白"袁隆平的美丽表现在哪里?"**这实际上就是筛选信息。**

我们开始进行共同备课,老师的第一个教案出来了,就是自己朗读。我们后来讨论了,觉得采用朗读方法不太好,因为这是一篇人物通讯,你要筛选信息,朗读的话是偏向于感性体验,诗歌、散文我们朗读,但是人物通讯不一定要朗读,朗读与学生要达到的目标、内容这两者之间是冲突、矛盾的。这个老师一听觉得也对,也听进去了。经过我们两星期的备课,然后再上课,上课也会有录像,我们看他的录像,再跟他一起交流。两星期之后,我们再看他录像的课,还是朗读,是学生齐声朗读。

我们当时就问了,这个老师到底是怎么想的?我连着问,他连着答。这位老师说了四个理由。

第一个理由很奇怪的,说我们这班很差的,一上课,有一些同学就要开始说闲话,如果是有学生说闲话,可能是不太好,因为今天是公开课,所以我一开始就让学生齐声朗读,这样即使是有学生说话,那也听不见了。

第二个理由,是一堂课开始,气氛很重要。我叫同学们齐声朗读,教学气氛就出来了。那我就问他,你说的气氛是指学生的气氛,还是老师的气氛?很大程度上,老师上公开课,就是要老师的听课环境要好。我后来问那些听课的老师,这一堂课最烦的是什么?他们说,是听十一分钟的朗读。

第三个理由,是整体感知很重要。我让学生齐声朗读一遍,就是整体感知。那我问他:那你事先布置的预习题是什么?他回答:事先布置的预习题是让学生看三遍课文。我说:你不是已经事先让学生看了三遍,不是已经整体感知了吗?为什么还要看呢?他说:老师你不知道,我们学生很差的,你布置了,他们也是不会做的。那我就再问他:你既然已经知道学生不会做了,那你为什么还要布置呢?你哪怕是让他们找几个词出来也是可以的。为什么要布置这样一个笼统的预习题呢?

第四个理由,这个是语文老师经常会讲的,语文课就是培养学生的齐声朗读。那我就问他,学生在什么地方读得响一点,什么地方读得轻一点、乱一点。我们学生朗读的时候,哪些同学读得响一点,哪些同学读得小一点?他答不上来。显然没有针对性地去培养学生朗读。

我那天如果还有时间再问,这个老师肯定是会讲其他的理由。其实我想说的是,当我们老师做一个决策的时候,会有很多很多种的想法,那么这种想法带有一种综合性、含混的,带有一点实践经验、带有一点个人性的,就是你凭借很多个人的想法,最后决定来上这个课。但是这些想法很少被觉知,如果我们不采用一种系统的办法,你也很难去对它进行有效的反思。可见,我们不但要对教学行为进行反思,而且要对行为背后的想法进行深入反思。而这些想法实际上是朦胧的、是综合的,我们用一个专业的术语,叫做学科教学知识,英文缩写是"PCK"。教学反思它的核心是对教学想法进行反思,关于教师教什么、怎么教的决策和实施,是你的教学行为。我们刚才讲了教师的发展,讲了教师的专业性。所谓专业性,就是每做一件事你都有一个比较合适的专业理据,也就是你知道自己为什么这么做。一篇课文我知道我为什么要这么教,为什么要教这个,你知道一个道理。这个就是专业和非专业的区别。

PCK 是教师教什么、怎么教的决策和实施,以及清晰或含混地之所以教这些、这么教的理据。

我们有一些语文老师,一篇课文教什么呢?基本的理路是我就是要教这个。为什么教这个呢?他凭借的是很多的经验、想法。但是很多的经验和想法很大的程度上没有经过反思,它是朦胧状态的。而所谓的专业,今天这篇课文我教这个,有一个专业的道理,今天课文一开始我这样教,有一个想法,有一个理由。想法和理由可以错,比如说一个医生配了一星期的药,你没有好,你可以去找他,他可以错,但是他不可以不知道、不可以不去想我为什么要这样去配药。我们都知道,我们语文教师的教学工作、语文课堂教学效果总体来说不理想,这一定是我们该做的事情没有做到位,我们就是很少去系统考虑,或者是很朦胧地去想我们的教学理据。

教学反思,反思什么呢?第一个反思是我们教的行为,但是更重要的是反思背后的想法。刚才我们讲了,我们研究更重要的是想,想我们的想法,如果是你整个的一个教学过程,你的想法没有受到任何的触动,没有受到任何的挑战,没有受到任何的刺激,那肯定是失败的。

这个是我第一个讲的内容,我们反思什么?反思我们之所以这么教的理据。这个道理是针对我们平常说的经验性,朦胧的、混搭的、各种因素的,所以我们要慢慢地把它清理出来。其实教师的专业性发展,专业性的提高,就是要慢慢地把自己的教学意识提高,让我们的想法清晰起来。

【要点评议】

　　教师教育标准的一个核心词就是反思性教师。语文教学水平提升、语文教师专业发展，是建立在语文教学本身效益上的。语文教学做得好不好，需要反思、评估；语文教师的成长进步，也需要依靠专业性的教学反思。反思我们教的行为，比如教师教了什么，怎么教的决策和过程。教师的专业特征就是，每个教学环节都有一个比较合理的专业理据，有科学性，以区别于过去主要凭经验教学。当然，任何教学行为都是混合的，既有经验，也有专业内容，关键看主要凭借；这也有一个权变过程，从主要凭经验教学，向主要依据理据教学，这就是教学专业水平提升的过程。

　　总体而言，教学反思的一个要点就是学科教学知识，即 PCK(pedagogical content knowledge)。这是美国斯坦福大学舒尔曼(Shulman)1986 年提出的一个概念，将其定义为"教师个人教学经验、教师学科内容知识和教育学的特殊整合"。舒尔曼 1987 年修正了 PCK 的定义，认为它是教师在面对特定的学科课题时，如何针对学生的不同兴趣与能力，将学科知识组织、调整与呈现，以进行有效教学的知识，是教师与学科专家有所区别的专门知识。

　　PCK 是教师个体实践导向的混合性知识，至少包括学科课程知识、学科教学知识、教学法知识、教育学知识，以及和实践相关的教学情境知识、学生知识、个体经验知识等等，具体还可以细分为对文本内容的理解，教学内容的确定，知识呈现方式等教学策略，了解、适应学生兴趣、能力的方法策略等等。教师需要以自己的教学为对象，反思上述各部分知识的处理、相互关联及实施效果，然后不断调整、改进。基于实践的专业反思，这是教师教学能力发展的主要途径之一。

刚才我提出了一个概念，叫做学科教学知识，这个大家可能不明白，我们可以看看下面一个图。这是一个所有的、各种各样的知识构成图，最后聚焦到这一块，这块叫做"钻石"，其实教师是凭这一块来进行教学的，叫做学科教学知识。就是你把所有的知识糅合在一起，变成了一个专业的学科教学知识。另外一个图形，是另外一个专家的，有很多的知识，最后聚焦到的是这一个红色的区域，红色的这一块就形成了我们教师的一些专业经验,包括一些理性的、感性的、经验性的,以及很多无意性的东西。我们要反思的就是这一块,这个就是你的核心想法,或者我们叫做经验性的、实践性的学科教学知识。图示如下:

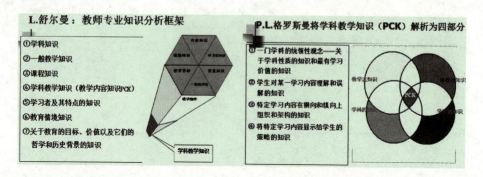

有一个片子叫做"想法决定做法"。所以关键是要想,关键是要对想法进行反思。今天教一篇小说,我教这个,为什么呢?明天教一篇散文,我教这个,为什么?后天教一篇文言文,我这么教,为什么呢?现在的话就是大家可以慢慢地想这件事,我们为什么要安排一些备课工作坊来跟大家一起备课呢?我们就是希望在备课的过程中逐渐把教师不同的想法做沟通、交流,有的人想法会不一样,甚至会有冲突,通过这样的过程,我们把想法慢慢地集中起来,梳理、提炼,这样就带有更高的专业性。

【要点提炼】
1. 学科教学知识(PCK)最能区分学科专家与教学专家、高成效教师与低成效教师间的差别。
2. 学科教学知识的"实践性"特征:与内容相关;基于经验的反思,具有实践性;个体性;情境性。
3. 学习必经 PCK 的过滤,成效也体现为 PCK。

所以教学反思很大程度上是和我们讲的行动、研究相关联的。教学反思是对以往教学进行反思,对以往教学的想法进行反思。为什么要进行反思?反思的成果是干什么呢?实际上是指向今后的教学,虽然做的是以前的工作,但是我们面对的是未来。所以教学反思始终是和行动研究相关联,始终是和我们今后教学相关联的。越是骨干教师,越是优秀教师,他们固守自己想法的可能会越坚决,但是我们要突破,这个是关键。

二、教师如何进行有效的反思

(一) 反思路径一:以成功课例为参照点

对教学行为进行反思已经很难了,需要一点工具,你不能仅凭一些印象来进行反思。我刚才讲了,你可以把一两节课全程录下来,看一看自己到底在做什么?对于想法的反思又更困难了,这个想法本身是朦胧的、含糊的,本身是聚合各种想法的,我建议老师们两条路径,第一条路径,以成功课例为参照点进行反思,尤其是以我们专业分析多的一些课例来做这个参照点。成功课例它不是无缘无故的,一定是有道理的,成功的课堂教学之所以这么做,老师也不是随随便便的,也是有想法的。根据我们的研究,成功课例我们比较能够看清楚教师是怎么想的。有的时候我们会讲 PCK 的清晰程度比较高,比较清楚,第一步做这个,第二步做这个,第三步做这个,我们一看就明白了。而优秀老师之所以这么优秀,他们自己有一个标准,知道为什么这么做。有的时候想法很透彻,我们知道错了,想法是可以错的,错了可以改的。但是你糊里糊涂不去想,你不知道,那就没有改善的任何希望,因为你不知道对在哪里,错在哪里,你不知道为什么这次的效果好,那次的不好,你不知道效果出在哪里。

> 《语文课例研究及其样式》,王荣生,《语文教学通讯》,2007年第10期。

下面我给老师们来讲两个课例。讲两个课例可以看出这个老师怎么想的。这是一位很普通的老师,他们组织了一个教研活动,组织了七位老师来上同一门课。其中一位老师上得最精彩。这是她对这堂课发表的一个解说。这个老师非常清楚地知道:在哪里点,在哪里划,在哪里评,在哪里注,都关乎教学的内容。

《风筝》这一篇课文我们高中的老师可能不一定熟悉,我先讲一下。这是鲁迅写的一篇回忆性的散文。这里面包含三句话,第一个是一篇散文,第二个是一篇回忆性的散文,第三个是一篇鲁迅写的回忆性散文。这三句话是有意义的,这篇课文教什么呢?可能就在这三句话里面。散文的教学核心,把握作者的情感,因为散文是抒发作者的情感。她希望学生采用点、划、评、注来把握作者的情感。

她做的第一个环节,就是自由诵读,把握全文大意。这个我想绝大部分老师都会做到。所谓把握全文大意,主要是两方面,一方面是对象,写了一件什么事。我们知道,鲁迅有两个弟弟,这个是一个小弟弟,二十多年前,他的小弟弟很小,很爱玩,开始的时候,就是要去看别人放风筝,鲁迅不同意,鲁迅管弟弟是很牢的,鲁迅是长子长孙,把弟弟管得很牢。小孩子应该要干正经事,不要花在这个玩上面。所以有一天,他突然发现他的小弟弟不见了,他的小弟弟偷偷摸摸去放风筝,鲁迅发现了,就火得不得了,他就冲过去,把没有做成的风筝拿过去,一脚踩过去了。二十多年过去了,鲁迅回过去想,就觉得自己犯了一个很大的错误,就是扼杀童心。这个是课文的第一层意思。

课文的第二层意思,以后鲁迅的弟弟很有成就,他们见面的时候就提出来了,他说:你还记不记得你小时候我做过一件很恶劣的事情。然后他小弟弟一脸茫然,于是他又把这件事情说了一下,他小弟弟还是一脸茫然。从这件事情里面,从他弟弟的表情里面,鲁迅感到非常地悲凉。他的大体意思是说,中国人之前被人蹂躏如此,到之后一点记忆也没有了,这个是这篇课文的主要内容。

老师第一个环节就是让学生在自主理解感受的基础上,进行相互之间的交流。这个环节应该是花时间不多的。然后她起动第二个环节。第二个环节是做了一件事,给学生提供了两个实例,采用点、划、评、注来把握作者的情感。

请学生阅读下列两则评注的示例,在文中另找出一处或者两处加以评点,揣摩作者情感。

示例一:北京的冬季,地上还有积雪,灰黑色的秃树枝丫杈于晴朗的天空中。

评注:晴朗的有积雪的冬季,是一幅色彩明丽的画面,让人感受到冬之美,但"灰黑色的秃树枝"却使得这幅画面的色彩陡然变得黯淡,这个词语在一开头就为文章添上灰色沉重的一笔,使得晴朗的有积雪的冬季变得寒气四射,作者感受的不是"冬日暖洋洋"的舒适而是冬季的肃杀和寒威。这种情感作者在后面一句直接点出了,即"在我是一种惊异和悲哀"。正所谓景为情生,一句景语蕴含着作者沉重悲哀的情感。

这个是课文开头的第一句话,这个一看就是写景。在散文里面写景,我们有一套俗语,写景就是抒情。第二个我们知道,尤其是散文的第一句话是定基调,定感情的基调。老师划了四个词,当我们想到积雪和晴朗的时候,我们脑子里面想到的一定是明朗和温暖的感觉,但是作者在这里面插入了灰黑色的秃树,使得这幅画面的色彩陡然变得暗淡。这个词语一开头就为文章添上灰色沉重的一笔,就是定基调。

然后她接着说,正所谓"景为情深",一句境遇蕴含着作者悲哀的情感。"蕴含"这个词非常到位,情感就是在它的言语表达当中。

【要点评议】

"景为情深","情感就是在它的言语表达当中",所以要理解"情景交融",须引导学生透过表面的"景",体会里面的"情",教授时老师要能够将这两个层次剥离开来。情景合一地表达,属于我国书面表达的传统经验,先秦即注重"神与物游"、"与天地精神共往来",追求"物我两忘"。

示例二:他只是很重很重地堕着,堕着。

评注:"重"、"堕"用了反复的手法,与前面"心变成了铅块"相照应,可见作者当时心情是多么沉重,这沉重是由于虐杀了弟弟游戏的童心造成的,因为一直无法补过,所以这块铅始终压在心上,很重很重堕着堕着。"重"、"堕"是第四声,读起来就有沉重的感觉。

这个是讲心情,鲁迅回想起以前写文章,心情很重,怎么"重"法?"只是很重很重地堕着"。老师说了两个"重"、"堕",这是反复。可见,作者当时心情是多么沉重,这个沉重是当年由于扼杀了弟弟的童心造成的,因为一直无法补过,这块石头始终压在心上,然后学生在老师的示例下,进行点划评注,相互之间进行交流。

我觉得这个课上到这里已经上得非常精彩了,据我的课堂观察,已经远远超过了很多老师的课,现在很多老师的课基本上在平面移走,这个我们以后可以交流,就是在课堂上各说各的,谁也不关心谁说了什么。然后下了课以后,基本上谁也不知道谁说了什么。这个课就是有问题的。

她第一个环节已经让学生学到,"情感不在外面,就在言语当中",然后学生点划评注实践,相互之间交流。

这个老师我很佩服,她觉得还不够。对鲁迅的散文来说她觉得不够。然后又启动了一个环节,叫做拓展性资源,在课堂当中就发给学生了。第一步是自己的经验,原有的经验,学生之间的交流。第二步在原有的经验上已经有了提升,她希望第三步,能够借助这些资料给一个新的平台,给一些新的眼光。你再一次来看课文,来看你原来看不到的东西,来把握你原来把握不到的东西。第一个材料是关于鲁迅的语言,第二个材料关于鲁迅的白描,第三个材料是看鲁迅的动词和形容词的应用,第四个材料是关于鲁迅的独特话语方式。因为后面有一句,"我的确时时解剖别人,然而更多的是更无情地解剖自己。"我们讲的这个就是鲁迅一贯的主题。第五个材料是关于《风筝》,她上课的时候发给学生,想借助这个材料给学生一些新的眼光,再去点划评注,怎么来用这些材料呢?老师给学生又提供了一个模板。

示例三:又将风轮掷在地上,踏了。

评注:一个短句,两个动词"掷"、"踏"就把当时我粗暴地毁坏了弟弟的风筝的情景生动地再现出来,让人体验到第一则资料中说到的"鲁迅风"的语言:简洁、明快、直白、洗练。同时,"掷在地上"和"踏了"之间用了逗号,这里可以不用逗号,如果比较阅读一下,两个动词之间用了逗号之后,减慢了动作的过程,为什么要减慢动作的过程?我们可以想象作者当时在毁坏弟弟风筝是快意解恨的,这两个动作是一气呵成,快速有力的。那么当二十多年后来回忆这一幕时,作者是带着深深的内疚、自责,似乎不愿意相信自己曾有过的事实,于是,记忆在作者痛苦中慢慢展开,回忆这精神虐杀的一幕也恰如第四则资料中鲁迅先生曾所说的,"我的确时时解剖别人,然而更多的是更无情地解剖我自己"。

我们来看为什么会这样来教呢?教的是什么呢?我刚才讲了,成功的课例不是无缘无故的,有它一定的道理。我们来看她的想法。我们来看我们平常的课例是什么样子的呢?我们的课,我当时可能是怎么想的?用这种参照的方式来反思自己,就好像把优秀的课例当作一面镜子,通过这面镜子来反思自己。在整个过程中,我们可以看到,老师做的事情和学生做的事情,整个的情感把握是学生的情感把握。老师给学生提供平台,提供支架,提供资源。这一些就是我说的一些想法,这个我们下面也会说到的。

教学的环节,根据我们的一个研究,应该是有二到三个的台阶。这个是我们以后共同备课时候用的一个模板。就是一堂课下来,45 分钟,我们研究 2—3 环节。第一个是时间短一点,自主交流,第二个是在老师的示例下,同学们点划评注的交流。第三个是借助于老师提供的资料,再进行点划评注的交流。我们从文学作品当中来看,这个就是让作品在学生面前一层一层地打开。如果我从老师这边讲,就是老师要使作品在学生面前一层一层地打开。这个是我讲的一堂课,我们可以用这样的一堂课例来进行对照反思。

【要点提炼】
让作品在学生的体验和感受中逐渐被打开。

我们通过一些课例的研究,来讨论这堂课,尤其要讨论这堂课的想法。我们一堂课有很多的综合因素,但是我们讨论这堂课的关键是在哪里,讨论教什么,以及怎么样来教,不仅仅是讨论行为,而且是想法,你为什么在这堂课教这个,他为什么

教那个，或者你认为教另外的东西更好一点，为什么？ 所以我们做了一些工作，应该对这堂课来讲是有帮助的。我们老师到这里来，可能要利用一些我们上海的教研资源。这个是我主编的一套丛书，是中学教学卷，可能有一些老师看过。某一种程度上，这套丛书聚集了改革开放以后30年我们一线教师教学的最主要的精华。我觉得这套丛书肯定是要看，而且我觉得这个书要常常摆在我们的案桌上。

下面我再讲一个课例。我讲得简单一点。《读〈伊索寓言〉》这个课，老师上过吗？我们来看看董承理老师是怎么上这个课的。下面是他的一个教学思路介绍，我做了整理，写了大概是四个环节，也可以归结为三个环节。

第一个环节是问题情境，就问学生这篇课文写了什么？然后学生就把他们预习的成果做了交流，结果有好几种说法。有人认为，这个是批评社会的一种现象；有人认为，用寓言来教育孩子；有人认为，这个课文就是纠正《伊索寓言》的幼稚和简单。当文章理解产生分歧的时候，一定是有问题的。文学作品可以有几种理解。这是一篇实用类文章，如果一篇实用类文章我们有几种说法，一定是有更靠近作者的，有远离的、有正确的、有误解的。这样一篇课文，作者写了什么呢？我们有好几种答案。然后我们就给验证一下，给学生提供一些知识，这个方法叫做读课文的一个方法。其实就是理思路，理课文逻辑，然后学生尝试来应用。我认为这两个环节可以合并在一块的。怎么用呢？先看全文，全文三个部分的逻辑，聚焦在中间的九个寓言，因为九个寓言的写法是一致的，请学生谈前面三个印象。接下来了之后，钱钟书先找一个话题，然后有一个议论，这个议论是对社会现象的一种批判、讽刺。

董老师备课的时候，非常用心，几乎把所有《伊索寓言》的中文版本都找到了，钱钟书写这篇文章并不是真的读了《伊索寓言》以后才写的，他是为了抨击社会现象，才拉了这个来写。所以他写了9个故事，都是凭他的一个印象。但是老师是提供这样一个视角，进一步印证这一篇文章并不是要讲《伊索寓言》不对，只是用《伊索寓言》做一个话题，然后从这9个话题里面来抨击我们的社会现象。这个是第二个环节。

第三个环节是进阶入门。我们理解这一篇课文，它写了什么主题，反映了作者什么意图。这篇课文选自什么书呢？选自钱钟书的《写在人生的边上》。这个可以辅助印证钱钟书是如何谈论人生问题、社会问题，而不是专门谈论《伊索寓言》。这是一堂课的过程，最后是老师出的一道题，让学生来做一个总结。这堂课学什么呢？后面是学生的总结。

我们来看这堂课，这堂课和我刚刚讲的那堂课有很多的共同点，也有相应点。一个是散文,一个是文章,一个更大程度上是体验、感受把握作者的情感,一个更大程度上是一个理性的,靠分析来判断。这是我讲的一个途径。时间有限,不可能展开很多。

【要点评议】

　　教学反思是教师不断走向成熟的凭借方式之一。如何进行有效的教学反思呢?这既需要教育教学理论的指导,更需要进行典型课例研究。一位老师如果缺乏优秀课例的研究基础,就难以在较高平台上发展自己。一线教师的智慧结晶主要体现在他的课堂教学上,研究优秀课例,其实就是领会、汲取优秀教师宝贵的教学智慧。王荣生教授认为,语文课例研究有五种样式:名课研习、课例研讨、课例评议、课例兼评、课例综述。名课研习:"细致解析优秀语文教师的名课,供语文教育专业的师范生和语文教师研习";课例研讨:"由一堂课延伸,研讨执教者在理论和实践上的某种主张,讨论其在课程论或教学论上的意义";课例评议:"评议较典型的课例,从学理上分析语文课堂教学中值得提倡的做法或普遍存在的问题";课例兼评:"分析语文教学的某种现象,兼及对一些课例的评议";课例综述:"对某一篇课文或某一课题(作文和口语交际等)的教学,作较全面的扫描,并加以专题评议"。教师应根据实际需要,灵活选用课例研习方式。在进行课例研习的同时,需要兼顾考虑语文教材选文的类型知识,王荣生教授将语文教材中的选文鉴别出"定篇""例文""样本""用件"四种类型,这其实就建构出"研究语文课程、教材乃至教学的一种认识框架",这四种选文类型具有不同的教学指向、教学规范,对分类开展课例研究具有重要价值。

(二) 反思路径二:以理论知识为支架

　　如何进行反思呢?自我诊断,以理论知识为支架进行反思。我这里特别强调一下理论知识。理论知识是什么呢?我这里用三句话来说,我们当然讲的是语文教学理论。第一句话是最重要的,通过系统的研究得出合理的结论。就是理论知识往往表现为观点。接下来我们要跟老师交流的,就是以文本体式来确定教学内容。我们是怎么知道这句话呢?就是通过我们前面系统的研究。什么叫做系统研究呢?理论的知识,大家在看文章也可以看到,哪些是经验交流,哪些是理论研究。理论研究最主要的特征不但是告诉你结论是什么,而且是告诉你是怎么知道的。我们搜集了一些文学专家他们的谈论、他们的研究,最后我们得出的结论应该是这样的。以后我们也会教一句话,根据学生的学情和依据体式,很大程度上是一件事情两个方面,也就是这两个方面是一致的。所以我们优秀教师可以通过文本分析来把握学情。我们怎么知道的呢?因为我们做了很多的案例。

理论知识一定是告诉你是怎么知道的、它的研究过程,然后告诉你结论是这样。如果研究过程没有错,结论应该就是这样的。当没有另外的研究来推翻这个说法的时候,这个研究就是对的。我们在课堂里面讲的,包括我们前面一些专家来讲的,他不是简单地讲他的观点,而是讲他们研究的结论。一个研究结论可以错,错了可以改,但是在未指出错误之前,可认为他们是对的。一定要有这样一个阶段,就是有一点踏空的感觉,有一点以往的武功好像要废掉的感觉,如果你没有这个感觉,你就不会再有新的突破,你就会在原来的地方,驾轻就熟,开你的车。这种踏空的感觉就是新的研究理论,已经证明、证实应该是这样的,而我们过去没有这样做,包括我们这次备课的时候,我相信我们在座的各位老师一开始都会有这样的感觉,我们备课都是备得很好的,为什么最后还是不对呢?我们讲不对的,我们可以来讨论,我们是怎么知道呢?这就是分析。我希望我们逐渐地应该能够看明白这个区别,沿着这个结论和观点去。我刚才讲了理论的知识可以错,错了可以改。但是在没有人指出它的错之前,它就是对的。我讲的第二条路径,就是我们借助于理论知识,以理论知识为支架。

因为时间关系我不能展开。比如会有一些我们的备课模板,就是我们怎么来分析这堂课,可能有一些老师看到了我们写的一些东西,我们如何来分析一堂课,我们会用这样的思路来分析,包括备课时,我们会问你,你想教什么?你为什么教这个?有什么道理?想法对不对?教这个有没有用?然后我们会看,你到底

【要点提炼】

1. 通过系统的研究,得出合理的结论;2. 以文本体式来确定教学终点;3. 根据学生的学情来确定教学起点。总之,依据文本体式、学生学情来确定教学内容,这个观点其实就是通过系统研究、课例研究等方法得出的结论。

《以"学的活动"为基点的教学》,王荣生,《教育科学论坛》,2009年第12期。

想教什么,到底教了什么? 我们可以看你课堂的教学设计,看你的录像。很多的老师认为,自己想教的东西,课堂里面会教。很多口头上想教的东西,其实是没有教的。我们看很多老师的课堂教学,很有意思,就是老师有一些教学重点,你说这个是教学重点,那么你课堂里面应该有 15 分钟、20 分钟、30 分钟在教这些内容,但是我们一看,重点才教了 3 分钟,那这个一定是有问题的,这堂课肯定是不行了。很多人以为,我教过了,学生就应该会,但是我们老师直觉告诉你,你教过了,我们学生很多还是不会的。你以为学生学会了,学生可能没有学到。

【观察者点评】备课时我会问自己这么多问题吗?

【要点评议】

这里提到的正式模板是供阅读教学设计使用的备课模板。其设计思路是:依体式,定终点;缘学情,明起点;中间搭 2—3 个台阶。操作步骤是:

1. 依据文本体式确定教学目标,即教学终点。

2. 根据学生学情,明确教学起点。

3. 中间设计 2—3 个教学环节,主要环节 15—20 分钟;教学环节是组织学生较充分的"学的活动"。

4. 还要考虑与教学相一致的课前预习以及后续活动的设计,课前预习与课堂教学直接相关,课后作业是课堂教学的延续。

教案中的"台阶"表示教学流程逐层递进,学生的学习经验逐渐丰富。每一个台阶都是一项"学的活动",每一项"学的活动"都需要选用与教学内容相匹配的教学策略和方法,从而将教与学高度统一起来。这个备课模板,就是采用课例研究提炼出来的理论知识。如果以此为支架来反思自己的教学课例,就有了一个分析框架,或科学理据,从而可以更便捷地进行反思,避免随意化、简单化问题。

理论也未必很复杂,就是给我们思考问题的一个路径,或者是我们讲的支架。我们讨论一堂课,我们怎么来讨论呢? 可能就需要使用这样一个支架。

总结:今天我和老师们交流的话题就是:语文教师如何进行有效的反思。我讲了三个话题,第一个反思什么？我想这个我讲清楚了,反思你的教学过程、你的想法,反思你之所以这样教的理据。第二个是如何来进行反思,有很多的路径。比如说我们共同备课也是一条路径。但是我想说最主要的是两条,第一条是对照优秀的课例,不是看它好和妙,而是要看它为什么要这样。第二个借助理论知识为支架,我们以后上课会慢慢展开。所谓理论知识,很大程度上也是来自课例的研究和分析,尤其是对优秀教师的课例分析。谢谢各位老师！

资源链接

1. 王荣生.语文科课程论基础[M].2版.上海：上海教育出版社,2005.
2. 王荣生.新课标与语文教学内容[M].南宁：广西教育出版社,2004.
3. 王荣生.听王荣生教授评课[M].上海：华东师范大学出版社,2007.
4. 王荣生.新课程高中语文课例评析[M].北京：高等教育出版社,2007.

后续学习活动

请选择一个自己的课例与名师同名课例,围绕教学目标、备课内容、教学内容、教学评价等方面进行逐层反思,特别注意背后的教学理据,进一步改进的方式有哪些？

课例名称	反思层面	教学目标	备课内容	教学内容	教学评价	启示
课例1：	是什么					
	为什么					
课例2：	是什么					
	为什么					